Wanderungen im Bayerischen Wald
und Böhmerwald

Helmut Dumler

Wanderungen im Bayerischen Wald und Böhmerwald

40 Routen
mit Stadtrundgängen in Passau und Prag

Mit 92 Farbfotos,
40 Kartenskizzen
und einer Übersichtskarte.

Bruckmann

Umschlag-Titel:
*Über den (böhmischen) Plöckenstein verläuft die
deutsch-tschechische Grenze (Tour 28).*

Umschlag-Rückseite:
*Den Dreisesselberg bilden drei zusammenste-
hende Felstürme aus aufeinandergeschichteten
gigantischen gerundeten Felsquadern, Bayerischer
Wald (Tour 2).*

Umschlag-Klappe:
*Das »Biertor« in Cham ist das einzige erhalten
gebliebene Tor der mittelalterlichen Befestigung
(Tour 21).*

Innentitel:
Am sagenumsponnenen Rachelsee (Tour 8).

Gedruckt auf chlorarm gebleichtem Papier

Die Deutsche Bibliothek – CIP-Einheitsaufnahme
Dumler, Helmut:
Wanderungen im Bayerischen Wald und
Böhmerwald :
40 Routen / Helmut Dumler. –
München : Bruckmann, 1993
(Erlebnis Wandern)
ISBN 3-7654-2617-2

© 1993 F. Bruckmann KG, München
Gesamtherstellung: Bruckmann, München
Druck: Gerber + Bruckmann, München
Printed in Germany
ISBN 3-7654-2617-2

Bildnachweis
Gunda Amberg, Gröbenzell: 21, 42; Hans
Biebelriether, Spiegelau: 35; Helmut Dumler, Augsburg: 9, 19, 23, 24, 26, 28/29, 30/
31, 32, 47, 48/49, 50, 52/53, 55, 57, 59, 63,
69, 84, 89, 90, 93, 94, 97 o., 97 u., 101, 103,
107, 118/119, 120, 122/123, 124, 126/127,
129, 130, 132/133, 134, 135, 136, 138, 140,
141, 142, 144/145, 146, 148/149, 150/151,
153, 154, 156, 158, 161, 162, 164, 165,
167, 169, 171, Umschlag-Titel, Umschlag-
Klappe; Knut Liese, Ottobrunn: 36, 177, 179,
181; Adolf Lindorfer, Schwabmünchen: 38/
39, 41, 45, 65, 66/67, 72/73, 75, 76, 78/79,
80, 86/87, 105, 109, 111, 112, 114, 117;
Richard F. J. Mayer: 2/3, 7, 11, 12/13, 83,
Umschlag-Rückseite; Roman Soumar,
München: 173, 175, 183.

Die Kartenskizzen zu den Touren und die
Übersichtskarte erstellte auf DTP-Basis
Ernst Höhne, Unterschleißheim.

Inhaltsverzeichnis

Betrachtungen über den Bayerischen Wald

Vorwort

»Der bayerische Wald – was ist das – wo liegt er?« Diese, heutzutage provokative Frage nahm ein Autor im Jahre 1865 als Vorspann für einen Artikel in der zu Regensburg erscheinenden Postille »Der Heimgarten«, er läßt jedoch nicht unerwähnt, daß »in der letzten Zeit mehrere gediegene Schriftsteller diese Provinz zum Gegenstand ihrer literarischen Tätigkeit gemacht (haben), aber über die Mainlinie sind ihre Bücher wohl schwerlich vorgedrungen, wenigstens nicht in dem Maße, um die Kenntnis des Landes allgemein zu verbreiten«.

Mittlerweile genießt der Ferienraum – nach meinen Erfahrungen preiswertester Westeuropas – einen vorzüglichen Ruf und wird durch die Öffnung des Ostblockes zusätzlich belebt. Keine Rede von Gästemangel oder finanziellen Sorgen! Früher waren die einfachen Waldler gegenüber Kirche, Adel und Staat arme Teufel. Um die Jahrhundertwende stieg die Not in einem Ausmaß, daß rund 5000 Höfe – die meisten weniger als zehn Hektar groß – versteigert werden mußten. Scharen wanderten aus. Diese Lücke schlossen erst 1946 Zigtausende aus der Tschechoslowakei Vertriebene. 1,9 Millionen fanden in der Bundesrepublik neue Heimat, 800000 in der DDR, 140000 in Österreich. Ab den sechziger Jahren sproß das Pflänzlein Tourismus auf magerem Boden,

Ursprüngliche Waldreviere charakterisieren die Umgebung des Kleinen Arbersees.

gewann zögernd an Größe, ließ sich nicht mehr kleinkriegen und spannt nun seinen Schirm über die Gesamtregion.

Bis 1806, der Gründung des Königreiches Bayern, hieß der größte geschlossene Forst Mitteleuropas pauschal Böhmerwald, erstmals 905 erwähnt als »Silva Boemica«, 1126 als »Beheime Walt« in einer Kaiserchronik. Dann, hochoffiziell nach der vom Bayerischen Landtag 1951 institutionalisierten Sprachregelung, galt dies nur mehr für den tschechischen Teil, von der Linie Eschlkam – Neumarkt (Všeruby) südostwärts. Bayerischer Wald – darunter verstand man ursprünglich das Gebiet zwischen Schwarzem Regen und Donau – und Böhmerwald (Šumava) sind als separate Begriffe längst eine Selbstverständlichkeit. Sie verdeutlichen letztendlich reale ethnische, geographische und staatspolitische Strukturen. Die Grenze deckt sich mit der historischen böhmischen Grenze in der »Mitte des Waldes«, auf dem Hauptkamm, der Wasserscheide. Den Löwenanteil des Bayerischen Waldes besitzt der Regierungsbezirk Niederbayern.

Das waldreiche Mittelgebirge, das ist geologisch betrachtet die »Böhmische Masse«, ein Gebirgssockel aus Graniten, Gneisen und Glimmerschiefern der Erd-Urzeit (rund 560 Millionen Jahre); teilweise überdeckt mit kohleführenden Schichten, Kalken und Sandsteinen aus dem Erdaltertum (rund 220 Millionen Jahre) sowie jüngeren Ergußgesteinen. Das alte Gebirge wurde zur Rumpfscholle eingeebnet, im Erdmittelalter – mit Beginn der Alpenfaltung – wieder gehoben und schließlich in den Eiszeiten – die letzte endete vor 10 000 Jahren – überformt. Karseen und die im Gipfelbereich häufigen Blockströme stammen aus dieser Zeit.

Während der ersten wirtschaftlichen Blüte durch die Glasindustrie, ab dem frühen 15. Jahrhundert, wurde in den Forsten bedenkenlos Raubbau getrieben. Eine Hütte benötigte pro Jahr rund 10 000 Kubikmeter Holz. Und es schien, als solle dem Bayerwald das Herz aus dem Leibe geschnitten werden. Doch seine grünen Zungen haben längst wieder nach dem geschnappt, was ihm der Mensch entrissen hat.

1970 öffnete der erste Nationalpark Deutschlands seine Pforten. Seit 1992 streifen Luchse, vor 150 Jahren ausgerottet, durch die freie Wildbahn. Im Wechselspiel von Natur- und Kulturlandschaft dominiert wohl klar die Natur, indes sind bei näherem Hinschauen auch Kultur und Geschichte in reizvollem Rahmen vorhanden. Ein bei Pösing im Regental gefundener Faustkeil beweist menschliche Anwesenheit vor 80 000 Jahren!

Der 1883 gegründete Bayerische Waldverein – 1993 über 20 000 Mitglieder in 58 Sektionen – schuf und betreut das vortreffliche Wegenetz. Wandern wird großgeschrieben. Stille lauschen, Ruhe erfahren, Wind spüren und hören, Horizonte suchen, unter ziehenden Wolken träumen, Nebelschleiern in geisterhafte Konturen folgen, lichtgedämpfte Urwaldromantik auskosten, die Seele einfach baumeln lassen.

Pfüat Eahna!   *Helmut Dumler*

Totenbretter

Sie stammen aus der Zeit, als es noch keine Leichenhallen gab, etwa bis in die vierziger Jahre unseres Jahrhunderts. Erstmalige Erwähnung eines »Bahrbrettes« 1747. Die Toten lagen bis zur Beerdigung zu Hause auf einem Brett. Es wurde mit dem eingekerbten, schwarz gemalten Namenszug, der Jahreszahl und drei Kreuzen versehen und am Haus, an Feldrainen, bisweilen in Gruppen, oftmals am Lieblingsplatz des Verschiedenen, aufgestellt (selten als Steg über einen Graben gelegt!), ohne es zu pflegen oder zu restaurieren. Dadurch sollte auch auf diese Art zu Staub werden, was aus Staub war.

Ab der ersten Hälfte des 19. Jahrhunderts erfuhren die Totenbretter naivkünstlerische Bemalung und wurden beschriftet, mit Bibelworten, Gebeten, Volksweisheiten, manchmal recht makaber. Beispiel: »Hier ruht die Barbara Gschwendtner / Sie wog mehr als zwei Zentner / Gott geb' ihr in der Ewigkeit / Nach ihrem Gewicht die Seligkeit«. Vom Maler Baptist Reisbacher aus Kollnburg weiß man, daß er zwischen 1834 und 1852 nicht weniger als 242 Bretter gestaltete.

Heute, eigentlich nach 1960, insbesondere zwischen 1972 und 1978, einer Zeit der »enthusiastischen Bretererrichtungswoge« (Haller), pflegt man den Brauch alleine in Form von Gedenkbrettern als Ehrung und Erinnerung Verstorbener und in den Kriegen Gefallener.

Spezialliteratur: Reinhard Haller. Totenbretter. Mosaik Verlag, Grafenau.

Bärwurz

Der klare Bayerwaldschnaps wird aus der Wurzel des gleichnamigen Doldenblütlers (Ligusticum mutellina) – eine der intensivsten Gewürzpflanzen – gewonnen. Sie bevorzugt kalkarme Böden in Lagen von 1000 Meter und höher bzw. borstiges Gras von Pürstlingwiesen, wird 15 bis 50 Zentimeter hoch und blüht weiß-gelb zwischen Mai und Juni.

»Berwurtz« liest man erstmals im 12. Jahrhundert. Es soll eine Verstümmelung von »Gebärmutterwurz« sein, denn die Pflanze wurde bei Frauenleiden und zur Linderung schwerer Geburten als Heilmittel angewendet, aber auch bei vielen anderen Beschwerden und Krankheiten. »Bärtz-Wurtz«, so das »Oeconomische Lexikon« von 1764, war eine Substanz des »Theriak«, des bekanntesten mittelalterlichen Wundertrunkes. Hirten gaben den Kühen bei Blähungen eine in Brot gewickelte Bärwurzel.

In Alkohol angesetzt, gehörte der Auszug in jede Hausapotheke. Das führte schließlich zu gewerblicher Herstellung. Infolge kurzer, standortbedingter Vegetationsperioden wächst die bis zu einem Meter tief greifende Wurzel sehr langsam. Für das Brennen sollte sie wenigstens fünf Jahre alt sein! Die Wurzelauszüge – geschnittene Bärwurzeln in Alkohol-Wassergemisch – werden doppelt destilliert und auf Trinkstärke gebracht. Da die Pflanze unter Naturschutz steht, wird sie von Bauern auf natürlicher Basis kultiviert.

Totenbretter, aufgestellt an Wegrändern und Fluren, sind eine Eigenart des Bayerischen Waldes mit mehr als zweihundertjähriger Tradition.

Wanderungen im Bayerischen Wald

1 Passau

Das Schiff aus Stein

Stadtspaziergang: Donaulände – Rathaus
– Dreiflüsseeck – Innpromenade – Kloster
Niedernburg – Residenzplatz – Dom –
Fußgängerzone – Marienbrücke – Römer-
kastell – Innsteg.
Reine Gehzeit: 1½ Stunden; mit Besichti-
gungen wie beschrieben mindestens ein
halber Tag.
Beste Jahreszeit: Ganzjährig. Ab Ostern
– Pfingsten bis Herbst starker Tourismus.

An der Mündung von Inn und Ilz in die Donau »schwimmt« Passau wie ein steinernes
Schiff. Suchen dann gar noch Hochwassser
das Flüssedreieck heim, was trotz der Stau-
werke immer wieder passiert und wovon die
Pegelmarken am Rathausturm zeugen, könnte man vom bayerischen Venedig sprechen.
Allerdings in gedämpftem Ton, denn die Si-
tuationen waren in der Vergangenheit oftmals dramatisch. Andererseits bot die Lage
an zwei schiffbaren Strömen merkantile Vor-
teile, in uralter Zeit auch strategische, sonst
hätten die keltischen Boier auf dem natürlich
bewehrten Landkeil, dessen Sockel Gneisfels
bildet, nicht um 450 v. Chr. Fuß gefaßt. Sie
gründeten das befestigte (mörtellose, holz-
versteifte Trockenmauern) Oppidum.

Um die Zeitenwende lösten Römer den
Keltenstamm ab. Das Imperium an Inn und
Donau! Von dieser vierhundertjährigen Epoche ist selten die Rede, obwohl sie Passaus
Grundstein legte. Als Kaiser Domitian
(81–96 n. Chr.) einen Militärstützpunkt an-
ordnete, erfolgte der Bau jedoch nicht auf
dem wassergeschützten Dreieck, sondern,
der Mobilität wegen, am rechten Innufer (östlich der Bieringergasse). Zu diesem Erde-
Holz-Lager, das im 2. Jahrhundert in einem
gemauerten Kastell aufging, besetzt mit etwa
160 Mann, gehörten ein Lagerdorf und eine
Handelsniederlassung. Außerdem war »Sta-

tio Boiodurensis« Zollstelle an den Grenzen
der Provinzen Raetien und Noricum (rechts
des Inn) sowie Benefiziarstation, das heißt
bewachte Verkehrsdrehscheibe. Der Stützpunkt fiel Mitte des 3. Jahrhunderts in den
Alemannenstürmen.

Auf der Landzunge war Mitte des 1. Jahrhunderts eine römische Zivilsiedlung entstanden! Spuren unter der Klosterkirche Hei-
ligkreuz. Erst durch den Druck germanischer
Stämme, nachdem die Siedlung »vermutlich
gegen 260 n. Chr. in einem Alemannenein-
fall untergegangen war« (Christlein), erwuchs
zwischen Donau und Inn, östlich der Mi-
chaeligasse, das Kastell Batavis, so benannt
nach dem »Bauherrn«, der IX. Bataver-Ko-
horte. Die Truppe zählte rund 1000 Mann,
etwa 25 Prozent Reiter, der Rest Infanterie.
Sie lag, zum Schluß mit erheblich geringerer
Stärke, bis in die zweite Hälfte des 5. Jahrhunderts in Batavis. Davon leitet die Tradition den Namen Passau ab.

Christen beteten an Donau und Inn spätestens im 4. Jahrhundert. 739 richtete Bonifa-
tius ein kanonisches Bistum ein. Bischof Pili-
grim soll Ende des 10. Jahrhunderts seine
Nichte, Königin Kriemhild, Gattin Siegfrieds,
bei ihrem Zug ins Ungarnland empfangen
haben – wie Wagner im Großen Rathaussaal
den Einzug der Nibelungen darstellt. Übrigens gilt »Pazzouwe«, der bischöfliche Hof,
als Ursprung der epischen Form des Nibelun-
genliedes, um 1200. Es besaß seit 999 die
Regalien Markt, Münze, Zoll und Gericht.
Das hieß Stadtherrschaft für die Bischöfe. Als
sie 1217 durch Kaiser Friedrich I. in den
Reichsfürstenstand erhoben und mit dem flächenmäßig größten Bistum im Heiligen Römischen Reich Deutscher Nation belehnt
wurden, entflammte die uneingeschränkte
weltliche, politische Herrschaft der Kirche,
welche Passau 600 Jahre lang mehr oder weniger knebelte.

Ulrich Graf von Dießen-Andechs, ein Bru-
der der heiligen Elisabeth von Thüringen,
manifestierte 1219 die neue Macht 118 Meter über den Dächern der Stadt auf steilem

Felssporn im Bau der St. Georgsburg, wie Oberhaus anfangs hieß. Diese Zwingfeste erhielt durch Niederhaus an der Ilzmündung ein vorgeschobenes Bollwerk. Beide Burgen, 1343 taktisch vereint, richteten ihre Fronten primär wider innere Feinde, sprich Bürgerschaft, deren Zorn die Mauern 1298, 1367 und 1482 brach. In der Folterkammer bzw. den Kerkern von Oberhaus litten und hungerten oppositionelle Passauer neben Anhängern der Lehre Luthers, Wiedertäufern und Juden. Waffenstärke des Klerus, gelegentlich Kanonen- und Mörserbeschuß, hielten die Stadt zu seinen Füßen im Zaum. Das Bistum verdiente mit und an allem was in und um Passau geschah. Fürstbischof Leonhard »rupfte« 1439 sogar den Besitzer der beiden Bordelle (nur für Auswärtige!). Friedrich (1485–1490), ein Graf von Öttingen ohne Bischofsweihe, entsprach dem italienischen Bild des geistvollen, kunstsinnigen, genußsüchtigen, skrupellosen Renaissancefürsten und Tyrannen. Seinerzeit entstanden die ersten fürstbischöflichen Lustschlösser.

Den großen Wohlstand brachte die geographische Situation an der wichtigsten kontinentalen Wasserstraße. Ende des 14. Jahrhunderts betrug der Wert des jährlichen Warenumschlages 400000 Gulden; der gesamte Mittelrhein beispielsweise registrierte nur 150000 Gulden. Den Gewinn förderte das Stapelrecht: Waren durften nicht vorbeigeschifft, sondern mußten unterhalb des Schaiblingsturmes umgeladen werden. Dort kassierte der fürstbischöfliche Mautner. Während der Blüte des »Goldenen Steiges«, zwischen 1550 und 1570, löschte Passau jährlich 300000 Zentner Salz von rund 600

Donaulände. Kirchen und ihre Türmen prägen das Stadtbild des uralten Bistumssitzes Passau; rechts die Pfarrkirche St. Paul, links der Dom.

Schiffen. Ins salzlose Böhmen trotteten Woche für Woche bis zu 1600 Saumpferde, jedes 240 Pfund schwer beladen, durch das Säumertor der Ilzstadt. Zurück trugen sie allerlei in Böhmen gängige Waren.

Die Verlagerung des europäischen Handels im späten 16. Jahrhundert in Richtung westliches Mittelmeer und spanische Atlantikküste des Dreißigjährigen Kriegs und Stadtbrände (1662, 1680), von denen nur wenige Häuser mit ihren hölzernen Obergeschossen und schindelgedeckten Dächern verschont blieben, läuteten die Rückwärtsentwicklung ein, beschleunigt durch das von

Blick über den Inn auf die dominierende Veste Oberhaus, von der sich Wehrmauern zur Veste Niederhaus senken; rechts die Ilzstadt mit der Pfarrkirche St. Bartholomäus.

noch 1871 verwarf Bischof Hofstätter in einem Hirtenbrief das Lesen der »Passauer Zeitung« als Sünde. Darf man Passau nun »zu den sieben schönsten Städten der Welt« rechnen, wie der weitgereiste Alexander von Humboldt (1769–1859) gewertet haben soll? Oder ist es eine der »schönstweibrigsten Städte Deutschlands«, so der patriotische Dichter Ernst Moritz Arndt (1769–1860)? Urteilen Sie selbst über die italienisch anmutende Stadt, in der ein bayerisches Herz pocht!

An Donau und Inn

Entlang der **Donaulände**, auf der *Fritz-Schäffer-Promenade*, beginnen üblicherweise die Betrachtungen. Das **Rathaus** offenbart ungebrochenen Bürgerstolz, obwohl die Fürstbischöfe kaum Mitverwaltung erlaubten. Der 68 Meter hohe neugotische Turm (1888 bis 1893) steht in der Nachfolge des 1801 abgebrochenen alten Turmes. Das Fassadenmotiv (1922) zeigt Kaiser Ludwig den Bayern mit seinen vier Kurfürsten vor dem Hintergrund Passaus. Im spätgotischen, 1405 vollendeten Kerntrakt bietet der Ratskeller gehobene Gastronomie. Prachtentfaltung im Obergeschoß. Den barocken Ratssaal gestaltete 1662 Carlone. Zwei Jahrhunderte später erhielt der Passauer Historienmaler Ferdinand Wagner (1847–1928) den Auftrag für die Kolossalgemälde in den Sälen. Wagner, Ehrenbürger und Besitzer der Veste Niederhaus, verließ seine Heimatstadt vergrämt, weil er, wie viele andere, mit dem Bau der Prinzregent-Luitpold-Brücke nicht einverstanden war. Besichtigung des Ratsaales Ostern bis Oktober 10.00 bis 12.00 Uhr, 13.30 bis 16.00 Uhr, Samstag/Sonntag 10.00 bis 16.00 Uhr.

Am Rathausplatz beherbergte das **Hotel Wilder Mann** schon so illustre Gäste wie Kaiserin Elisabeth II., der das »Abend-Gourmet-Restaurant Sissy« (Meisterkoch Gebhard Endl) gewidmet ist, Neil Armstrong, den ersten Menschen auf dem Mond, und den Schweizer Dramatiker Friedrich Dürrenmatt.

Kaiser Joseph I. im Oktober 1706 erlassene Verbot aller Salzeinfuhren aus Passau ins »Kunigreich Behaim«. Napoleon schlug die Stadt dem Kurfürstentum Bayern zu; die Säkularisation 1803 – Aufhebung und Enteignung geistlicher Institutionen zu weltlichen Zwecken – brach die Kirchenmacht. Aber

Er pries das **Glasmuseum** (10.00 bis 17.00 Uhr) in den Kaisersälen des Hotels als »das schönste Glashaus der Welt«. Etwa 10 000 Exponate dokumentieren bayerisch-böhmische Glaskultur zwischen 1785 und 1935. Bestandteile des Museums: die von Erna Horn zusammengetragene *Kochbuchsammlung* mit 2000 Exemplaren sowie Porzellan der einst weltberühmten, 1952 stillgelegten Passauer Manufaktur.

Links neben dem Rathaus sind es durch die *Milchgasse* nur wenige Schritte zum **Scharfrichterhaus**, in dessen Innenhof einst die Köpfe rollten. So scharf wie das Henkerschwert parlierten im Kleinkunsttheater des Hauses die bekannten Passauer Kabarettisten Bruno Jonas und Sigi Zimmerschied, deren Tradition weiterlebt.

Wir schlendern an der **Donau** zum **Dreiflüsseeck**. Verschwisterung von Donau, Inn und Ilz. Die 1933 gepflanzte »Hitler-Eiche« ist längst gefällt. Und der Großparkplatz, den 1969 ein Stadtrat zur Debatte stellte, fand keine Mehrheit.

Die **Innpromenade** ließ Fürstbischof Joseph von Auersperg 1748 trassieren. Rechts das **Lukas-Kern-Kinderheim**, 1751 gestiftet, wie auf dem Fassadenbild (Stifter-Ehepaar) zu lesen ist. Seit dem 15. Jahrhundert wacht der runde **Schaiblingsturm**. Vor dem Turm scharf rechts in die Altstadt. Durch die *Parzgasse* zur *Bräugasse*. Am *Haus Nummer 21* erinnert eine Tafel an die in Schiefweg bei Waldkirchen geborene Volksdichterin Emerenz Meier (1874–1928, siehe Literatur). Von der Bräugasse zweigt links die *Jesuitengasse* ab, zum **Kloster Niedernburg**, eine der frühesten Abteien Bayerns, gegründet um 740 (seit 1836 Englische Fräulein). Verbürgt ist die Erhebung zur Reichsabtei: 1010 unter König Heinrich, Herzog von Bayern. Dessen Schwester Gisela trat 1042, nach dem Tode ihres Mannes, König Stefan von Ungarn, in das Benediktinerinnenkloster ein und wurde Äbtissin. Die um 1060 verstorbene Selige, besonders von Ungarn verehrte, ruht in der **Heiligkreuz-Kirche**. Die Kirche fußt auf einer frühromanischen Pfeilerbasilika. Die Eingangshalle trägt die Nonnenempore. Bei der Restaurierung des spätgotischen Chores kam 1982 das für Südbayern einmalige romanische Ciborium (Baldachin) zum Vorschein;

es beschirmt den Altar. Zum Gisela-Grab durch die Klosterpforte, werktags 10.00 bis 17.00 Uhr.

Stadteinwärts, vorbei am ehemaligen *Jesuitenkolleg* und an der *Jesuitenkirche St. Martin*, durch die *Schustergasse*.

Residenz- und Domviertel

Der **Residenzplatz** gehört zu den repräsentativsten Plätzen Süddeutschlands. Den **Wittelsbacher-Brunnen**, 1903 enthüllt zur Jahrhundertfeier der Union Passaus mit Bayern, krönt Maria als Patrona Bavariae; Putten symbolisieren Donau, Inn und Ilz. Am Südrand des Platzes die langgestreckte, kühle frühklassizistische Fassade der **Neuen Bischofsresidenz**. Ihr Rokoko-Stiegenhaus gilt als eines der prächtigsten Deutschlands. Stukkateure waren Johann Baptist Modler und seine Söhne Kaspar und Balthasar aus dem niederbayerischen Kößlarn. Joseph Bergler modellierte mit Anton Rabbock die aus Blei gegossenen, laternentragenden Puttenfigürchen der oberen Treppenläufe. Im großen Fresko, das die Decke geradezu aufreißt, huldigen die Götter des Olymp dem »unvergleichlichen Passau«. Heute wird die Residenz, genau gesagt der Vorraum des Großen Hofsaales, aus dem südlichen Dom-Seitenschiff über eine Wendeltreppe erreicht. Damit sind wir im *Domschatz- und Diözesanmuseum*; geöffnet (außer Sonntag) vom 2. Mai bis 31. Oktober, zwischen Weihnacht und Dreikönig sowie in der Woche nach Ostern 10.00 bis 16.00 Uhr.

Westliche Fortsetzung des Palastkomplexes bildet die 1188 erstmals erwähnte – »palatium pataviense« –, ab dem 15. Jahrhundert vollkommen umgestaltete **Alte Residenz** (Landgericht), die Anfang des 18. Jahrhunderts den verschwenderisch-prunksüchtigen Bischöfen nicht mehr behagte. Hier nächtigte Napoleon im Oktober 1809, als er den Ausbau der Veste Oberhaus inspizierte.

Der **Dom** ist in seiner barocken Architektur ein Werk von Carlo Lurago, den Fürstbischof Wenzeslaus von Thun und Hohenstein 1668 aus Prag gerufen hatte. Der Lombarde schuf ein neues Langhaus (101x33 m); das Alte der spätgotischen Kathedrale war dem Großfeuer 1662 zum Opfer gefallen. Vom ersten Kirchenbau aus der Mitte des 8. Jahrhunderts sowie von den früh- und hochmittelalterlichen Domen sind keine Spuren vorhanden. Die Anlage des Spätmittelalters, ab 1407 von dem Deutschböhmen Hans Krumenauer in meisterhafter Parler-Nachfolge geleitet, steckt noch in den Ostteilen, im Chorhaupt, Vierungsturm und Querschiff. Lurago schuf praktisch eine neue Kirche – größter Barock-Sakralraum nördlich der Alpen – samt zehn Nebenaltären und Bischofsgruft. Der Rohbau stand 1677. Nun zogen Dekorationskünstler ein. Die Werkstatt der Lombarden Giovanni Battista und Bartolomeo Carlone sowie Bartolomeos Schwager, Paolo d'Aglio, zauberten 1678 bis 1686 mit

überquellendem Stuck oberitalienischer Prägung. Gleichzeitig freskierte Carpoforo Tencalla, ebenfalls Lombarde, die Gewölbe in zurückhaltendem Illusionismus, angefangen zyklisch (Tempelreinigung) im Hauptschiff-Westjoch. Erkennen Sie das Loch im Engelsglorien-Motiv des dritten Joches? Dorthin hievte der Mesner früher an »Himmelfahrt« eine Christusfigur, an Pfingsten ließ er die Heiliggeist-Taube über den Gläubigen schweben. Das Kuppelgewölbe symbolisiert den Himmel mit Gottvater und den Evangelisten. Im Chor das Martyrium des heiligen Stephan, dessen Steinigung auch der 1953 auf-

Stadtrundgang Passau:
① *Donaulände,* ② *Rathaus,* ③ *Dreiflüsseeck,* ④ *Schaiblingsturm,*
⑤ *Kloster Niedernburg/Heiligkreuz-Kirche,* ⑥ *Residenzplatz,* ⑦ *Neue Bischofsresidenz,*
⑧ *Alte Residenz,* ⑨ *Dom,* ⑩ *Domplatz,* ⑪ *Stadtpfarrkirche St. Paul,* ⑫ *Fußgängerzone,*
⑬ *Fürstliches Opernhaus (Stadttheater),* ⑭ *Marienbrücke,* ⑮ *St. Gertraud,*
⑯ *Römerkastell Boiotro,* ⑰ *St. Severin,* ⑱ *Innsteg,* ⑲ *Veste Niederhaus,*
⑳ *St. Salvator,* ㉑ *Veste Oberhaus.*

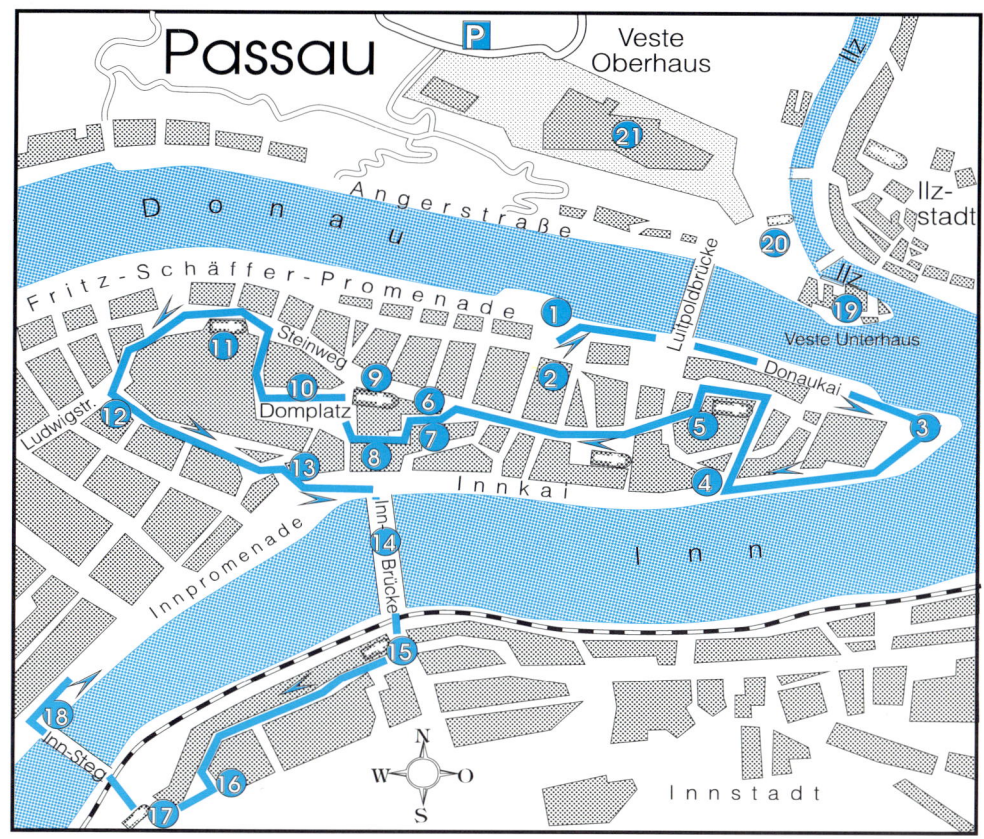

gestellte, damals in der Öffentlichkeit heftig umstrittene Hochaltar des Münchner Akademie-Professors Josef Henselmann darstellt; die aus Pappelholz geschnitzten Figuren kleidet eine Hülle aus dünngewalztem Silberblech. Tencallas Schwiegersohn Carlo Antonio Bossi bemalte die Seitenschiffe. Von der Kanzel schreibt Reclams Kunstführer, sie gehöre zu den »Großtaten deutscher Plastik«. Solchermaßen bereichert, unterstrich St. Stephan auch optisch seine Funktion: Mutterkirche des katholischen Donauostens. »Schmetternde Fanfare mit Paukenwirbeln; Bogen schwingen auf, übergroßes Figurenwerk ruht auf schwerschattenden Gebälken, grelle Farben wie Emaillemalerei im Silbergerank eines Schmuckschreines leuchten aus den Deckenbildern«, resümiert der Kunsthistoriker Dr. Hans Karlinger. Die Bischofsgruft ist zweimal im Jahr zugänglich: Allerheiligen–Allerseelen und am Todestag des letzten Bischofs, derzeit am 21. Juli, dem Sterbetag von Simon Konrad Landersdorfer 1971. Zelebriert Bischof Antonius Hofmann ein Pontifikalamt, schwebt über dem Gau die »Musik« des klangvollsten Geläutes Süddeutschlands. Sechs Glocken, die größten (»Pummerin«) 15 Zentner, Durchmesser 2,32 Meter, tönen aus den Schalläden der erst 1896 aufgesetzten achteckigen Glockengeschosse der Westtürme. Absolute Superlative: größte *Kirchenorgel* der Welt. Die insgesamt fünf Orgeln mit 17 388 Pfeifen zwischen 6 Millimeter und 11,9 Meter Länge (47 cm Durchmesser), 231 Registern und vier Glockenspielen können dank Elektronik von einem Spieltisch bedient werden. Konzerte (2.5. bis 31.10) werktags 12.00 bis 12.30 Uhr, Donnerstag 19.30 Uhr Sonderkonzert. Während der Konzerte (Eintritt) keine Besichtigung. Für Details sollte man die Kirchenführer-Broschüre studieren oder an einer Führung teilnehmen; nach dem Mittagskonzert, im Winter um 12.00 Uhr. Treffpunkt im rechten Seitenschiff vorne.

Profane Atmosphäre erfüllt den weiträumigen **Domplatz** freitags zwischen 7.00 und 11.30 Uhr: Wochenmarkt. Von hohem Sokkel schaut Monarch Maximilian Joseph I. (1756–1825), gegossen aus dem Material einer Kanone, auf seine »Untertanen«. Der Volksmund taufte das Standbild »Regenprüfer«, wegen der linken ausgestreckten Hand

des reformfreudigen Wittelsbachers, Urgroßvater König Ludwigs II. Den westlichen Saum des Platzes ziert die Barockfassade des **Lambergpalais**, einer der das Rechteck säumenden ehemaligen Domherrenhöfe; Informationstafeln.

Die *Luragogasse* leitet zum *Steinweg*. Links die **Stadtpfarrkirche St. Paul**, um 1050 romanisch errichtet. Feuersbrünste erforderten einen Neubau. Die einschiffige barocke Wandpfeilerbasilika erhielt ihre Weihe 1678. Das Bild des fast zu großen, dunklen, hölzernen Hochaltares (um 1700) stellt die Enthauptung des heiligen Paulus dar. Im Frühjahr 1950 wurde der 70 Meter hohe Turm um 14 Meter gekappt, angeblich aus Sanierungsgründen, wie das Diözesanbauamt verlautbaren ließ. Die Bürger munkelten allerdings, der Eingriff habe einzig und alleine dem Zweck gedient, die 66 Meter Höhe des Domes wieder in den Vordergrund zu rücken…

Der **Paulusbogen**, Rest des ältesten Stadttores, vermittelt den Durchgang zum **Rindermarkt**. Vorbei an der spätgotisch eingewölbten *St.-Joannes-Spitalkirche* wird halblinks (Heugasse) die **Fußgängerzone** erreicht.

Römerspuren

Südlich des Domplatzes, beim 1783 eröffneten *Fürstlichen Opernhaus* (Stadttheater), führt die **Marienbrücke** über den Inn, genau dort, wo 1143/44 eine fünf Meter breite, hölzerne »Ynnprukk« konstruiert worden war. Jenseits steht die Pfarrkirche der Innstadt, **St. Gertraud**, ehemals Spitalkirche, 1815 bescheiden klassizistisch erneuert. Beachtung verdienen vorne links die spätgotische »Serverins-Madonna« aus der Serverinskirche, und links an der Wand das Ölgemälde »Hirtenanbetung« (um 1630).

Vom Kircheneingang durch die »Lederergasse« zum **Römerkastell Boiotro**; geöffnet März bis November (außer Montag) 10.00 bis 12.00 Uhr, 14.00 bis 16.00 Uhr; Juni bis August ab 13.00 Uhr; Literatur. Etwa 270–280 n. Chr., nach der erwähnten Auflassung des »Statio Boiodurensis«, erfuhr das rechte Innufer neuerdings militärische Stärkung. Rom stampfte am Rande einer angeschwemmten Böschung ein Kastell aus dem sandigen Boden. Es basierte auf rund 2500 zugespitzten, 1,8 Meter langen, 15 Zentimeter dicken Holzpfählen, die in Abständen von 50 Zentimeter eingerammt waren. Sie bildeten einen Rost für die Mauern- und Türmefundamente. Das Kastell entsprach flächenmäßig einem ungleichen Viereck, sich zur Landseite hin verjüngend. Der fächerförmige Ecktürme-Grundriß kommt »sonst nur donauabwärts« vor, betont Oberkonservator Dr. Rainer Christlein. Am Südwestturm ist die äußere Rundung gut zu erkennen. Von dort zog die 15 Meter lange Südostmauer – nachvollzogen mit Dachziegeln in Reihe – zum südöstlichen Eckturm. Innerhalb der zinnengekrönten Ummauerung verlief ein breiter Wehrgang, unter dem sich, kasemattenartig angeordnet, in zwei Geschossen verschiedene Räumlichkeiten befanden. Das »offene Erdgeschoß der Seitentrakte« stellt nach Christlein »eine ebenso seltene Ausnahme dar wie das Fehlen von Bauten im Innenhof«. Im späten 4. Jahrhundert erhielt die Südostecke einen Getreidespeicher, in dem hauptsächlich Saatweizen lagerte. An Inn und Donau existierte bis 477 n. Chr. eine romanische Enklave, vermutlich länger als anderswo in Bayern. Dann organisierte Severin († 482) – »Apostel des Noricum« – den Abzug der Soldaten und Zivilisten in Richtung Lorch und Wien.

Die um 460 errichtete Betzelle des heiligen Severin befand sich an Stelle von **St. Severin** (Friedhofskirche; Führerbroschüre, Informationsanschläge) 150 Meter südwestlich des Kastells. Von dort bringt uns der **Innsteg** wieder an das linke Flußufer.

Nützliche Informationen

Anfahrt: Von Grafenau 37 Kilometer, von Regen 60 Kilometer, von München (Autobahn) 180 Kilometer, von Nürnberg (Autobahn) 225 Kilometer. Gute Bus- und Bahnverbindungen. Schiffsanleger.
Parken: In der Innenstadt fünf Parkhäuser. Parkhaus am Güterbahnhof (City-Bus-Verbindung). Kostenlos: außerhalb des Zentrums (Kleiner Exerzierplatz, Uni-Gelände; 10 Minuten zu Fuß).
Unterkunft/Verpflegung: Hotels und Gasthöfe in sämtlichen Preisklassen. *Heilig-Geist-Stiftsschenke* und *Stiftskeller* (Heilig-Geist-Gasse 4), historische Weinstube; »Stiftswein«

(Riesling) aus dem eigenen Gut bei Krems in der Wachau. Bierzeltähnlicher Gartenbetrieb im *»Blauen Bock«* an der Donau. *Wienerwald* (Große Klingergasse 7). Gutbürgerlich und preiswert u. a. *Gasthaus Drei Linden* (Steinweg 6). *Stehimbiß Kleine Passauer Markthalle* (Ludwigstraße 6). *Würstlkeller-Imbiß* (Ludwigstraße 14). Elegantes *Domcafé* (Torten-König, Grabengasse 25), Zuckerbäcker-Dynastie in der vierten Generation. Bayerisch für Touristen: *Jodlerwirt* (Schrottgasse 12).
Jugendherberge: *Veste Oberhaus*, Telefon 08 51/4 13 51. Halbstündlich Pendelbus (außer Montag) ab Rathausplatz, Ende März bis Mitte Oktober 12.30 bis 16.30 Uhr, ab Juni auch 10.30 bis 11.30 Uhr.
Camping: *Dreiflüsse-Camping*, Passau-Irring (8 km vom Zentrum, Nähe Autobahn-Ausfahrt Nord); Telefon 0 85 46/6 33. *Zeltplatz der Faltbootabteilung TV Passau* (an der Ilz, Halserstraße 34), Telefon 08 51/4 14 57. Ungeeignet für Wohnwagen und -mobile.
Sonstige Sehenswürdigkeiten: • *Stadtführungen* (1 Stunde) vom April bis Oktober 10.30 bis 14.30 Uhr. Treffpunkt Domplatz, Königsdenkmal. • *Spielzeugmuseum* (Große Messergasse, Residenzplatz); geöffnet April bis Oktober 9.30 bis 17.30 Uhr, sonst nur Samstag/Sonntag. • *Museum Moderner Kunst* (Bräugasse 17), wechselnde Ausstellungen, Café im historischen Gewölberaum; geöffnet Dienstag bis Sonntag 10.00 bis 18.00 Uhr. • *Dreiflüsse-Schiffahrt*. • *Ilzer Haferlfest* (Stadtteil Ilzstadt, drei Tage Anfang/Mitte Juli). Volksfest mit Lichterkorso und Feuerwerk. • Andere Sehenswürdigkeiten der Stadtteile *Ilzstadt* und *Hals* siehe Tour 27. • *Veste Oberhaus* auf dem Georgsberg (422 m). Kulturgeschichtliches Museum mit Galeriegebäude April bis Oktober täglich (außer Montag) 9.00 bis 17.00 Uhr, sonst (Februar geschlossen) 10.00 bis 16.00 Uhr. Pendelbusse vom Rathausplatz; siehe Jugendherberge. Zu Fuß über die Luitpoldbrücke und auf dem Ludwigsteig 1/2 Stunde.
Auskunft: Fremdenverkehrsverein, Rathausplatz 3, 94032 Passau; Telefon 08 51/3 34 21.
Spezialschrifttum: Ziegler/Heller/Schaffner; Zwischen Donau, Inn und Ilz. Neue Presse Verlags GmbH, Passau 1989.

2 Dreisesselberg

Waldheimat Adalbert Stifters

Tourencharakter: Unschwierige Wanderung.
Steigungen: 650 Meter.
Reine Gehzeit: 4½ bis 5 Stunden. Mit Plöckensteinsee etwa 1½ Stunden mehr.
Beste Jahreszeit: Juni bis Spätherbst.

Es war einmal ein König, der hatte drei Töchter. Eines der Mädchen war blind. Nach dem Tode des Vaters sollte der Kronschatz in großen Steinkrügen unter die Töchter verteilt werden. Zwei der Prinzessinnen versuchten ihre blinde Schwester um das Erbe zu betrügen. Sie stellten ihren Steinkrug auf den Kopf und legten nur oben etwas Gold darauf. Die Blinde jedoch klopfte an den Krug und hörte, daß er leer war. Da verwünschte sie ihre Schwestern und sich für ewige Zeit in Stein erstarrt an die Spitze des Berges. So entstanden die drei merkwürdigen Steinsäulen des Dreisessel…

»Dreysessel« wird 1720 bekundet, geriet aber in Vergessenheit. Bis Anfang des 19. Jahrhunderts hieß er im Volksmund »Heanhoat« – Hühnerhabichtsberg. Adalbert Stifter (1805–1868) erweckte Dreisessel zu neuem Leben, verlieh dem Berg literarische Sagenhaftigkeit. »In der uralten Heidenzeit«, läßt er in dem 1840 entstandenen Werk »Hochwald« den alten Gregor erzählen, »saßen auf ihm einmal drei Könige und bestimmten die Grenzen der drei Lande: Böheim, Baiern und Österreich – es waren drei Sessel in den Felsen gehauen, und jeder saß in seinem eigenen Lande.« Während des Mittelalters hatten die Felstürme tatsächlich ein Dreiländereck mit Böhmen, Oberösterreich und dem Fürstbistum Passau gebildet. Erst 1767 kaufte Fürstbischof Leopold Ernst Graf von Firmian für 350000 Gulden die österreichische Herrschaft Rannariedl mit dem Pflegegericht Jandelsbrunn und den Dreisesselwäldern, wodurch das Dreiländereck südöstlich, drei Kilometer Luftlinie, an die heutige Stelle (Dreieckmark) rückte. Man sollte Stifters »Der Hochwald« lesen, um sich geistig auf den »düsterprächtigen Waldesbogen« zwischen Dreisesselberg und Plöckenstein einzustimmen. Als Abrundung des Erlebnisbereiches sei Wanderung 28 zum Plöckensteinsee empfohlen, dem Tuskulum des Dichters. Diesseits der Grenze erinnert das Rosenberger Gut bei Lackenhäuser an den feinsinnigen Natur- und Menschenschilderer. Er weilte häufig als Gast der Familie Rosenberger, die den Herrensitz 1818 erbauten, in der sogenannten »Neuen Welt«, einem Teil des im 17. Jahrhundert besiedelten »Abteilandes«. Der Komplex, bis 1958 Zolldienststelle, jetzt Jugendherberge, besteht aus dem zweigeschossigen, walmdachbedeckten Haupthaus und einem Nebenflügel, in dessen erstem Stock Stifter den historischen Roman »Witiko« schuf.

Von einer Höhe hinter dem Gutshof »sieht man das ungemein sanfte Band der salzburgischen und steierischen Alpen mit ihren Schneefeldern. Es ist ein wundervoller Anblick, wenn an Sommernachmittagen oder noch mehr in der Abenddämmerung an dem ungeheuren Gesichtskreise Gewitter hingehen und ihre Feuer speien lassen. Man meint, die Welt sei voll Ruhe und Herrlichkeit!«, schrieb Stifter in einem Brief. Nachdem er im Spätherbst 1866 letztmals bei Rosenbergers glückliche neun Tage genoß, durch Schneefälle von der Außenwelt isoliert, entfesselte seine Psyche ein Inferno: seelisch krank, geplagt von einem Leberleiden und Finanzsorgen. Ende Januar 1868 schnitt er sich mit einem Rasiermesser die Kehle durch.

Der Wegverlauf

Vom **Parkplatz** führt der weißumrandete grüne Markierungskeil am Bach entlang. Rechter Hand das 1976 errichtete **Böhmerwäldler-Mahnmal**. Im Bergwald aufwärts, begleitet vom Riedelsbach. Wir sind auf dem **Witikosteig**. Halblinks weiter, die *Grenzstraße* schräg links kreuzen und auch den nächsten Forstfahrweg überschreiten. Alle Wege waren früher schmaler. In mühsamer und oft gefährlicher Arbeit mußte das geschlagene Holz auf langen Schlitten, an denen Bremsbündel nachschleiften, zu den Stapelplätzen gebracht werden. Die Holzverarbeitung war hier vor dem Krieg eine existenzielle Er-

Die Felsen des Bayerischen Plöckenstein am Kammweg zwischen Dreisessel und Dreiecksmark.

werbsquelle. Im Rahmen von Hausindustrie florierte der Absatz von landwirtschaftlichen Geräten, Spundpfropfen, Peitschenstielen, Ski, Jalousiebrettchen, Schuhen, Schnitzereien usw.

Auf dem nächsten Waldsträßchen läuft man etliche Minuten links, dann wenden sich die grünen Keile halbrechts und gewinnen die *Hochstraße*. Erneut links, etwa 50 Meter zur geteerten Kurve. Rechts, an der Gabelung halbrechts mit dem Wanderweg. Etwa ¼ Stunde hernach mündet rechts der *Adalbert-Stifter-Steig*. Auf dem nahen Asphaltsträßchen rechts, 5 Minuten zum **Berggasthof Dreisessel** (1312 m). Daneben ragen die eigenartigen **Dreisesseltürme** empor. Ihre Gestalten sind auf der Nordseite gut ausgeprägt. Von rechts: Hasenkopfturm, Zweiter Turm und der mit einem Geländer versehene **Hauptturm** (1330 m). Ehedem »haben sie Stämme zusammengezimmert, haben dieselben an ihn gelehnt, und durch Hölzer eine Treppe gemacht, daß man auf seine Höhe gelangen kann«, läßt Stifter das Mädchen Bertha dem Knappen Witiko erzählen. »Du mußt aber oben sorgsam sein, daß dein Haupt nicht irre wird; denn du

stehst in der Luft über allen Wipfeln.« Empfehlenswerter Abstecher: vom Kiosk der zum Hochstein zeigenden Tafel folgen, rechts am Nashornturm (dahinter der Weihwasserkesselturm) vorbei, in guten 10 Minuten an die Basis des **Hochstein** (1332 m). Seit 1980 duckt sich hier die **Bischof-Neumann-Kapelle**. Sie war Böhmerwäldlern Ersatz für die nach dem Krieg verwahrloste Tussetkapelle (1990 neu geweiht, siehe Tour 29) und ist Gedächtnisstätte für den Prachatitzer Strumpfwirkersohn und Redetemptoristenmönch Johann Nepomuk Neumann (1811–1860), ab 1852 Bischof von Philadelphia, den ersten Heiligen (1977) in den USA. Im Altartisch sind Reliquien eingemauert. Das Gnadenbild »Madonna mit der Rose« ist eine Kopie des Originals der Tussetkapelle. Treppen und ein Geländer ermöglichen den Aufstieg zum *Gipfelkreuz*. Zwei Metalltafeln bestimmen das Panorama. Auch Witiko war auf dem »Hohenstein« und sah »die Berge des böhmischen Landes höher und breiter als von den Sesseln«.

Berggasthaus Dreisessel. Wie beim Herweg das Sträßchen abkürzen. In der Rechtskurve wird der Asphalt links verlassen. Mar-

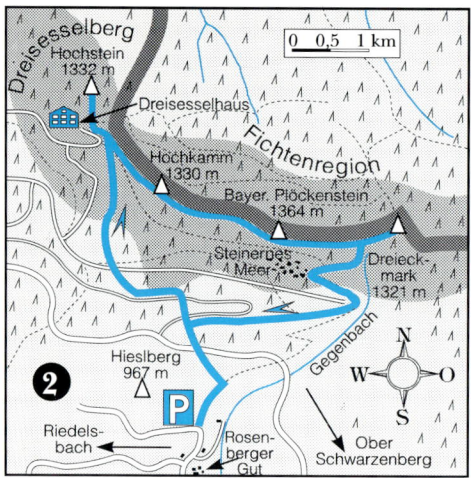

kierung: weiß-rot-weiß. Sie hält sich an die tschechische Grenze. Den Wald des stumpfen Kammrückens durchsetzen unterschiedlich mächtige Felsstöcke. Nach ½ Stunde begegnet uns der graue **Bayerische Plöckenstein** (1364 m). Er kann südseitig in gestuftem Fels erklommen werden, bietet aber nur dürftige Aussicht.

Zur **Dreieckmark** (1321 m) ist es knapp ¼ Stunde. Neben dem alten Grenzstein, einem dreieckigen Felsblock, basiert das neue, 1993 gesetzte Vermessungszeichen. Rast auf den Bänken. Soll man weitergehen, weiß-rot-weiß bezeichnet, ungefähr ½ Stunde? Dann wäre der Böhmische Plöckenstein (1378 m) erreicht. Und von dem wiederum sind es 10 Minuten Abstieg zur Aussichtskanzel über dem Plöckensteinsee.

Wer auf deutschem Boden bleibt, schwenkt an der Dreieckmark rechts in den **Seesteig** ein. Sein Trockenmauerfundament entstand unter unsäglichen Mühen. Die Rechtsabzweigung (Adalbert-Stifter-Steig) unbeachtet lassen! Unser Weg berührt den Rand des **Steinernen Meeres**, ein neun Hektar großes Geröllfeld. Während Nordwaldkammweg und Europäischer Fernwanderweg 6 nach Österreich leiten, schwenkt unsere Wanderung vor der Grenze, die der Gegenbach bildet, scharf rechts. Am Beginn der *Hochstraße* – 20 Minuten von der Dreieckmark – setzt sich der Abstieg halblinks fort, identisch mit dem *Schmugglersteig*. Er bringt uns wieder zur Aufstiegsroute.

Nützliche Informationen

Anfahrt: Ab Passau (45 km) Bundesstraße 12, Abzweigung bei Waldkirchen; von Waldkirchen 21,5 Kilometer. Von Neureichenau 7 Kilometer, von Breitenberg 8 Kilometer. Busverbindungen mit Waldkirchen und Passau (nächster Bahnhof), Freyung und Breitenberg.

Ausgangspunkt: *Rosenberger Gut* (811 m), Gemeindebereich des staatlich anerkannten Erholungsortes Neureichenau, nördlich (1,5 km) des Siedlungskernes Lackenhäuser unweit der österreichischen Grenze.

Parken: *Wanderparkplatz* 300 Meter nördlich des Rosenberger Gutes.

Gehzeiten: Insgesamt 4½ bis 5 Stunden. Parkplatz – Dreisessel 2 Stunden. Berggasthof Dreisessel – Hochstein ¼ Stunde. Hochstein – Berggasthof ¼ Stunde. Berggasthof Dreisessel – Bayerischer Plöckenstein knapp eine ¾ Stunde. Plöckenstein – Dreieckmark ¼ Stunde. Dreieckmark – Parkplatz 1½ Stunden.

Unterkunft/Verpflegung: Neben dem Rosenberger Gut ein Gasthaus und ein Lebensmittelgeschäft. 700 Meter entfernt Gaststätte-Pension Witikosteig. Im Gemeindegebiet Neureichenau Hotels, Gasthöfe, Pensionen, Ferienwohnungen.

Jugendherberge: *Rosenberger Gut*, ganzjährig geöffnet, Telefon 0 85 83/12 39.

Camping: *Knaus-Campingplatz* in *Lackenhäuser*, auch Mietwohnungen, Telefon 0 85 83/3 11.

Einkehr unterwegs: *Berggasthaus Dreisessel* (auch einfache Übernachtung, Telefon 0 85 56/3 50). Am schnellsten (¼ Stunde) erreichbar vom gebührenpflichtigen Dreisessel-Parkplatz. Die zum Parkplatz führende Stichstraße (8 km) zweigt 3 Kilometer von Haidmühle bzw. 9 Kilometer von Neureichenau ab; Busse von Haidmühle.

Sehenswürdigkeiten: • *Rosenberger Gut*. Adalbert-Stifter-Gedenkraum im »Ladenstöckl«, Besichtigung 9.00 bis 11.00 Uhr, 14.00 bis 16.00 Uhr, Sonntag geschlossen.

Sehenswürdigkeiten der Umgebung: • *Lackenhäuser*. Heimatmuseum in der Hochwaldhalle neben der Kirche, geöffnet Montag und Freitag 14.00 bis 17.00 Uhr. • *Haidmühle*. Marienkapelle, 1958 nördlich des

Ortes erbaut und wegen der nur 400 Meter entfernten Grenze damals zu Recht auch »St. Marien am Eisernen Zaun« genannt. Stündliches Glockenspiel des Ave Maria von Lourdes.

Auskunft: Gemeinde Neureichenau, Dreisesselstraße 8, 94089 Neureichenau; Telefon 0 85 83/8 17.

Wanderkarten: Fritsch Umgebungskarte 1:35000, Blatt 136. – Fritsch Wanderkarte 1:50000, Blatt 62.

Die Dreisesseltürme entragen dem Wald unmittelbar neben dem Berggasthof Dreisessel. Der Hauptfels kann unschwierig erstiegen werden.

3 Auf dem »Goldenen Steig«

Zwischen Haidel und Bischofsreut

Tourencharakter: Unschwierige Rundwanderung.
Steigungen: 350 Meter.
Reine Gehzeit: 4 Stunden.
Beste Jahreszeit: Mai bis Herbst.
Das Wildschutzgebiet darf zwischen 15. November und 30. April nicht betreten werden!

Nordöstlich von Waldkirchen gewinnt die Hauptlinie des »Goldenen Steiges« an Höhe, berührt Böhmzwiesel und die ehemaligen Mautstationen Fürholz, Herbergsplatz mit elf Wirtshäusern, sowie das um 1500 kultivierte Grainet und dringt am Haidel in die Wälder ein. Auf dem Sulzberg (1146) erreicht die Handelslinie ihren Kulminationspunkt, senkt sich nach Bischofsreut, um ins Böhmische überzuwechseln. Vorbei an Böhmischen Röhren (České Žleby) zum größten Stützpunkt: Wallern (Volary), gegründet im 14. Jahrhundert durch Tiroler. Es lebte fast ausschließlich vom »Goldenen Steig«. Hinter Wallern war es noch ein Tagessaum in das während des späten 13. Jahrhunderts von Bayern geschaffene Prachatitz (Prachatice), dem Endpunkt der »gulden Strass«, fünf Tagesmärsche von Passau, Marktsiedlung unter besonderem Schutz des Böhmenkönigs. Die Güter wurden gestapelt bzw. in den Häusern der Händler gespeichert. Allein Prachatitzern erlaubte das Gesetz, Erzeugnisse landeinwärts zu vertreiben; Gewinnspanne etwa 10 Prozent. Über die Entstehung der Hauptroute Passau – Prachatitz liegen keine gesicherten Unterlagen vor. Möglicherweise existierte sie schon 1010, als König Heinrich, Herzog von Bayern, dem Passauer Frauenkloster Niedernburg das »Abteiland« zwischen Ilz und Böhmen sowie den böhmischen Zoll schenkte. In jedem Falle diente der Steig im 12. Jahrhundert Säumertransporten mit Salz aus der Reichenhaller Saline (ab dem 13. Jahrhundert aus Schellenberg und Hallein im Salzburgischen). Bis 1256 durften, abgesehen von wenigen Ausnahmen, nur Böhmen das »weiße Gold« in Passau abholen. Danach war es auch Säumern aus dem »Abteiland« gestattet. Andere Dinge – Weine, Südfrüchte, Gewürze, Roheisen, Schwertklingen, italienisches Tuch etc. – wurden von internationalen Händlern via Böhmen transportiert. Als Rückfracht nahmen die Säumer vornehmlich Getreide, daneben Milchprodukte, Malz, Honig, Wolle, Felle, Schnaps usw. mit. 1558 bis 1560, der Blüte des »Goldenen Steiges«, wie er seit einem halben Jahrhundert hieß, gelangten exakt 121 648 Scheiben Salz, etwa 145 000 Zentner, nach Prachatitz.

Das Aus für »die behemisch Saltzstraß« kam 1706. In Wien verbot Kaiser Joseph I. bei »Leib- und Lebens-Straff« die Einfuhr von Salz aus Passau und Bayern in Böhmen. Dadurch verfiel Süddeutschlands frequentiertestes Handelsstraßennetz, auf dem oftmals Woche für Woche bis zu 1600 Saumpferde unterwegs nach Böhmen waren. Nun florierte der Schmuggel auch über Bischofsreut, das 1705 durch den Passauer Fürstbischof Johann Philipp Graf von Lamberg gegründet wurde. Die Leute in den 14 Anwesen ernährten sich von Vieh-, Weide- und Waldwirtschaft. Die goldenen Zeiten des »Goldenen Steiges« waren vorbei!

Es vergingen beinahe 300 Jahre, ehe der Landkreis Freyung-Grafenau 1982 die Streckenabschnitte auf seinem Gebiet sozusagen reaktivierte, das heißt insgesamt 90 Kilometer der Pfade herrichten und markieren (schwarzes Säumermotiv auf gelbem Grund) ließ. Kostenpunkt: 1,3 Millionen Mark. Wandern auf den Spuren des »Goldenen Steiges«! Der schönste damit verbundene Höhenweg – rund sechs Kilometer – bildet einen Teil dieses Kapitels.

Der Wegverlauf

Bischofsreut. Vom Kirchplatz kurz Richtung Haidmühle. Dann halbrechts in die *Leopoldsreuter Straße*. Nach ¼ Stunde, vor dem *Wanderparkplatz* (1020 m) bzw. der *Nepomuk-Kapelle*, halblinks mit dem Forststräßchen abwärts. Es gilt Wegnummer 5 für den gesamten Rundkurs. Die Straße durchmißt ein *Wildschutzgebiet*, das knapp 1 Stunde nach Bischofsreut verlassen wird.

Links auf der Brücke (875 m) über die *Tief-*

Der 25 Meter hohe Aussichtsturm auf dem Haidel vermittelt eine umfassende Rundschau in Grenznähe.

seuge, eine Nährschwester der Kalten Moldau. Rechts entlang der Tiefseuge. Nach 10 Minuten an der Wegegabel geradeaus (geteert). Wir überschreiten den **Goldgrubenbach,** wo im 16. Jahrhundert Goldwäscher siebten, und erreichen ansteigend die von der riesigen **Kreuzfichte** beherrschte Kreuzung (980 m).

Rechts dem Schotterweg durch die Waldflanken des Kiesberges folgen. Knapp ½ Stunde nach der Kreuzfichte erreicht man einen *Wanderparkplatz.* Hier links, schnurgerade gute 10 Minuten auf den Gipfel des **Haidel** (1167 m). Besteigen Sie den 25 Meter ho-

hen, 1970 konstruierten Aussichtsturm! Er vermittelt unvergleichliche Panoramaperspektiven – nordöstlich bis zum Kubany –, in denen nur der nebenstehende Turm des Fernmeldeamtes Landshut stört. Von Bischofsreut 2½ Stunden.

Wieder beim Parkplatz, übernimmt uns der »Goldene Steig« in Form eines Teersträßchens. Während wir mit leichtem Gepäck schlendern, trug der Säumer auf seiner Kraxe 120 Pfund, ein Saumroß das Doppelte. Die Säumerordnung von 1538 erlaubte »nit mehr als ain Sämfartt gen Behem«. Kein »lediger Gesell, so nit auf gestifften Guettern sess-

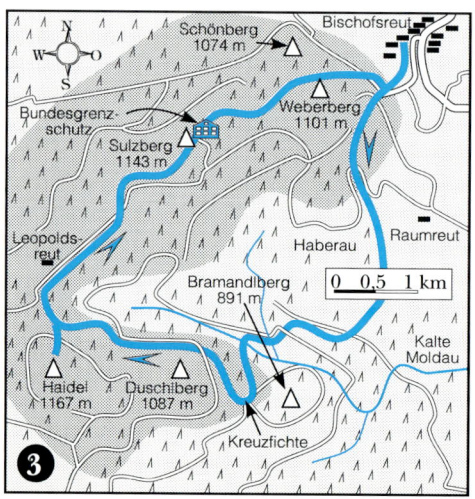

Leopoldsreut wurde 1618 durch das Fürstbistum Passau am »Goldenen Steig« gegründet, ist aber schon längst von seinen Bewohnern verlassen.

haft«, durfte von nun an säumen. 1556 bewilligte der Fürstbischof jedem Säumer vier Pferde. Es waren verhältnismäßig kurzbeinige, stämmige Tiere, die pro Tag 25 bis 30 Kilometer gingen. Der Saisonverkehr rollte ab Herbst, sobald geerntet war, den ganzen Winter, meist in beschützten Geleitzügen von rund 20 Tieren.

Leopoldsreut (1108) wurde im Jahre 1618 unter dem Passauer Fürstbischof Leopold V., Erzherzog von Österreich, von neun Siedlern gerodet. Sie waren für die Instandhaltung des »Goldenen Steiges« verantwortlich. Doch schon 1625 schleppten Säumer die Pest ein, was zu seiner vorübergehenden Sperrung führte. In Leopoldsreut war »fast alles ausgestorben«, notierte der Freyunger Pfleger. Und Mitte des 18. Jahrhunderts, nach dem erwähnten kaiserlichen Salzhandelsverbot, erwies sich der Steig »zum Fahren und Reiten unbrauchbar«. Leopoldsreut ist untergegangen. Nur die Nepomukkirche – aufschlußreiche Informationsanschläge – steht noch am alten Platz und daneben das Haus der 1725 etablierten, einklassigen »Winternothschule«, höchstgelegene Deutschlands, deswegen scherzhaft »Hochschule« genannt. 1890 zählte Leopoldsreut 160 Einwohner. Das Gasthaus verfügte über elektrisches Licht, in den anderen Häusern brannten Karbidlampen. Wie der Ort 1930 aussah, zeigt ein Foto im Freilichtmuseum Finsterau.

Noch 500 Meter auf der Straße. Dann (zweite Abzweigung!) halblinks. Etwa 20 Minuten später wird militärischer Sicherheitsbereich auf dem Sulzberg passiert. Statt der Radarstation, deren Aufgabe die Arber-Anlage übernahm, sind 33 Bundesgrenzschutz-Beamte stationiert. Ihnen obliegt die Aufgabe, illegale Einwanderung aus der Tschechei – hauptsächlich durch Rumänen – zu unterbinden. Von hundert wird einer gefaßt, erfahre ich! Stetig abwärts erreicht man nach ½ Stunde eine Straße. Rechts zum alten Forsthaus am bekannten Herweg.

Nützliche Informationen

Anfahrt: Bundesstraße 12 Passau – Freyung bis Philippsreut, von dort 5,5 Kilometer; von Freyung 20 Kilometer. Busverbindungen mit Passau, Freyung, Haidmühle.
Ausgangsort: *Bischofsreut* (982 m), Ortsteil von Haidmühle
Gehzeiten: Insgesamt 4 Stunden. Bischofsreut – Kreuzfichte 1½ Stunden. Kreuzfichte – Haidel 50 Minuten. Haidel – Leopoldsreut 25 Minuten. Leopoldsreut – Bischofsreut 1¼ Stunden.
Unterkunft/Verpflegung: Hotel, Gasthöfe, Pensionen, Ferienwohnungen. Der Autor kann die *Gasthof-Pension Am Goldenen Steig* (Kirchplatz) empfehlen; Telefon 0 85 50/2 38.
Jugendherberge: Im Ortsteil *Frauenberg*; Telefon 0 85 56/3 48.
Sehenswürdigkeit: • *Waldmuseum* (Gemeindehaus), geöffnet Dienstag und Donnerstag 14.00 bis 16.00 Uhr.
Auskunft: Gemeindehaus, 94145 Haidmühle-Bischofsreut; Telefon 0 85 50/2 41.
Wanderkarten Fritsch Umgebungskarte 1:35 000, Blatt 136. – Topographische Karte 1:50 000, Blatt 7148.

4 Um Freyung

Durch die Buchberger Leite

Tourencharakter: Unschwierige Wanderung. Bei Nässe Trittsicherheit ratsam.
Von Ringelai werktags Busverbindung mit Freyung.
Steigungen: 400 Meter.
Reine Gehzeit: 4½ Stunden. Einschließlich Abstecher zur Burgruine Neubuchberg knapp 5 Stunden.
Beste Jahreszeit: Mai bis November

Die Buchberger Leite sei die schönste, »die ihresgleichen nicht hat im ganzen Böhmerwald«, schwärmte Maximilian Schmidt (1832–1919) in der Erzählung »Am Goldenen Steig«. Der Waldverein setzte dem »Waldschmidt« für sein schriftstellerisches Wirken 1959 neben der Pfarrkirche einen Granitstein.

Vor der Buchberger Leite nordwestlich von Freyung hat die Technik nicht haltgemacht. Kraftwerke entziehen ihr die reißenden Wasser, lähmen den Fluß, erniedrigen ihn zu leisem Plätschern, hohlem Gurgeln, wehmütigem Schluchzen. Doch im Halbdunkel der Fichten und Eschen, der moosgewandeten Blöcke und bizarren Felsen schlummert Urnatur, so daß die kilometerlange Schlucht noch immer eine der reizvollsten ihrer Art darstellt.

Auch in Freyung liefen die Uhren weiter. Ende der sechziger, Anfang der siebziger Jahre ergriff der Tourismusboom die Kreisstadt. Zukunftsorientierte, infrastrukturelle Maßnahmen waren vonnöten. Aus den 200 Fremdenbetten des Jahres 1970 wurden 2800; alljährlich rund 500 000 Übernachtungen. Freyung wucherte über den Stadtkern hinaus. Kommunikativer Abschluß war 1989 das Gästezentrum im und um das Kurhaus. Diese Entwicklung trägt jedoch keine Schuld, daß vom alten Freyung kaum noch etwas übriggeblieben ist. Der Brand von 1872 hatte nämlich 39 Gebäude eingeäschert, fast den gesamten Häuserbestand. Lediglich Schloß Wolfstein auf einer vom Saußbach umspülten Bergzunge ist noch Geschichtszeuge.

Dort schuf das Hochstift Passau, 1161 durch Kaiser Barbarossa mit dem Gebiet belehnt, unter Fürstbischof Wolfker von Erla um 1200 eine Befestigung – »Wolfkerstein« – zur Sicherung des »Abteilandes«. So hieß das Gebiet – 100 000 Tagwerk Forst – zwischen Ilz und Böhmen, weil es König Heinrich, Herzog von Bayern, im Jahre 1010 der Passauer Abtei Niedernburg geschenkt hatte. Den Siedlern, welche die Gegend als bäuerlichen Lebensraum Ende des 13. Jahrhunderts erschlossen haben, gewährte das Bistum großmütig »Freyung«: mehrjährige *Befreiung* vom Grundzehent, praktisch eine frühe Grenzlandförderung. War diese Zeit abgelaufen, blutete das Landvolk um so mehr!

Wirtschaftliche Geltung erfuhr Freyung 1366. Auf Geheiß Kaiser Karls IV. wurde eine Nebenstrecke des Handelsweges Passau – Waldkirchen – Parchatitz an Wolfstein vorbei gelegt, über Mauth nach Bergreichenstein (Kašperské Hory). Haupt- und Nebenrouten entwickelten sich im 16. Jahrhundert durch gewinnträchtige Salztransporte ins salzlose Böhmen zu »Goldenen Steigen«. Die Freyunger Variante dürfte den Ausbau der Burg Wolfstein um 1400 veranlaßt haben. Marktfreiheit kehrte ein. Handwerksfreiheiten verbriefte Fürstbischof Wenzeslaus von Thun während der zweiten Hälfte des 17. Jahrhunderts den Waffen-, Hammer- und Hufschmieden. Sie bezogen das Roheisen hauptsächlich aus der Steiermark. Noch im 18. Jahrhundert exportierte man Tuchscheren, Löffel, Sensen, Sicheln und Werkzeuge bis nach Holland und Rußland. Ende 1805 kam das »Abteiland« unter bayerische Verwaltung. Wolfstein wurde Sitz eines Landgerichtes, aus dem schließlich das Landratsamt hervorging.

Der Wegverlauf

Vom **Stadtplatz** nördlich, geradeaus mit der *Grafenauer Straße* abwärts. Nach 5 Minuten führt links (Informationstafel) die Wolfkerstraße zum sichtbaren Schloß Wolfstein.

Vor der Shell-Tankstelle senkt sich links die *Säumerstraße* ins Tal des **Saußbachs** (520 m). Über die Brücke, vorbei an der ehemaligen Pulvermühle – Rückblick auf Schloß Wolfstein – und bergan, gleichlaufend mit

dem »**Goldenen Steig**«. Durch die Unterführung der Bundesstraße 12, nach 200 Metern rechts. In Höhe der Schule setzt sich der »Goldene Steig« gerade Richtung Finsterau fort, während unsere Rundtour links der *Ahornöder Straße* in das heimelige **Ahornöd** (660 m) folgt.

Auf dem Dorfplatz (Maibaum, Kapelle) links 50 Meter. An der Gabelung halbrechts, getreu Markierung 1a. Das Flurbereinigungs-Gedenkkreuz passieren, entlang dem Waldrand, dann im Wald 5 Minuten zur Talwiese am **Reschbach**, dessen Quellbäche im Finsterauer Winkel entspringen.

Links, am **Reschbach-Elektrizitätswerk** vorbei, zwischen Reschbach und Kanal 5 Minuten zur hölzernen **Dr.-Ancot-Brücke** mit hübschem Rastplatz (560 m). Jenseits spaziert man links neben der **Wolfsteiner Ohe** her, die von Saußbach und Reschbach gebildet wird. Jetzt umfängt uns die zerklüftete **Buchberger Leite**, »ein wahres Naturwunder«, um nochmals Maximilian Schmidt zu zitieren. Rechts tauchen imposante Felsbastionen auf. Etwa 10 Minuten nach der Brücke, vor dem Ansatz einer Steigung, geht es links und im Tannenschatten über den Talboden. Im weiteren Verlauf sind exponierte Strecken durch Holzgeländer gesichert. Die Szenerie steigert sich in ihrer Wildheit, bis ein mächtiger Felsriegel die Leite sperrt bzw. die Ohe zu einer Schleife zwingt. Hier entweder durch den 1918 gebohrten, 30 Meter langen Felstunnel, oder man wendet sich links auf zwar nicht instandgehaltener, aber bei trockenem Wetter unschwierig zu begehender Steiganlage hoch zu einem künstlichen Felsschärtchen. Danach links, hinunter in den Talkessel (486 m), wo die Buchbergmühle mahlte.

Rechts oben im Hang wachte Burg Wildenstein. Sie wurde 1390 von der Burg Neubuchberg abgelöst, Sitz der Herrschaft Buchberg, bis zum Kauf durch das Hochstift Passau 1592, dem an der Grenzfeste zum Kurfürstentum Bayern gelegen war. Abstecher dorthin: halbrechts auf dem steilen Teersträßchen 300 Meter, dann scharf rechts und

Die Buchberger Leite bei Freyung zählt zu den landschaftlichen Attraktionen des Bayerischen Waldes.

im Hangwald empor zur **Burgruine Neu-buchberg**; Informationstafel. Hin und zurück 20 Minuten.

Am Fluß gründete Kommerzien-Bergrat Alfred Wiede (1864–1925) 1903 **Wiede's Karbidwerk**. Es beschäftigt 60 Leute und stellt im Schichtbetrieb künstliche Rohedelsteine her, pro Jahr mehr als 30 Millionen Karat bzw. sechs Tonnen. Diese synthetischen Produkte, einmal geschliffen, können Laien von echten nicht unterscheiden. Sie übertreffen an Reinheit sogar manche natürlichen Steine, beispielsweise die aus Burma und Ceylon. Synthetisches Material weist keine Risse und Einschlüsse auf. Eine Flamme aus Knallgas, gewonnen durch Elektrolyse, deren Strom das Wasserkraftwerk erzeugt, schmilzt bei 2000 Grad das durch Glühen aus Ammoniak-Alaun entstandene Aluminiumoxyd unter Zusatz von anderen farbgebundenen Oxyden.

Von Freyung 1½ Stunden. Links über die Ohe, kurz bergan, dann rechts (Markierung 3a), entlang der Unteren Ohe, erneut auf abwechslungsreicher Trasse, streckenweise durch Felssturzgelände. Die Hängebrücke rechts bleibt unbeachtet. Wenig später darf der rechtsabzweigende, steile Pfad (Holzgeländer) nicht übersehen werden! Anschließend neben der Ohe her zur *Trift-Lehrtafel*. Die *Triftsperre* überschreiten. Links in den urkundlich 1312 erwähnten, staatlich anerkannten Erholungsort **Ringelai** (410 m). Die Pfarrkirche Unserer Lieben Frau birgt im linken Seitenaltar das aus Raab in Ungarn stammende, mehr als 200 Jahre alte, verehrte Gnadenbild »Zum lieben Christkindl von Ringolay«. Von Freyung 2¼ Stunden.

Der Rückweg verläuft bis zur **Dr.-Ancot-Brücke** wie der Herweg. Dann rechts, ober-

Am Ende der Wanderung durch die Buchberger Leite wartet der Erholungsort Ringelai mit seiner Pfarrkirche auf einen Besuch.

halb der »**Scheer**«, der Mündung von Reschbach und Saußbach, talein, wobei die **Sperre**, das **Saußbach-Elektrizitätswerk**, die **Augustinkanzel** und der verschlammte Stausee passiert werden. Unter der Hochbrücke der Bundesstraße hindurch und parallel zum Saußbach, rechts der Kläranlage geradeaus. Auf der **Saußbachbrücke** rechts, gleich danach links, steil den *Hammerberg* hoch, vorbei am Kurverwaltungskomplex zur Pfarrkirche.

Nützliche Informationen

Anfahrt: Bundesstraße 12, von Passau 38 Kilometer. Ab Grafenau 19 Kilometer. Gute Busverbindungen; Busbahnhof (Bahnhofstraße) 200 Meter vom Stadtplatz. Nächste Bahnstation ist Grafenau.

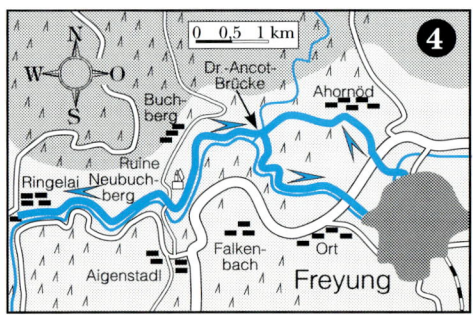

Ausgangsort: *Freyung* (655 m), 7200 Einwohner. Bis 1989 östlichste Stadt der Bundesrepublik.

Parken: Im Zentrum werktags 8.00 bis 18.00 Uhr nur Parkuhrenplätze. Tiefgarage unter dem Kurhaus, Einfahrt Passauer Straße. Auch an der Wanderroute 400 Meter vom Stadtplatz, rechts (ALDI).

Wohnmobil-Stellplätze: *Parkplatz Freibad. Freizeitpark Solla.*

Gehzeiten: Insgesamt 4½ Stunden. Freyung – Ahornöd 1½ Stunde. Ahornöd – Reschbach ¼ Stunde. Reschbach – Karbidwerk 40 Minuten. Karbidwerk – Ringelai eine ¾ Stunde. Ringelai – Dr.-Ancot-Brücke 1½ Stunden. Brücke – Freyung eine ¾ Stunde.

Unterkunft/Verpflegung: Etwa 2800 Betten in Hotels, Gasthöfen, Pensionen, Privatzimmern, Ferienwohnungen. Preiswerte Gaststätten u. a. *Passauer Hof* (Stadtplatz 21); *Metzgerei-Gasthof Brodinger* (hinter der Pfarrkirche), gleichzeitig Hotel, Parkplatz.

Einkehr unterwegs: *Ringelai.*

Sehenswürdigkeiten: • *Schloß Wolfstein,* Renaissancebau aus dem 16. Jahrhundert, als Fürstbischof Urban von Trenbach die Burg umgestaltete: *Jagd- und Fischereimuseum. Galerie Wolfstein,* rund 200 Werke 80 ostbayerischer Kunstschaffender. Geöffnet Dienstag bis Sonntag 10.00 bis 17.00 Uhr. Einkehr in der Schloß-Taverne 14.00 bis 17.00 Uhr. • *Pfarrkirche Maria Himmelfahrt,* geweiht 1877; Informationsblatt. • *Wolfsteiner Heimatmuseum,* im Schraml-Haus, dem ältesten (um 1700) erhaltenen bäuerlichen Anwesen Freyungs; geöffnet 15. Juni bis 15. September Dienstag bis Freitag 14.00 bis 17.00 Uhr, 16. Juni bis 31. Oktober und 15. März bis 15. Juni Dienstag, Donnerstag 14.00 bis 17.00 Uhr.

Auskunft: Verkehrsamt-Kurverwaltung, Kurhaus, 8393 Freyung; Telefon 5 88 50, 5 88 56.

Wanderkarten: Fritsch Umgebungskarte 1:25000, Blatt 127. – Fritsch Wanderkarte 1:50000, Blatt 62.

5 Die Klausen um Finsterau

Waldgeschichtliches Wanderrevier

Tourencharakter: Unschwierige Rund-
wanderung. Grenzübergang (ohne Kon-
trolle) 6.00 bis 22.00 Uhr; Oktober bis
März 8.00 bis 19.00 Uhr.
Steigungen: 300 Meter.
Reine Gehzeit: 2¾ Stunden.
Beste Jahreszeit: Juni bis Spätherbst.

Klausen sind in diesem Falle keine Eremiten-
zellen, sondern Stauanlagen für den Zweck
der Holztrift, dem Transport geschlagenen
Langholzes auf dem Wasserwege, in Betrieb
bis Anfang der fünfziger Jahre. Sie wurden
geöffnet, wenn es galt, die Stämme talwärts
zu schwemmen. Die Holznutzung im Bereich der Reschbachklause begann 1737 und
setzte um 1840 intensiv ein. Die Reschbachklause, die größte Triftklause, entstand 1860
als Ersatz für die tiefer gelegene, 1846 errichtete Alte Klause. Dort, nördlich von Mauth-
Finsterau, einem Grenzzipfel, schuf die Nationalparkverwaltung auf einer Fläche von
270 Hektar das Waldgeschichtliche Wander-
gebiet. Damit sollen Gäste angesprochen
werden, »die sich für geschichtliche Entwicklung, Besiedlung und historische Nutzungs-
formen der Wälder und der Landschaft im
Bayerischen Wald« interessieren, lautet das
Motto. Angesichts der zahlreichen, ausführ-
lich und gut verständlich beschrifteten Lehrtafeln liegt die ehemalige Waldwirtschaft wie
ein offenes Buch vor dem Leser (Wanderer),
übertragbar ohnehin auf andere, ebenso ge-
nutzte Teile des Bayerwaldes.

Einst durchmaß der »Obere Goldene
Steig« von Passau – Freyung das Tal nach
Bergreichenstein (Kašperské Hory). Mauth
ging aus einer 1698 unter dem Passauer
Fürstbischof Johann Phillip Graf von Lamberg gegründeten Mautstation hervor und erhielt 1778 die erste Kirche: St. Leopold. Zur
Pfarrei gehörte bis 1921 auch Finsterau. Seitdem ist Finsterau höchstgelegene Pfarre im
Bistum Passau. Es ist ein »Schneeloch«. Die
klimatischen Verhältnisse lassen weder Ge-
treide- und Kartoffelanbau noch Obstbaum-

*Stauseen, wie die 1860 entstandene Reschbach-
klause, dienten bis Anfang der fünfziger Jahre der
Holztrift, dem Transport geschlagener Stämme
auf dem Wasserweg.*

zucht zu. Daß heute temperierter Wohlstand
herrscht, verdankt man einzig und allein dem
Tourismus.

Der Wegverlauf

Auf breitem Weg in den Wald. In mäßigem
Gefälle zu einem Teerweg und rechts zur **Alten Klause** (1020 m) am Reschwasser. Vom

Rastplatz rechts, nun auf einem Wanderweg. Er führt links über den *Reschbach* und folgt seinem Ufer. Etwa ¼ Stunde nach der alten Klause beginnt rechts der 2,8 Kilometer lange, 1820 bis 1825 installierte **Schwellgraben**, der Überleitungskanal Reschbach – Teufelsklause.

Und schon 5 Minuten später sind wir an der **Reschbachklause** (1130 m). Wasserfläche: 0,8 Hektar. An Stelle der Hütte stand bis 1968 das Schwellhäusl, in dem der Klausenwärter hauste.

Neben der Informationstafel aufwärts, an der Gabelung halbrechts durch Fichtenwald. Wir berühren die deutsch-tschechische Grenze. Nordwestlich deutet sich die Talmulde an, in der die Warme Moldau entspringt (siehe Tour 32). Dahinter der teilweise kahle Schwarzberg (Černá horá). Unser Weg leitet auf den **Siebensteinkopf** (1263 m) mit einem stattlichen, 1987 geweihten Holzkreuz. Vom Parkplatz 1 Stunde.

Einigermaßen Ausschau bietet erst die Felsenkanzel beim Abstieg. Es ist einer der sieben Felsen, die dem Berg seinen Namen geben. Eine Viertelstunde nach dem Gipfel stößt das Weglein auf die Straße, identisch mit dem »Goldenen Steig«. Links 5 Minuten zur **Grenze** am Teufelsbach. Anfang August 1991 fiel der Schlagbaum. Zum Glück blieb

Völlig unbürokratisch wird am Teufelsbach die Grenze der Tschechischen Republik passiert, hinüber zum ehemaligen Dorf Buchwald (Bučina).

aber die Straße für den Autoverkehr gesperrt. Das vor dem II. Weltkrieg erbaute, festungsähnliche Zollhau, wurde 1961 gesprengt. Ein neues Häuschen dient dem tschechischen Posten. »Grüß Gott«, nickt er freundlich und läßt ohne Kontrolle passieren. Jenseits lag logenähnlich das 1776 urkundlich erwähnte Dorf Buchwald (Bučina), höchstgelegenes (1162 m) Böhmens, eine Gemeinde mit 400 Einwohnern – Bauern und Waldarbeiter –, Gasthöfen, Schulhaus. Die Häuser wurden 1956 abgerissen, wie überall in Grenznähe. Links oberhalb des Weges sieht das Hotel Al-

pensicht dem Verfall entgegen. 1993 erstellte die Verwaltung des Nationalparkes Böhmerwald (Šumava) eine gläserne Panoramatafel sowie einen schmucken **Informationsstand**. Die beachtenswerten Schaubilder sind erfreulicherweise deutsch und tschechisch beschriftet. Und ein Stück weiter war 1992 die **Micheibauernkapelle** neu entstanden samt einem Rastplatz. Buchwald gehörte zu dem 1792 durch den Fürsten Schwarzenberg von 45 Holzhauerfamilien gegründeten Pfarrdorf Fürstenhut (Knižeci Pláně), eine halbe Gehstunde südöstlich auf rot markiertem Wanderweg. Den Friedhof renovierten ehemalige Einwohner 1991/92, das heißt, sie beförderten die Grabsteine ans Tageslicht und säumten den Gottesacker mit einem Mäuerchen.

Zurück! Gegenüber der Mündung des Siebensteinkopf-Abstieges wird die Straße links verlassen. Einen Querweg kreuzen und zu der meist wasserarmen **Teufelsklause** (1022 m), angelegt 1820–1825 als Holzkonstruktion, 1844 gemauert.

Nun rechts am **Schwellgraben** entlang, gute 5 Minuten, kurz auf der Straße, dann wieder am Graben. Anschließend die Straße links kreuzen. Etwa 25 Minuten nach der Teufelsklause erwartet uns das **Finsterauer Filz** (1000 m), im Volksmund »Ferafilz« (Föhrenfilz) genannt, ein kleines, bergkiefernbestocktes Moos. Jetzt sind es nur mehr 5 Minuten zur Straße, an deren rechter Seite die Wanderspur zum Parkplatz leitet.

Nützliche Informationen

Anfahrt: Von Freyung (nächster Bahnhof, wochentags Busverbindungen) 17 Kilometer nordwärts.

Ausgangsort: *Finsterau* (998 m). Staatlich anerkannter Erholungs- und Wintersportort am Ostrand des Nationalparks. Bestandteil der Gemeinde Mauth, die sich über 29 Quadratkilometer ausdehnt. Von Mauth 5 Kilometer, von Spiegelau 21 Kilometer, von Passau 48 Kilometer.

Ausgangspunkt: *Wanderparkplatz Wistlberg* (1066 m) 1,5 Kilometer nördlich von Finsterau, links an der Straße. Von dort Elektrobusse bis zur Grenze, von Mitte Juni bis Ende August halbstündlich zwischen 9.30 und 16.30 Uhr, letzter Bus ab Grenze 16.45 Uhr (Stand 1993).

Gehzeiten: Insgesamt 2¾ Stunden. Parkplatz – Alte Klause 20 Minuten. Alte Klause – Reschbachklause 20 Minuten. Reschbachklause – Siebensteinkopf 20 Minuten. Siebensteinkopf – Buchwald ½ Stunde. Buchwald – Teufelsklause 25 Minuten. Teufelsklause – Parkplatz eine ¾ Stunde.

Unterkunft/Verpflegung: *Gasthof-Restaurant Bärnriegel* (Telefon 0 85 57/7 01). Pensionen, Ferienwohnungen.

Campingplatz: *Nationalpark-Ostfinsterau;* gegenüber dem Wanderparkplatz, neben dem Berggasthof Frank; Telefon 0 85 57/7 68.

Jugendherberge: *Mauth* (5 km), Telefon 0 85 57/2 89.

Sehenswürdigkeiten: • *Freilichtmuseum Finsterau.* Öffnungszeiten täglich (außer Montag): Mai bis September 9.00 bis 18.00 Uhr. Oktober 9.00 bis 16.00 Uhr. 15. Dezember bis April 12.00 bis 16.00 Uhr. Rustikales Wirtshaus; Spezialitäten.

Auskunft: Verkehrsamt, Giesekestraße 22, 94151 Mauth; Telefon 0 85 57/3 15 oder 2 64.

Wanderkarten: Fritsch Wanderkarte 1:35 000, Blatt 59. – Nationalpark Bayerischer Wald 1:50 000, Bayerisches Landesvermessungsamt, München.

6 Nationalpark Bayerischer Wald

In das Tierfreigelände

Tourencharakter: Spaziergang bzw. Wanderung. Im Schwarz- und Rotwildgehege dürfen Hunde nicht mitgeführt werden (sonst nur an der Leine), Umgehung beschildert. Im Winter geräumt!
Steigungen: Etwa 100 Meter.
Reine Gehzeit: 3 bis 5 Stunden für den großen Rundgang (7 km), abhängig vom Aufenthalt an den einzelnen Gehegen.
Beste Jahreszeit: Frühling bis Herbst.

Am 7. Oktober 1970 wurde der Nationalpark Bayerischer Wald als erster seiner Art in Deutschland eröffnet. Eigentum des Freistaates Bayern auf einer Fläche von 130 Quadratkilometern im Landkreis Freyung-Grafenau. Seine vornehmste Aufgabe ist der Naturschutz, gleichermaßen das Landschaftsbild sowie die Pflanzen- und Tierwelt betreffend. Ferner dient er der Forschung, Bildung und Erholung. Das Gelände umschließt die alten Naturschutzgebiete zwischen Rachel und Reschbach, zwischen der Landesgrenze auf 25 Kilometer und einer gedachten, ungefähren Linie Bahnhof Klingenbrunn – Mauth. Es birgt rund 200 Kilometer markierte Wanderwege. Auf tschechischer Seite schließt sich der 1991 gegründete Nationalpark Böhmerwald (Šumava) an.

Vor der Einweihung warnte Hubert Weinzierl, Präsident des Bund Naturschutz und einer der Väter des Parkes: »In dem zugkräftigen Etikett ›Nationalpark‹ sehen viele eine willkommene Möglichkeit, die Natur über die bisherigen Nutzungen hinaus noch gründlicher auszubeuten.« Dies ist so nicht geschehen! 1981 wies die UNESCO den Nationalpark als erstes deutsches Biosphärenreservat zur Erforschung von Hauptökosystemen und ihren Veränderungen aus. Gekrönt wurden die Bemühungen 1986 durch die Verleihung des Europa-Diploms: höchste Anerkennung des Europarats für Naturreservate. Laufende Betriebskosten pro Jahr: sechs bis sieben Millionen Mark.

Die Ränder des Parks erfüllen den Zweck

sogenannter *Einkehrzonen*, wovon 17 Gemeinden profitieren. Am unmittelbaren Saum, neben den Straßen aber auch im Inneren entlang der Nationalparkstraße, sollen Parkplätze den Andrang polarisieren, was mittlerweile ein Problem darstellt. Denn: Nahezu 90 Prozent der jährlich knapp 1,5 Millionen Besucher reisen im eigenen Auto an. Ein von der Universität München erarbeitetes Konzept sieht vor, die Erschließungsstraßen für den Individualverkehr zu sperren und gleichzeitig einen aus drei Ringlinien bestehenden Busverkehr anzubieten.

Auf dem *Waldspielgelände* (37 Hektar) bei Spiegelau lehrt eine Waldschule als »grünes Klassenzimmer« Umwelt-Verantwortungsbewußtsein. Und in St. Oswald informiert das *Waldgeschichtliche Museum* (9.00 bis 17.00 Uhr) über die hauptsächlichen Wirtschaftszweige – Holzschlag und Glasherstellung – anhand von originalen Arbeitsgeräten, alten Fotos und Filmvorführungen. An einem nachgebauten altdeutschen Schmelzofen wird Waldlerglas hergestellt. Parkeinwärts folgt eine *Ruhe- und Wanderzone*, in welcher drei Wildschutzgebiete zu gewissen Zeiten – meist November bis Mitte Mai – gesperrt sind. Andere Tabus: Pflücken jeglicher Pflanzen, Zurücklassen von Müll, Feuermachen abseits eingerichteter Grillplätze, Rauchen vom 1. März bis 31. Oktober, freies Laufenlassen von Hunden. Wegegebot im Kerngebiet vom 1. Juli bis 15. November. Für spezifisches Grundwissen sorgt das 1982 mit einem Kostenaufwand von 4,5 Millionen Mark eröffnete *Hans-Eisenmann-Haus* an der Parkpforte bei Neuschönau; täglich offen von 9.00 bis 17.00 Uhr, außer November bis Mitte Dezember. Ausstellungen unter dem Motto »Der Boden« und »Das Wachsen« vermitteln lehrreiche Einblicke in den Lebensraum Wald. Die katastrophal steigenden Umweltbelastungen und deren einem schleichenden Tod ähnlichen Auswirkungen auf Mensch, Tier und Pflanze betont das Thema »Es liegt was in der Luft«. Experten schließen ein flächiges Absterben der Wälder in höheren Lagen nicht aus. Weit mehr als die Hälfte der Bäume sind geschädigt!

Das **Tierfreigelände** nimmt eine Fläche von drei Quadratkilometern ein. Dort sind heimische, teilweise schon vor 150 Jahren

Der Luchs ist mittlerweile im Bayerischen Wald wieder in freier Wildbahn heimisch. Zu Gesicht bekommt man ihn allerdings nur im Tierfreigelände des Nationalparkes.

durch dumpfe Jägermentalität ausgerottete Tiere – Luchs, Wolf, Bär – in ihrer natürlichen Umgebung zu beobachten. In weiträumigen Gehegen leben mehr als 30 arttypische Bewohner des Bergwaldes. Ein Fernglas trägt zur besseren Beobachtung bei! Erste Attraktion des Rundweges: Luchs und Wisent. Die Wölfe, am höchsten Platz (850 m) des Geländes, erfreuen sich besonderer Beliebtheit. Aber auch Wildkatzen bekommt man (bei etwas Glück) zu Gesicht. Den Wildschweinen begegnet der Besucher praktisch hautnah. Ohne Scheu laufen die Schwarzkittel neben dem Weg her, ihre Frischlinge am »Rockzipfel«. Otter, zwei asiatische Arten, habe ich leider noch nie gesehen! Dagegen präsentieren sich die Rothirsche voller Stolz. Käuze gucken verschlafen aus dem Astwerk ihrer Maschendrahtkäfige. Braunbären können sich relativ frei bewegen. Greifvögel, Dachs und Bussard sind die nächsten Stationen. Beim Rehgehege rechts erwarten uns nacheinander Baummarder, Biber, Kolkrabe und abschließend Auerhühner. Wohlmeinender Rat: Besuchen Sie die Tiere am späten Nachmittag, wenn die Busse abgerollt sind und Ruhe einkehrt. Hinsichtlich der Jahreszeiten und der jeweils damit verbundenen Vorzüge ist eine absolute Wertung nicht möglich. Gut zu beobachten sind die Tiere im Frühling. »Luchs, Bär und Wolf legen mit Beginn der Paarungszeit ihre gewohnte Scheu ab«, belehrt Dr. Hans Bibelriether, Leiter der Nationalparkverwaltung. »Auch lassen sich die meisten Tiere von den ersten Sonnenstrahlen zu einem wärmenden Sonnenbad einladen.«

Eine Ergänzung bildet das botanisch-geologische Freigelände beim Hans-Eisenmann-Haus. Bequeme Rundwege erklären alle im Nationalpark vorkommenden Pflanzengesellschaften sowie die das Waldgebirge aufbauenden Gesteinsarten.

Nützliche Informationen

Anfahrt: Über Freyung, Grafenau oder Spie-

gelau nach Kreuzstraße bzw. zum gebührenpflichtigen Pkw-Parkplatz beim Hans-Eisenmann-Haus. Nächste Bahnhöfe in Grafenau,
Spiegelau, Klingenbrunn, Frauenau; gute
Busverbindungen.
Ausgangsort: *Neuschönau* (752 m), staatlich
anerkannter Erholungsort.

Ausgangspunkt: *Hans-Eisenmann-Haus*
(805 m) an der Kreuzung Böhmstraße/Natio-
nalparkstraße, nördlich (2 km) von Neuschönau. Von Grafenau 10 Kilometer, von
Spiegelau 11 Kilometer, von Zwiesel 31 Kilometer, von Passau 50 Kilometer.
Parken: Siehe Anfahrt.

Bären, die größten europäischen Raubtiere, haben im Freigehege des Nationalparkes eine behütete Heimat gefunden.

Gehzeiten: 3 bis 5 Stunden, entsprechend den Aufenthalten bei den Gehegen. Abkürzungen siehe Wegeskizze.
Unterkunft/Verpflegung: Im Gemeindebereich von Neuschönau 1500 Gästebetten in Hotels, Gasthöfen, Privatzimmern, Ferienwohnungen.
Jugendherberge: *Waldhäuser,* siehe Tour 7.
Sehenswürdigkeit: • *Hans-Eisenmann-Haus.* Täglich 11.00 und 15.00 Uhr Tonbildschau über den Nationalpark; 14.00 Uhr Filme über naturkundliche Themen. Bibliothek. Aquarien, Terrarien, Mikroskope, Tastboxen, Erlebnisraum für Familien mit Kindern. Organisation geführter Wanderungen. Auskünfte: Hans-Eisenmann-Haus, Böhmstraße 35, 94556 Neuschönau, Telefon 0 85 58/13 00.
Andere Wandermöglichkeiten: Neben den in diesem Buch beschriebenen Touren (7, 8) innerhalb des Nationalparks und dem darüber hinausreichenden Angebot sei noch auf das **Felswandergebiet** am Steinberg östlich (6 km) des Hans-Eisenmann-Hauses hingewiesen: An der Nationalparkstraße beginnt der mit dem Symbol des Haselhuhnes markierte, drei Kilometer lange Rundweg durch Fichten, Weißtannen und Rotbuchen in Höhenlagen zwischen 820 und 1010 Metern; Gehzeit etwa 1 1/4 Stunden. In der Felswanderzone leben u. a. der Dreizehenspecht und die kleinste Eule Europas, der Sperlingkauz. Er baut selbst keine Bruthöhlen, sondern nimmt leere, vom Dreizehenspecht geschlagene Baumlöcher.
Auskünfte: Nationalparkverwaltung, Freyunger Straße 2, 94481 Grafenau; Telefon 0 85 52/20 77. Verkehrsamt, Kaiserstraße 13, 94556 Neuschönau, Telefon 0 85 58/6 67.
Spezialschrifttum: Nationalpark Bayerischer Wald. Kostenlos über das Bayerische Staatsministerium für Ernährung, Landwirtschaft und Forsten, 80539 München, Ludwigstraße 2. – H. Biebelriether/K. Thiele, Gehege im Nationalpark Bayerischer Wald. Käuflich am Ort. – Bibelriether/Strunz, Nationalparkführer Bayerischer Wald; siehe bei Literatur im Anhang.
Wanderkarten: Nicht notwendig. Zur Übersicht: Nationalpark Bayerischer Wald 1:25 000; Bayerisches Landesvermessungsamt, München. – Fritsch Wanderkarte 1:35 000, Blatt 59.

7 Auf dem Lusen

Ein Felsenmeer als Gipfel

Tourencharakter: Unschwierige Rundwanderung.
Steigungen: 450 Meter.
Reine Gehzeit: 3 1/4 Stunden.
Beste Jahreszeit: Ende Juni bis Allerheiligen.

Haufenweise Steine, Granit, ein flacher, kahler Buckel über dunklen Wäldern, charakterisieren das tonsurähnliche Lusenhaupt im Nationalpark. Der Lusen gehört mit 1373 Metern zu den höchsten Bayerwaldbergen. Bemerkenswerter macht ihn das Blockmeer, aus dem der Gipfel besteht. Ein geologisches Rätsel? Oder gar, um die Sage zu beleben, das Werk des Teufels, der alle Schätze der Welt geraubt habe und darüber Felsbrocken türmte? Wissenschaftler geben eine befriedigende Antwort: Zustande kam das pure Gestein vor und 240 Millionen Jahren während der sogenannten »Steinkohlezeit«. Das Erdinnere preßte glutheiße, gashaltige Schmelzflüsse durch Schwächenähte der Erdrinde. Wo sich das Material rasch abkühlte, entstand – wie am Lusengipfel – feinkörniger Granit, bei langsamer Abkühlung hingegen grobkörniger, so am Fuße des Lusengipfels. Die Eiszeit – sie begann vor zirka 600 000 Jahren und klang vor etwa 10 000 Jahren aus – bzw. Temperaturschwankungen bewirkten »Frostsprengung« (sprengende Kraft gefrierenden Wassers) des Felses in variable Blöcke. Das Ergebnis präsentiert der Lusen.

In seinen Waldlagen über 1150 Meter herrscht die Bergfichte, spitzkronig den Wetter- und Klimaverhältnissen angepaßt. Ihre Äste schmiegen sich bei starker Schneebelastung an den Stamm, behangen von grauen Eisbärten. Nach der Schneeschmelze sprießen die violettblauen Blütenglocken der Soldanelle. Die Dreifaltigkeitsblume zeigt ab Juni ihren perlweißen, randförmigen Siebenstern, das Abzeichen des Bayerischen Waldvereins. Juli und August entfaltet der Knotenfuß weiße bis gelbgrüne Blütenblätter. Suchen Sie die »Blaue Blume«! Der Ungarische

Enzian, trüb- oder bläulichpurpurn, schwarz-
rot punktiert, kommt in Westdeutschland nur
noch im Nationalpark vor.

Südwestlich des Lusen entwickelte sich ab
1613 aus einer Umspann- und Raststation an
einem bereits 250 Jahre alten Saumweg nach
Böhmen der Weiler Waldhäuser; 1637 sind
sieben Häuser bekundet. Jeder Siedler erhielt
von Kurfürst Maximilian I., ältester Sohn Herzog Wilhelms V., dreißig Tagwerk. Der
Saumweg besaß enorme Reputation, denn
das Herzogtum Bayern hatte 1568 vor den
Toren Passaus einen eigenen Salzstadel
postiert und auf diese Weise das fürstbischöfliche Handelsprivileg umgangen, über Grafenau und an dem 1396 durch Landgraf Johann von Leuchtenburg gestifteten Kloster St.
Oswald vorbei, auf einem sozusagen illega-
len »gulden Steig« nach Bergreichenstein
(Kašperské Hory). Später kam die Niederlassung nach Vilshofen. Passau erlitt schmerzli-
che Maut- und Geleitgeld-Einbußen. Als
dann Wilhelm V. im Jahre 1594 mit dem
Salzburger Bistum das Komplott schloß, dessen Halleiner Salz »auf weig« zu überneh-
men, war Passau kaltgestellt worden. Salz-
streit! Fürstbischof Urban von Trenbach sie-
gelte am 20. Dezember 1596 eine Verord-
nung, die es allen Säumern bei schwerer
Strafe verbot, Salz aus der bayerischen Niederlassung zu vertreiben. Kontrolliert wurde
der Erlaß durch bischöfliche Steigwärter,
»von denen freilich nicht wenige von den
Säumern schändlich wundgeschlagen oder
gar getötet wurden« (Praxl). Am 27. Oktober
1608 fanden die Parteien im »Münchner Ver-
trag« einen Konsens. Bayern übertrug den
Handel an Passau, das sich verpflichtete, nur
Salz von Bayern zu kaufen. Ein Jahrhundert
später unterband Kaiser Joseph I. die Salzein-
fuhr aus Passau in Böhmen und verhalf seinen eigenen Solen zum Monopol, mit Linz
als Hauptumschlagplatz. Nun florierte
Schleichhandel aller Art auf den Wegen, besonders unter der grenznahen Bevölkerung.
Aus dieser Nachblüte stammt die Bezeichnung »Butterstraß«.

Der Wegverlauf

Anfangs auf der Straße Richtung Lusen-Parkplatz. Links steht der 1812 aus Bruchsteinen

*Waldhäuser, hervorgegangen aus einem Weiler
des frühen 17. Jahrhunderts, ist der ideale Ausgangsort für Wanderungen am Lusen.*

gemauerte **Ameishof**. Das Anwesen erwarb
1930 der sächsische Maler und Graphiker
Reinhold Koeppel (1887–1950), 1946 Grün-
dungsmitglied der Künstlervereinigung »Do-
nauwaldgruppe« – er lebte ab 1908 im Haus
Nummer 42 gegenüber des Postamtes –, und
vermachte es dem Deutschen Jugendher-

bergswerk. 1991 erfuhr der Komplex, zu dem auch der benachbarte Lindenhof gehört, einen Umbau: 6,3 Millionen Mark. Nun ist Waldhäuser neben Benediktbeuren und Prien der dritte DJH-Umweltstudienplatz. Pächter sind Veronika und Hans Fuchs! Sie leiteten vorher elf Jahre die Chamer Hütte am Kleinen Arber.

Wir laufen auf einem Teilstück der Nördlichen Bayerwald-Hauptwanderlinie. Es gilt der grüne Keil. Diese überall gut ersichtlich angebrachte Markierung verläßt die Auto-

straße 350 Meter nach der Jugendherberge rechts, zusätzlich mit Eichhörnchensymbolen bezeichnet. Im Wald steil bergan ¼ Stunde in einen Sattel, aus dem es rechts gute 5 Minuten auf die Kuppe des **Waldhäuserriegel** (1151 m) sind. Nordöstlich abwärts zur Straße. Rechts steht das Nationalpark-Blockhaus am **Lusen-Parkplatz** (1111 m). Hier, an der »Waldhausreibe«, wo zwei Quellen sprudelten, ließ Grafenau im Jahre 1611 die Säumerrast »Haus im Wald« errichten. Die »Guldenstraß« machte eine Linkskurve und setzte sich entsprechend dem »Böhmerweg« fort. Von Waldhäuser eine ¾ Stunde. Neben dem Blockhaus vertrauen wir uns dem **Winterweg** an: »Herdentrieb«! Abfälle des Massentourismus weisen die Route. Durch das lichte Kronendach des Fichtenwaldes fällt konzentrierte Helligkeit. Bei gemütlicher Gangart vergehen vom Parkplatz nicht mehr als 45 Minuten, ehe wir beim **Lusenschutzhaus** (1343 m) eintreffen und in wenigen Minuten den Gipfel des **Lusen** (1373 m) gewinnen.

Das schlichte Holzkreuz entragt Felstrümmern. Es wurde im September 1992 geweiht, nachdem das alte Kreuz ein Blitz zersplittert hatte. Auf den Blöcken klebt die leuchtend schwefelgelbgrüne, an den Rändern schwarze Landkartenflechte. Sie besteht, wie alle Flechten, aus zwei Organismen – Pilzen und Algen –, die in Symbiose existieren. Höheres Leben läßt der trockene, eisige »Böhm«, der Ostwind, nicht gedeihen. Er hält die Fichten am Blockwerksaum nieder. Auch die frostresistente Eberesche, der einzige Laubbaum, der sich im rauhen Klima behaupten kann, bleibt zwergwüchsig. Ihre zwischen Mai und Juni rostrot blühenden, schirmförmigen Trugdolden ähneln Apfelblüten. Aus den Wäldern im weiten Rund strömt ein ruhiger Hauch von Unendlichkeit.

Der Nationalpark Böhmerwald liegt wie auf dem Präsentierteller, ein Eckzipfel nur 300 Meter entfernt. Nordwestlich durchzieht das unter strengstem Naturschutz stehende, für Wanderer verbotene Lusenfilz (Hraniční slatina) schneisenähnlich den Wald. Der Lusenbach fließt hinaus in die verlassene Streusiedlung Pürstling (Březnik). Es sei einer der kältesten und niederschlagreichsten Plätze des Böhmerwaldes. Schwach nordöstlich lockt der Kubany, südöstlich ragt hinter dem Dreisessel der Böhmische Plöckenstein empor. Rachel und Arber, nordwestlich, sind vertraute Gesellen. Im Südwesten vertritt der Brotjacklriegel den Vorwald, der sich am Donaustrom verliert.

Absteigen: westwärts auf der **»Himmelsleiter«**. Diese verdanken wir, laut Sage, einem Waldhäuser Knecht. Er hatte im Streit jähzornig jemand erstochen. Und obwohl ihn das Gericht freisprach, tat er Buße, schichtete die Lusenstiege als »Leiter gen Himmel«. Ein Lebenswerk! Danach soll er selig im Herrn entschlafen sein... Uns umfängt lichter Fichtenwald, den die *Zwölferlinie*, früher der übliche Sommerweg, wie ein Strich durchmißt. Der Name **Böhmweg-Hütte** (1176 m), zeugt von der Nebenroute des »Goldenen Steiges« nach Böhmen, das einen Kilometer nördlich angrenzt.

An der Unterstandhütte biegen die meisten Touristen links ab (in 10 Minuten zum Lusen-Parkplatz), so daß wir, beim Weiterweg mit dem Eichkatzl-Zeichen, nun herrliche Ruhe genießen und dem grünen Keil des Europäischen Fernwanderweges 6 (Ostsee – Wachau – Adria) folgen. Bächlein murmeln zwischen schweren Moosteppichen im Mischwald aus Fichte, Tanne, Buche. Das **Teufelsloch** wird mit dem Gehörnten in Zusammenhang gebracht. In der engen Schlucht hört man unter Granitblöcken den glucksenden Oberlauf der Kleinen Ohe. Ebenso im Verborgenen, im Halbdunkel, schimmert grün das Leuchtmoos. Es bündelt einfallendes Licht mit Hilfe von Kugelzellen bzw. verwandelt im Assimilationsprozeß unorganische, unbelebte Stoffe in organische Substanz. Den Schluchtbach überschreiten und links talaus zu einer Forststraße. Jenseits träumt unterhalb die **Martinsklaus** (973 m).

Das 1835 eingerichtete, 1976/77 rekonstruierte Staubecken diente der Trift, dem Transport geschlagenen Holzes nach der Schneeschmelze auf dem Wasserweg, der vor dem Eisenbahnbau über größere Distanzen die einzige rentable Transportmöglichkeit bot.

Das Wehr überschreiten, hinauf zur nächsten Forststraße, die man kreuzt. Damit bleibt

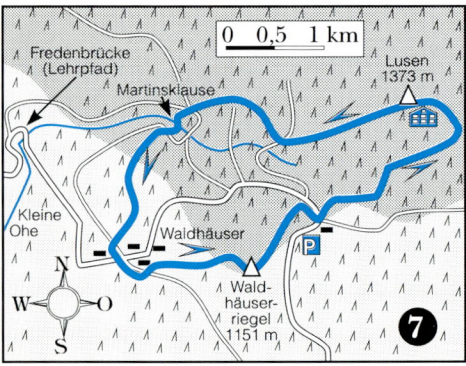

Blockwerk bildet das ungewöhnliche Haupt des 1373 Meter hohen Lusen, einem der populärsten Gipfelziele im Bayerischen Wald.

der Bergbach-Lehrpfad (siehe Sehenswürdigkeiten) unbeachtet. Zaunkönig und Eichhörnchen-Tafeln läuten den Gegenanstieg ein, hinüber auf die Wiesen von **Waldhäuser**.

Nützliche Informationen

Anfahrt: Die Zufahrtsstraße (4 km) zweigt bei der Graupsäge 6 km östlich von Spiegelau (nächster Bahnhof) von der Nationalparkstraße ab. Von Grafenau 17,5 km. Busverbindungen mit Grafenau und Spiegelau; Haltestelle bei der Jugendherberge.
Ausgangsort: *Waldhäuser* (950 m), Gemeinde Neuschönau.
Parken: Bei der Jugendherberge.
Gehzeiten: Insgesamt 2¼ Stunden. Waldhäuser – Waldhäuserriegel ½ Stunde. Waldhäuserriegel – Lusenparkplatz ¼ Stunde. Parkplatz – Lusen eine ¾ Stunde. Lusen – Böhmweg-Hütte 20 Minuten. Böhmweg-Hütte – Martinsklause 20 Minuten. Martinsklause – Waldhäuser 20 Minuten.

Unterkunft/Verpflegung: Hotels, Gasthöfe, Pensionen, Ferienwohnungen, Privatzimmer.
Jugendherberge: Herbergsweg 2. Auch Selbstversorgerküche mit kleinem Speiseraum für zehn Personen. Tel. 0 85 53/3 00.
Einkehr unterwegs: *Lusenschutzhaus*, bewirtschaftet ab Juni bis Ende Oktober, vom 25. Dezember bis Mitte Januar sowie über Ostern; warme Speisen 11.00 bis 17.00 Uhr.
Sehenswürdigkeiten: • *Waldhäuserkapelle*, 1928 geweiht, Altarbild (»Maria mit Kind«) von Reinhold Koeppel. • *Bergbach-Lehrpfad* ab der Fredenbrücke (1,5 km nordwestlich an der Zufahrt von der Nationalparkstraße) entlang der Kleinen Ohe zur Martinsklause. 20 Informationstafeln, hin und zurück etwa 1 Stunde.
Auskunft: Verkehrsamt, Kaiserstraße 13, 94556 Neuschönau; Telefon 0 85 58/6 67.
Wanderkarten: Nationalpark Bayerischer Wald 1:25 000. Bayerisches Landesvermessungsamt, München. – Fritsch Wanderkarte 1:35 000, Blatt 59.

8 Die Rachel-Überschreitung

Von Frauenau nach Spiegelau

Tourencharakter: Unschwierige Streckenwanderung. Abstieg zum Rachelsee bei Nässe rutschig. Rückkehr mit Bahn oder Bus.
Steigung: 950 Meter.
Reine Gehzeit: 5½ bis 5¾ Stunden.
Beste Jahreszeit: Ende Juni bis Ende Oktober.

Wenn für den Arber höhenmäßig königliche Würde gilt, darf der nur drei Meter niedrigere Rachel ungeniert als Fürst tituliert werden: zweithöchster Gipfel im gesamten Waldgebirge, höchster Stock des Nationalparks sowie im Zentralkamm an der tschechischen Grenze. Zieht man in Betracht, daß der Rachel im Gegensatz zum Arber seine Ursprünglichkeit bewahren konnte, nimmt er den ersten Rang ein. Das behäbige, weitgreifende Massiv läßt Erhabenheit spüren, verkörpert stille Größe, ist sanft profiliert im Waldmantel. Gar doch der König, wenn auch ungekrönt?

August Sieghardt meint, Rachel entspringt dem keltischen »rachia«, was soviel wie felsig, rauh bedeutet. Dominierendes Gestein ist der hell-dunkle »Rachelgneis«, an dem vielfach bläulicher Cordierit schimmert, ein aluminium-, eisen- und siliziumhaltiges Mineral. Der Rachel und seine unmittelbare Umgebung gehören zum Kerngebiet des Nationalparks. Streng gehütetes Naturreservat, allein schon der mehr als 300 Pflanzenarten wegen. Auch am Rachel sind die Forste während der vergangenen Jahrzehnte in allen Höhenlagen artenärmer und anfälliger geworden. Ursachen seien nicht so sehr die Einführung industrieller Waldbau- und Holzbringungsmethoden, betont der Münchner Ordinarius für Forstpolitik und Forstge-

schichte, Professor Richard Plochmann, sondern zunehmende Luftverschmutzung und waidmännische Rotwildhege.

Ein halbes Jahrtausend war alles gutgegangen, obwohl unvorstellbare Mengen an Holz den Glasmachern die damals unverzichtbare Pottasche lieferten und die Schmelzöfen heizen mußten. Heutzutage ersetzt Soda die Pottasche, Elektrizität das Heizmaterial. Um die Mitte des 14. Jahrhunderts soll zu Füßen des Rachel in Frauenau schon eine Glashütte geraucht haben. Urkundlich erscheint der Ort aber erst 1492. 1569 notierte der Kartograph Philipp Apian: »Au, Gut mit einer Fabrik, in der die schönsten Spiegel geblasen werden, am Kleinen Regen gelegen.«

Die »Freiherr von Poschinger Krystallglasfabrik« gilt als ältestes derartiges »Imperium« Deutschlands. Herr des Hauses in der 13. Generation ist Stephan Freiherr von Poschinger. Im Jahre 1605 erwarb Paulus Poschinger das Glashüttengut in »Unserer Lieben Frauen Au«. Sein Vater Joachim, Sohn eines Dorfpfarrers, hatte 1568 in Zwieselau die Glashüttentradition des Geschlechtes auf Erbrecht manifestiert. Der Poschinger-Stammbaum wurzelt anno 1140. Vom 13. bis 15. Jahrhundert dienten zahlreiche Familienangehörige den Passauer Fürstbischöfen im ministerialen Range. Ferdinand von Poschinger ließ um 1900 in Spiegelhütte, das 1834 vom Glashüttengut Oberzwieselau gegründet worden war, Jugendstilgläser herstellen, die neben Tiffany und Gallé den weltweit besten Ruf genossen.

Entbehrungsreicher verlief der Werdegang der Familie Eisch. Ihre böhmischen Vorfahren waren seit 1680 in der Glasbranche tätig, als Aschenbrenner, Glasmacher, Schleifer und Graveure, ehe Valentin Eisch 1946 in Frauenau einen Veredelungsbetrieb gründete, der ebenfalls internationale Anerkennung fand und 230 Mitarbeiter beschäftigt. Allerdings mußten zunächst Schwierigkeiten bewältigt werden, denn die Konkurrenz blockierte die Belieferung mit Rohglas. Trotzig baute die Familie 1952 eine eigene Hütte mit zwei Hafenöfen und Ölfeuerung; 1956 ging ein Zwölf-Hafenofen in Betrieb. Auch hier verzichtet man auf Massenproduktion vollautomatischer bzw. im Preßverfahren hergestellter Kristall- und Bleikristallgläser und

Auf dem »Winterweg«,
der üblichen Route vom
Lusen-Parkplatz zum Gipfel.

bleibt bei der Glasmacherpfeife, wie sie vor 2000 Jahren aus Syrien kam und noch immer wichtigstes Glasmacher-Werkzeug ist. Geschickte Hände und Atem formen aus der glühenden amorphen Masse das Produkt. Veredelungsverfahren – Malerei, Gravur – erhöhen den Wert. Mit Carborundum- oder Kunststeinen werden Muster geschliffen. Politur verleiht den Gläsern schließlich Brillanz: Strahlende Handwerkskunst im »Gläsernen Herz des Bayerischen Waldes«. Das 1975 eröffnete Glasmuseum birgt laut Gemeinde die »informativste Glasdarstellung Europas«.

Der Wegverlauf

Vom **Bahnhof** zur nahen *Hauptstraße*. Rechts durch den Ort, vorbei am Rathaus. Nach 5 Minuten rechts in die *Badstraße* und Richtung Oberfrauenau. Nun gilt der grüne Markierungskeil des Europäischen Fernwanderweges 6, Ostsee – Adria (2800 km). Zehn Minuten später rechts in die Allee. Nach 300 Metern zwischen zwei Häusern hindurch, hinauf zu einem geteerten Querweg. Im Vorblick ist die Turmhaube der Kapelle des ehemaligen, unter Hippolyt von Poschinger 1873 im Neu-Renaissancestil erbauten Schlosses sichtbar. Links nach **Oberfrauenau** (700 m). Hier hatten die Poschinger ab 1605 ihren Stammsitz. Weiter in 5 Minuten zum *Wanderparkplatz*. Am oberen Rand in den Wald, der *Rachelstraße* folgend. Mustergültige grüne Keilmarkierungen des »E 6« leiten unmißverständlich. Nach 20 Minuten wird die Forststraße rechts verlassen (852 m). Etwa 25 Minuten später kreuzt man einen Forstweg. Im gleichen Zeittakt geht es zum nächsten Fahrweg. Rechts etwa 500 Meter, dann links (1173 m), noch ¼ Stunde, und wir sind im **Nationalpark**. Keine Bange: Hungrige Bären und Wölfe streifen nicht durch den Wald! Sie sind in den Gehegen untergebracht (siehe Tour 6).

Weiter ansteigen durch den felsbesetzten Westhang des Kleinen Rachel, südöstlich in ¼ Stunde zur Hochfläche der **Rachelwiese** (1363 m). Im borstigen Gras der einstigen Weide leuchten zwischen Mai und Juni die weiß-gelben Dolden der Bärwurz.

Rechts. Nach ¼ Stunde bietet das **Wald-**

schmidthaus (1360 m) Einkehr. Der 1912 erbaute Gasthof wurde zu Ehren des 1832 in Eschlkam bei Furth geborenen, 1919 in München verstorbenen Bayerwaldschriftstellers, Hofrat Maximilian Schmidt, vulgo »Waldschmidt«, getauft. Spätestens ab 11.00 Uhr wimmelt es an schönen Tagen von Leuten. Sie brechen meist am Gfällparkplatz auf, nehmen die stärkstfrequentierte Rachel-Route und benötigen zur Hütte nicht viel mehr als eine Stunde. Deftige Spezialität des von der Familie Genosko bewirtschafteten Hauses: Rachelbrotzeit.

Am stumpfen Südrücken vermittelt eine Schneise Auerrahn-Zeichen – den »Endspurt«: ¼ Stunde über Gestein, an dem graue und grün-gelbliche Flechten wuchern. Zwischendrin Legföhren, krumme Latschen. **Großer Rachel**, 1453 Meter. Das Kreuz steckt in den Gipfelfelsen. Drumherum wetterzerzauste Tannen und Fichten. Nordwestlich schält sich der Falkenstein aus dem Waldmeer. Südöstlich gleiten die Augen am Grenzkamm entlang, verhalten am Lusen, tasten sich zum Dreisessel. Wir suchen und finden den Silberberg bei Bodenmais, den Vogelsang und Hirschenstein im Vorwald. Jenseits der Grenze, gab es vor dem Weltkrieg auch ein Rachelhaus, an der Rachelschwelle.

Von der *Bergwachthütte* geht es über Stock und Stein – im wahren Sinn des Wortes – ab-

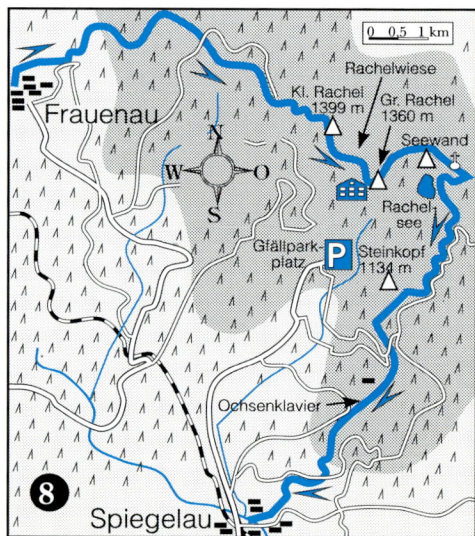

Die Glasbläserei besitzt im Bayerischen Wald, vornehmlich um den Rachelstock, eine jahrhundertealte Tradition und bildet heute noch einen wichtigen Erwerbszweig.

wärts in knapp ½ Stunde auf die luftige Felskanzel, welche die **Rachelkapelle** (1212 m), ein holzschindelgedecktes, nach Brand 1972 neuerrichtetes Hüttchen trägt. Ein Förster, so die Überlieferung, stiftete die alte »Kapelle« in Erfüllung eines Gelübdes, nachdem sein Pferd (!) rechtzeitig vor dem Abbruch verharrte. Zu unseren Füßen ruht geheimnisvoll das Seeauge, in dem die Schatten der Bäume einen dunklen, zackigen, lidähnlichen Saum bilden. Bis dahin sind noch etwa 25 Minuten Steilgefälle zu bewältigen. Dann umarmt uns der unsagbare Zauber des **Rachelsees** (1071 m). Die letzte Eiszeit hat das 3,8 Hektar große, an einer Stelle 13,5 Meter tiefe Gewässer in einem Gletscherkar vor 10 000 Jahren hinterlassen. Da der Dauerfrostboden nur oberflächlich auftaute und Fließerden von den Hängen die Mulde isolierten, konnte das Wasser nicht versickern. Unterhalb des Sees lagern die glazialen Moränen. Früher war er gestaut, zwecks der Holztrift. Kein Hauch stört die glatte, infolge aufgelöster Laugensalze bräunliche Wasserfläche. Faule Baumleichen baden, recken ihre dürren Aststümpfe gespenstisch aus dem Trichter. Fichten, Bu-

chen, Ahorne stehen dichtgedrängt Parade am Oval, über dem die Felsen der Seewand sturzbereit dräuen. Seit Ende des Krieges wurde kein Holz mehr geschlagen. Ich habe die Stimmung jedesmal schwermütig empfunden, mich wie vom Wald erdrückt gefühlt.

Ein vornehmes Fräulein, das seine Magd mit dem Pantoffel erschlagen habe, sei in den See verwunschen – mit eisernen Pantoffeln an den Füßen. Sonnwendnacht soll sie das strafende Schuhwerk ausziehen und an Land barfuß wandeln dürfen. »Der Unterleib des Fräuleins ist schwarz, aber das Gesicht und die Brust sind schon wieder weiß, sie hat die schwere Sünde schon halb gebüßt«, erzählt Hans Watzlik. Vielleicht ist die Dame mittlerweile schon erlöst! Pilatus indes muß ewig büßen auf dem Grund…

Links des Abflusses in 10 Minuten abwärts zu einer schmalen Forststraße, wobei Schautafeln des **Eiszeitlehrpfades** referieren. Wir lassen uns rechts des Seebachs vom Sträßchen durch die Rachelschachtenhäng leiten. Etwa 10 Minuten später erlaubt links, etliche Schritte abseits, das *Bankl* einen freien Lusenblick. Noch 500 Meter, dann schwenkt man mit dem Auerhahn- und Ahornblatt-Zeichen halbrechts ein. Bei der *Feistenberghütte* (964 m), an der Wegegabel, halblinks (rechts zum Gfäll-Parkplatz), jetzt alleine vom Ahornblatt gesteuert. Die Waldkuppe des Hüttenriegels rechts traversieren, ins **Naturschutzgebiet Föhraufilz** (810 m) an Stelle eines nacheiszeitlichen Sees. Wollgras, Torfmoose, fleischfressender Sonnentau, Preiselbeeren gestalten mit Spirken – aufrechte Form der Latsche –, Moorbirken, die als einzige Laubbäume saure Böden vertragen, Legföhren, Krüppelfichten die typische Vegetation des nährstoffarmen Hochmoores. Das Filz durchmißt wie mit dem Lineal gezogen ein humusbedeckter Knüppeldamm, das sogenannte »Ochsenklavier«: Unter der Last des Weideviehs bewegten sich die Holzprügel auf dem schwankenden, mehrere Meter mächtigen Untergrund ähnlich Klaviertasten!

Leichten Steigungen folgt der endgültige Abstieg. Die Neuhüttenstraße unbeachtet lassend, durch den Fuchsriegelhang zu einer Teerstraße. Sie wird schräg rechts überschritten. Von Spiegelau trennt uns noch knapp ½ Stunde. Im Wald rechts halten, nahe des Waldrandes, ein Sträßchen kreuzen. Nach 200 Metern im Linksbogen um die Rodungsinsel *Jägerfleck*, östlich des Jägerriegels hinunter zum Parkplatz. Nun auf dem Trosselweg 250 Meter, dann links, über die *Schwarzach* zum *Bahnhof* in **Spiegelau**.

Nützliche Informationen

Anfahrt: Von Zwiesel (Bundesstraße 11) 7 Kilometer, von Spiegelau 14 Kilometer. Bahnstrecke Zwiesel – Spiegelau (Bahnhof nicht besetzt, Fahrkarten etc. im Verkehrsamt). Gute Busverbindungen, u. a. mit Passau (57 km) und Cham (66).
Ausgangsort: *Frauenau* (624 m), 3000 Einwohner. Anerkannter Erholungsort, westlich des Großen Rachel.
Parken: Am Bahnhof.
Gehzeiten: Insgesamt 5½ bis 5¾ Stunden. Frauenau – Oberfrauenau 35 Minuten. Oberfrauenau – Rachelwiese 1¾ Stunden. Rachelwiese – Waldschmidthaus ¼ Stunde. Waldschmidthaus – Großer Rachel ¼ Stunde. Abstieg zur Rachelkapelle 25 Minuten.

Kapelle – Rachelsee 20 bis 25 Minuten. Rachelsee – Frauenau 1¾ bis 2 Stunden.
Unterkunft/Verpflegung: In Frauenau Hotels, Gasthöfe, Pensionen, Privatzimmer, Ferienwohnungen.
Jugendherberge: *Haus St. Hermann*, Hauptstraße 29 a; Telefon 0 99 26/5 43.
Camping: Spiegelauer Ortsteil *Klingenbrunn* (Bergstraße 44), 9 Kilometer von Frauenau; Tel. 0 85 53/7 27.
Einkehr unterwegs: *Oberfrauenau* (Dienstag geschlossen). *Waldschmidthaus* (bewirtschaftet Mitte Mai bis Ende Oktober).
Sehenswürdigkeiten: • *Glasmuseum*, geöffnet Mitte Mai bis Ende Oktober 9.00 bis 17.00 Uhr, sonst 10.00 bis 16.00 Uhr. • *Pfarrkirche Mariä Himmelfahrt*, eine der schönsten Rokokokirchen Ostbayerns, Deckengemälde des Asam-Schülers Franz Rauscher, Stuck des Passauers Melchior Modler, spätgotisches Gnadenbild (Pietà) am Hochaltar; Führerbroschüre. • *Köhlerei Häusler* (Ortsteil Zwieselau), älteste in Betrieb befindliche Köhlerei Bayerns; Besichtigung Montag bis Donnerstag 10.00 bis 12.00 Uhr, 14.00 bis 17.00 Uhr, Freitag 8.00 bis 12.00 Uhr. • *Glasfabriken.*
Zielort: *Spiegelau* (759 m). Anerkannter Erholungsort am Rand des Nationalparks. Bushaltestellen an der Hauptstraße. Sehenswert: *Kristallglasfabrik Spiegelau* (Hauptstraße 4), Hüttenführungen Montag bis Freitag 9.15, 10.15, 10.45 Uhr, Mitte Juni bis Mitte September zusätzlich samstags 9.30, 10.15, 11.00 Uhr. *Museum für Orden, Uniformen, Ehrenzeichen* (Dr.-Geiger-Straße 8), geöffnet (außer Dienstag) 9.00 bis 18.00 Uhr.
Auskunft: Verkehrsamt, Hauptstraße 12, 94258 Frauenau; Telefon 0 99 26/7 19. – Verkehrsamt, Hauptstraße 30, 94518 Spiegelau; Telefon 0 85 53/4 19 oder 14 24.
Wanderkarten: Fritsch Wanderkarte 1:50 000, Blatt 58. – Fritsch Wanderkarte 1:35 000, Blatt 59.

Ein traumhaft schönes Plätzchen: Rachelkapelle am Abstieg vom Gipfel zum Rachelsee bzw. nach Spiegelau.

9 Die Schachten um Buchenau

Verlorene Paradiese

Tourencharakter: Unschwierige Rundwanderung.
Steigungen: 500 Meter.
Reine Gehzeit: Nicht ganz 4½ Stunden.
Beste Jahreszeit: Frühsommer bis Herbst.

Eine Erklärung für »Schachten« werden Sie vergeblich im Lexikon suchen! Dieser Begriff ist nämlich nur im Bayerischen Wald gebräuchlich. Schachten waren Hochweiden für »Geltvieh«, Ochsen und Jungrinder, sozusagen »Almen« – ohne Käseherstellung – der Waldbauern, und reichen ins frühe 17. Jahrhundert zurück (vor den Ausbruch des Dreißigjährigen Krieges). Das Vieh stand von »Georgi« bis »Michaeli«, das heißt zwischen Ende April und Ende September, auf den Weiden. Bedingt durch ihre Höhenlagen bzw. die rauhe Witterung gediehen die Tiere außergewöhnlich kräftig und brachten ihren Besitzern gutes Geld, bis ab den sechziger Jahren Milchwirtschaft überwog.

In den entlegenen, grenznahen Wäldern zwischen Falkenstein und Rachel grasten oftmals 900 Tiere auf mehr als 50 solcher Plätze: 10 bis 25 Hektar groß, gedüngt mit der

Asche verbrannter Bäume. Einige Flecken weisen noch den typischen Schachtencharakter auf, obwohl keine mehr »geschwendet« wird. Als letzter hat das Glashüttengut Oberfrauenau seine Herde 1963 zum Verlorenen Schachten getrieben. Überlebt hat die Schachtenwirtschaft allein am Arber oberhalb von Bodenmais.

Am Pommerbach existierte 1629, also im Dreißigjährigen Krieg, bereits eine Glashütte. Sie ging 1645 an die Poschinger über (siehe auch Tour 8). Einer der vom bayerischen Kö-

Insel im Wäldermeer! Der 1150 Meter hoch gelegene Kohlschachten war bis 1961 Weide des Glashüttenguts Oberzwieselau.

nig 1790 in den Freiherrenstand erhobenen Großindustriellen, Ferdinand von Poschinger zu Buchenau, ließ sich 1890 aus Norwegen Schneeschuhe besorgen und wurde damit zum hiesigen Pionier des Skilaufs.

Der Wegverlauf

Wegnummer 4 leitet ins lauschige Tal des *Pommerbachs* und führt orographisch links des Bächleins durch den Waldschatten. Nach ½ Stunde stößt man auf einen Querweg. Rechts 5 Minuten zur geteerten *Hochschachtenstraße*. Auf ihr bergan, etwa 20 Minuten. Im Spitz der Wegegabel erläutern Tafeln die Fortsetzung, nun zusätzlich mit einem grünen Keil bezeichnet. Der Pfad leitet in guten 5 Minuten zur Höhe des **Wiesfleckriegels** (1093 m), an dessen Südrücken ein kleiner Schachten, ein »Schächtel«, liegt. Wenig später übernimmt uns wieder die *Hochschachtenstraße*. Abwärts. Links oberhalb folgt ein *Unterstandhüttchen*. Noch 5 Minuten absteigen und bei der nächsten Hütte bergan. Kurz danach zeigen die Wegweiser rechts in den Wald. Der Pfad senkt sich. Auf einem Holzsteg wird der urige *Hirschbach* (958 m) überquert. Hinauf zu einem Fahrweg. Jenseits weiter und erneut zur *Hochschachtenstraße*. Rechts etwa 300 Meter, dann halblinks, jetzt nur mit Markierung 6 auf der *Gränkstraße*. Zehn Minuten später zweigt rechts (links Rastbank) der Wanderweg ab zum nahen **Kohlschachten** (1150 m). Insel im Waldmeer! Einsam, bizarr, geradezu störrisch ragen ein paar wettergezeichnete, knorrige alte Ahorne aus der Wiese. Im Grunde genommen sind sie überflüssig, denn das Vieh, das unter ihren Kronen Schutz suchte vor Sonne und Regen, ließ im Frühherbst 1961 letztmals seine »Schöllen« läuten, hier und drüben auf dem Großen Schachten, der ebenfalls vom Glashüttengut Oberzwieselau angelegt worden war.

Die Wiese überqueren. Das hohe Habergras verbirgt aschfahle, gefallene Stammriesen. Im Feuchtwald garantieren Bretter trockenes Schuhwerk. Nach 5 Minuten links, erneut auf Holzbohlen, 400 Meter zum **Latschensee** – im Volksmund »Kohlweiher« – des *Naturschutzgebietes Hochmoor Schluttergasse*. Das dunkle Wasser, Spiegel der

Der »Kohlweiher«, wie der Volksmund den Latschensee nennt, ist Bestandteil eines Hochmoor-Naturschutzgebietes am Wanderweg.

Moorfichten und Krüppelföhren, scheint erstarrt, selbst im Lichterspiel bleischwer zu sein. Farbenschillernde Libellen bringen schwirrende Bewegung in die Luft. Am Himmel schwimmen weiße Wolken. Von Buchenau 2 Stunden.

Zurück, dann links, hinaus zur Hangblöße des **Großen Schachten** (1140 m), dem das Flair seines Nachbarn fehlt. Rechts halten, abwärts in den Wald zur *Hochschachtenstraße* bei einer *Unterstandhütte*. Vom Latschensee ¼ Stunde.

Rechts an der Hütte vorbei auf nichtmarkiertem Waldweg, der sich wenig später links wendet. Im Mischwald rechts des Marchbachs, der den Kleinen Regen nährt. Durch die Guglhupf-Ostflanken im paradiesischen Bachtal etwa 10 Minuten, worauf es rechts durch den Guglhupf-Südhang geht. Kahlschläge erlauben Ausblicke südlich zu den Rachelgipfeln. Nach ¼ Stunde einen Forstfahrweg überqueren. Bald sieht man von einer Lichtung im Südwesten einen Zipfel der Trinkwassertalsperre. Wir kommen auf einen breiten Weg. Links, parallel zum rauschenden, einst für die Holztrift wichtigen Hirsch-

bach in 10 Minuten zur Straße an der Mündung (773 m) das Bachs in die **Trinkwassertalsperre Frauenau**. Der Waldweiler Hirschberg ist verschwunden. Das 60 Hektar große Reservoir – bis 22 Millionen Kubikmeter Fassungsvermögen – versorgt aus einem Einzugsgebiet von 30 Quadratkilometern eine halbe Million Menschen mit jährlich rund 33,5 Millionen Kubikmeter kostbarem Naß. Es wurde 1983 nach sechsjähriger Bauzeit in Betrieb genommen. Von Buchenau etwas mehr als 3 Stunden.

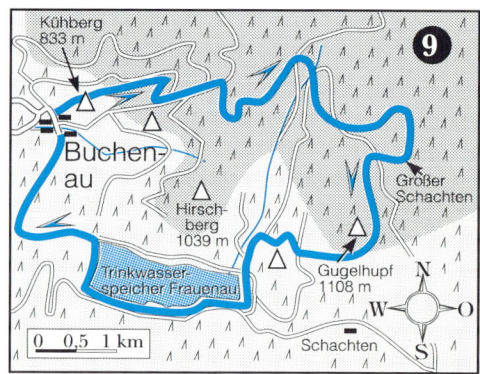

Kürzester Rückweg wäre die Straße rechts. Schöner ist jedoch der Spaziergang über dem Südufer. Deshalb mit der Straße links, nach 5 Minuten den Zufluß des **Kleinen Regen** überschreiten. Noch 100 Meter bergan, dann scharf rechts, über Stufen hoch und rechts. Wegnummer 7 und 9 leiten uns auf schattigem, von Rastbänken und Lehrpfadtafeln begleiteten Spazierweg in einer ³/₄ Stunde zum höchsten naturgeschütteten **Staudamm** Deutschlands. Von seiner Krone ergeben sich Blicke nordwestlich zum Silberberg; links davon der Kaitersberg, rechts der Große Arber. Im Südosten das Wäldermeer der Rachelgipfel.

In 10 Minuten über den Staudamm. Auf der anderen Seite beim Rastplatz links, etwa 10 Minuten talaus. Dann rechts und in 20 Minuten zum ehemaligen **Poschingerschloß**, das seine Gestalt 1856 erhielt. Am Gasthof Zum Latschensee sowie an der 1960 geweihten Kirche vorbei zum Parkplatz.

Nützliche Informationen

Anfahrt: 9 Kilometer von Ludwigsthal, 8 Kilometer von Zwiesel (Bahnhof, Busverbindungen) sowie von Frauenau (Bahnhof).
Ausgangsort: *Buchenau* (7434 m), Ortsteil der Gemeinde Lindberg, Waldsiedlung östlich von Zwiesel.
Parken: Am Pommerbach, gegenüber der Forstdienststelle.
Gehzeiten: Insgesamt nicht ganz 4¹/₂ Stunden. Buchenau – Wiesfleckriegel 1 Stunde. Wiesfleckriegel – Kohlschachten 50 Minuten. Kohlschachten – Trinkwassertalsperre 1¹/₄ Stunden. Trinkwassertalsperre – Staudamm eine ³/₄ Stunde. Staudamm – Buchenau ¹/₂ Stunde.
Übernachtung/Verpflegung: Zwei Gasthöfe (u. a. »Zum Latschensee«, Telefon 0 99 26/ 2 91), Privatzimmer, Ferienwohnungen. Lebensmittelgeschäft.
Sehenswürdigkeiten der Umgebung: Siehe Touren 8, 11.
Auskunft: Verkehrsamt Lindberg, Zwieselauer Straße 1, 94227 Lindberg; Telefon 0 99 22/12 00.
Wanderkarten: Fritsch Wanderkarte 1:50000, Blatt 60; Fritsch Umgebungskarte 1:35000, Blatt 120.

10 Pfahl-Wanderung

Von Regen über Burg Weißenstein

Tourencharakter: Unschwierige Rundwanderung. Sie kann auch in Weißenstein angetreten werden; 1¹/₄ Stunden kürzer.
Steigungen: 550 Meter.
Reine Gehzeit: Knapp 5 Stunden.
Beste Jahreszeit: Pfingsten bis Spätherbst.

In Form des Pfahles präsentiert der Bayerische Wald eine geologische Erscheinung, wie sie nirgendwo anders vorkommt und zaubert mit phänomenalen Landschaftsbildern. Pfahl dürfte vom lateinischen Wort »pallidus« – bleich, fahl – abgeleitet worden sein. Das Phänomen führt aus der mittleren Oberpfalz ins österreichische Mühlviertel. Sein aus dem Boden herausgewitterter, rund 150 Kilometer langer Quarzgang tritt als solcher nur sporadisch an die Erdoberfläche. »Teufelsmauer« raunte das Volk einst in Unkenntnis der für sie nicht begreifbaren Naturerscheinung. Laut Dr. Richard Hofmann vom Mineralogischen Institut der Universität Hannover, ist der Pfahl keine Verwerfungsspalte, wie vor 1962 angenommen wurde, sondern »ein kompliziertes Fieder- und Scherenspaltensystem«. Kieselsäure, eine heißwässerige Sauerstoffsäure des chemischen Elementes Silicium, drang ein. Daraus entstand vor beiläufig 220 Millionen Jahren durch einen Verdunstungsprozeß im Laufe von Jahrmillionen temperaturbeständiges Quarz, gesteinsbildendes Material, das den Witterungseinflüssen trotzte. Ähnlich wie bei Eisbergen, ist vom Pfahlfels nur ein Bruchteil an der Oberfläche wahrnehmbar.

Der Quarz – Schmelzpunkt bei 1720 Grad – des Pfahls war für die Glasherstellung von untergeordneter Bedeutung, da Hütten reineren Quarz wünschten. Die Neuzeit benötigt Kieselsäure, die der Quarz bis 99 Prozent enthält, zum Eisenhärten sowie in der chemischen Industrie. Mit Hilfe von Quarz bzw. Siliciumoxid, kann Sonnenenergie in Wärme verwandelt werden.

Auf die repräsentativste Erscheinung der »Bayerwald-Dolomiten« pflanzte das mäch-

tige Geschlecht der Bogener Grafen – aus ihrem Wappen stammt das weißblaue Rautenmuster der Landesfarben Bayerns – um 1100 eine Burg zur Herrschaftssicherung und der von Rinchnach ausgehenden Rodungen. Über eine Strecke von rund 500 Metern leuchten helle, weißglänzende, teilweise 30 Meter hohe Pfahlfelsen über grünen Wiesen, schimmern durch Baumgruppen. Der Kreuzturm ist seit 1910 kreuzgekrönt. Anschließend südostwärts: Dreierturm, Fichtentürmchen, Pfahlstock, Burgblock, Burgfels. Das Naturwunder in seiner kühnsten Entfaltung!

Der Wegverlauf

Ausgangspunkt ist die Mündung der **Heilig-Geist-Gasse**, schräg rechts gegenüber der Regenbrücke, 5 Minuten vom Marktplatz. Durch die Gasse. Links folgt die ehemalige **Spitalkirche zum Heiligen Geist**. Sie war bis 1958 evangelische Pfarrkirche, ehe die protestantische Gemeinde ihre Auferstehungskirche baute. Gemäß Farbzeichen durch die Unterführung und bergan, vorbei am *Spitalhof*, auf breitem Fahrweg, der sich nach 10 Minuten links wendet. Nach einem Waldstück geradeaus, die Rastbank passieren, in

Von Regen am gleichnamigen Fluß erfolgt die Pfahl-Tour über die Burgruine Weißenstein nach Rinchnach, der ältesten Kulturstätte des Bayerwaldes.

fels, auf dem die Ruine thront. Links des Bauernhofs bzw. seines Stadels über Stufen hoch in einen Sattel. Links **Burg Weißenstein** (753 m), nahtlos verbunden mit dem schützenden Felsstock. Drei Jahrhunderte hausten die Degenberger auf dem Pfahl. Finsteres Mittelalter, belebt durch Phantasie: 1308 nutzte Eberwein von Degenberg einen finanziellen Engpaß der bayerischen Herzöge, denen Weißenstein nach dem Aussterben der Bogener Grafen 1242 gehörte, und erwarb die Herrschaft als Pfandbesitz. Mit der Erhebung in den Freiherrenstand (1465) des Hans II. war Weißenstein Reichslehen, inklusive Neukirchen, Furth und Eschlkam. Die erste Zerstörung erfolgte am 4. Dezember 1468, denn Gewolf von Degenberg war Anführer des herzogfeindlichen Böcklerbundes; er mußte Zwiesel und Frauenau an das Kloster Niederalteich abtreten. Klüger lavierte sein Sohn Hans III. im politischen Dschungel. Der Wendehals führte die 1489 in Cham gegründeten »Löwler«, ebenfalls ein oppositionelles Adelsbündnis, nur so lange wie ihm nützlich, dann schloß er sich der Gegenseite an. Schlimmes weiß die Sage von Hans Gewolf III. Er habe seine Gattin Magdalena lebendig im Turm einmauern lassen, weil sie während seiner Abwesenheit sieben Kinder gebar...

Verbürgt ist, daß dieser Degenberger die Zwieseler und Frauenauer Gebiete gewalttätig an sich riß und deshalb mit Niederalteich bis zu seinem Tode (1539) stritt. Erfreulicheres kann vom Letzten seines Namens, Hans Sigismund von Degenberg († 1602), Sproß einer Seitenlinie, berichtet werden: Verdienste um das Bergwerks- und Glashüttenwesen, zum Beispiel in Rabenstein. Der Dreißigjährige Krieg läutete den Niedergang der Burg ein. Schweden, Horden des Spanischen Erbfolgekrieges 1705 bis 1713; letztlich ließen die Panduren 1742 einen Torso zurück.

Rechts des Sattels steht das **»Fressende Haus«**, wie Siegfried von Vegesack den von ihm 1918 für 1800 Reichsmark, Mitgift seiner schwedischen Dichtergattin Clara, erworbe-

Richtung des jetzt sichtbaren Weißensteiner Bergfriedes. Beim **Thurnhof** (650 m) wird eine Straße betreten. Links, nun gemeinsam mit dem Pandurensteig (Weitwanderroute, rund 160 km, zwischen Waldmünchen und Passau) sowie dem liegenden grünen Keil. Etwa 5 Minuten später verläßt man die Straße halbrechts. Im Wald ansteigen. An der Gabelung geradeaus. **Naturschutzgebiet.** Links, nicht zu sehen, verläuft der erwähnte Pfahlkamm zwischen Kreuzturm und Burg. Er bietet Genußklettern in festem Fels. Sobald uns der Wald freigibt, sieht man links das 30 Meter hohe Riff des Burgblocks und den Burg-

nen Getreidekasten angesichts der belasten-
den Restaurierungskosten umschrieb. Der
baltische Schriftsteller (1888–1974) lebte in
Weißenstein bis zu seinem Tode. Clara von
Nordström, 1960 verstorben, Mutter der Kinder Isabel und Gotthard, hatte ihren Mann
schon 1935 wegen starker Kontroversen verlassen. Er ehelichte fünf Jahre später die
Würzburger Obristentochter Gabriele Eber-
mayer; sie schenkte ihm einen Sohn.

Seit 1978 ist Regen im Besitz des »Ka-
stens«. Rund 180 000 Mark verschlangen Re-
novierung und Ausbau zum Museum. Das
Erdgeschoß bewahrt Erinnerungen an Siegfried von Vegesack. Der erste Stock ehrt die
Schnupftabakgläser-Sammlung des volks-
tümlichen Altbürgermeisters Alois Reitbauer:
1300 Exemplare, größte Privatsammlung, fixiert im Guinness-Buch der Rekorde. Eine
Mineralienschau, populär-wissenschaftliche
Informationen über den Pfahl sowie zum

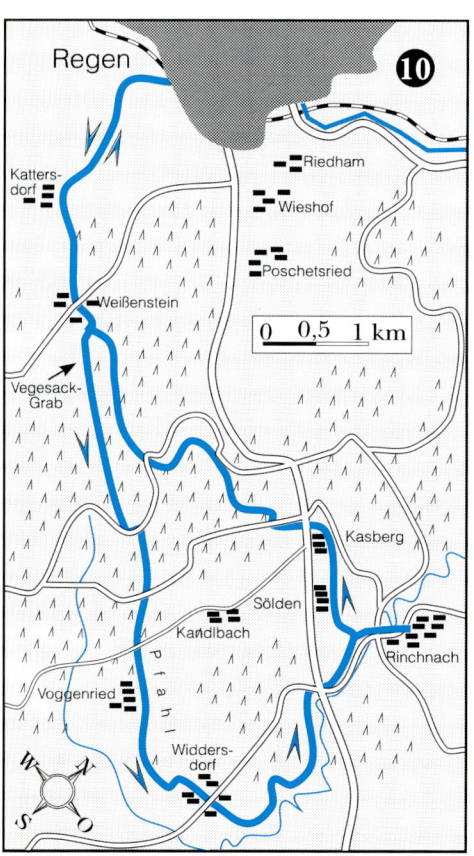

Thema »Vom Flachs zum Leinen« vervoll-
ständigen das Angebot. Eingang gegenüber-
liegende Seite; Besichtigung Mitte Mai bis
Mitte Oktober 10.00 bis 12.00 Uhr, 13.00 bis
17.00 Uhr. Nordöstlich der Ruine errichteten
die Weißensteiner 1817 ihre Dorfkapelle.
Auf einem der Totenbretter hat Siegfried von
Vegesack das elegische Memoriam um seinen 1944 als Kriegsfreiwilliger in Polen gefal-
lenen Sohn verfaßt.

Westlich, zu Füßen des »Dichterturms«,
ging aus einem Stallgebäude das **Künstler-
haus Artrum** hervor. Malerei, Glas, Keramik,
Holz- und Metallplastik spannen den Bogen
vom Altböhmischen bis in die Moderne, ver-
treten u. a. durch eine vom Glasmaler Rudolf
Schmid entworfene Vision des Bayerwald-
propheten Mühlhiasl. Geöffnet (außer Montag) 11.00 bis 16.00 Uhr. Von Regen eine
³/₄ Stunde.

Ab dem **Kiosk** in Südostrichtung, links am
Gasthaus Weißensteiner Alm vorbei, mit
dem grünen Dreieck in 5 Minuten zum **Vege-
sack-Grab**. Er hat sein Totenbrett zu Lebzei-
ten beschriftet, so daß nur noch das Sterbe-
datum ergänzt werden mußte. Hier ruht auch
seine 1972 verschiedene zweite Frau, nach
deren Tod er das eigene Ende herbeisehnte –
wortlos, stumm bis zum letzten Atemzug.

Parallel zum Pfahl. Wo die Markierungen
links abzweigen, bleibt man auf dem flachen
Rücken. Anschließend nicht halblinks, sondern halbrechts durch Birken- und Tannenwald. Bald an der Basis einer hohen Böschung und zur Straße. Links etliche Minuten
ansteigen, dann rechts in den Wald. An der
Gabelung gerade in 5 Minuten zur nächsten
Straße. Hier erinnert eine **Kapelle** (665 m) an
Verstorbene und Gefallene aus Großloitzen-
ried.

Jenseits auf geteerter Straße, jetzt von Markierung 8 geleitet. Im Vorblick erscheinen
die Dächer des Weilers Voggenried. Wo sich
die Straße dorthin wendet, läuft man halblinks am Waldrand entlang, anschließend im
Wald die Richtung beibehaltend. Über eine
Kreuzung (links Totenbretter) und in 10 Minuten zum Treffpunkt mehrerer Wege. Halblinks, den schwach ausgebildeten Pfahlrük-
ken überschreiten. Der Rachel tritt ins Blick-
feld. Wir schlendern hinunter nach **Widdersdorf** (600 m). Von Regen 2 Stunden.

Gleich einer leeren Drohung reckt sich der Bergfried der mittelalterlichen Burgruine Weißenstein auf den Pfahlfelsen.

Die Durchgangsstraße beim Feuerlöschteich queren. Links an einem Backofen und der 1971 geweihten Kapelle vorbei und geradeaus. Nach dem Bauernhof ebenfalls gerade, nun abwärts durch ein Waldstück ins idyllische Tal der **Rinchnacher Ohe**.

Vor der Brücke (560 m) links. Weglos den Mäanderschlingen der Ohe folgen (oder sie abkürzen) – bald taucht der Rinchnacher Kirchturm auf –, in ½ Stunde zur Unterführung der Bundesstraße 85. Dahinter mit der *Mühlbachstraße* zur *Söldener Straße* und rechts. Nach 150 Metern rechts über die Ohe zur ehemaligen Klosterkirche in **Rinchnach** (563 m). Von Regen 2¾ Stunden.

Älteste Kulturstätte des Waldes! Gegründet 1011 von Gunther, einem thüringischen Adeligen. Er war 1006 als Fünfzigjähriger in den Benediktinerkonvent Niederalteich eingetreten. 1019 weihte Passaus Bischof Berengar ein Kirchlein. Gunther wirkte bis 1040 an der Ohe, zog nach Böhmen und starb am 9. Oktober 1045 bei Gutwasser (Dobra Voda). Dort, auf dem Guntherfelsen (Breznik, 1006 m), steht seit 1992 die neue Guntherkapelle. Die Propstei Rinchnach wurde, von Kaisern mit Wald ringsum beschenkt, zu einem Drehpunkt weitgreifender Rodungsmaßnahmen, denen beispielsweise Regen seine Existenz verdankt. Vögte des Benediktinerklosters waren die Grafen von Bogen. 1243 brannte die Probstei samt Kirche ab. Neubau um 1255.

Schließlich genügte auch die um 1438 erstellte Kirche nicht mehr den Vorstellungen des Mutterklosters. Es beauftragte 1727 den Burglengenfelder Johann Michael Fischer, Münchner Stadtbaumeister, mit der Neugestaltung, ohne die Umfassungswände abzubrechen. In diesen Rahmen zwängte der wohl schöpferischste Architekt des altbayerischen Rokoko ein Meisterwerk individuellster Prägung. Fischer schälte aus dem rechteckigen Langhaus einen ovalen Zentralbau und setzte diesem eine illusionistisch geöffnete Kuppel auf. Zur Zeit, 1990 bis 1995, wird das prachtvollste Gotteshaus im Bayerischen Wald mit einem Kostenaufwand von fünf Millionen Mark restauriert; Kirchenführer-Broschüre.

Zurück, mit der *Söldener Straße* und der *Kasberger Straße* bergan nach **Kasberg**. Linker Hand eine Reihe von Totenbrettern. Dann die Marienkapelle. Rechts *Gasthof zur Linde*. Bei der Ortsendetafel die B 85 kreuzen. Nach 5 Minuten rechts ab mit Wegnummer 2. Aufwärts 5 Minuten zum Waldrand und rechts zu einer Rastbank. Rechts, abermals in den Wald, wo die Nummern 2 und 5 in einer knappen halben Stunde nach **Falkenstein** (700 m) leiten. An der kleinen Kapelle rechts, die Querstraße überschreiten und in den Wald. Etwa 5 Minuten später, an der Gabelung, rechts; Markierung roter Punkt. Unmerklich bergan in der Nordostflanke des Pfahls nach **Weißenstein**. Von Rinchnach 1½ Stunden. Zurück auf dem Herweg.

Nützliche Informationen

Anfahrt: Regen liegt verkehrsmäßig ideal am Treffpunkt der Bundesstraßen 85 und 11 sowie an der Straße von Deggendorf (25 km, nächste Autobahn-Anschlußstelle). Von Cham 49 Kilometer, von Passau 60 Kilometer. Bahnhof der Strecke Plattling – Deggendorf – Bayerisch Eisenstein.
Ausgangsort: *Regen* (536 m), 11 000 Einwohner, Kreisstadt und staatlich anerkannter Erholungsort am Oberlauf des Regen.
Parken: *Bahnhof. Pfarrerwiese.* Der Platz (Parkuhren) am Beginn der Wanderung

kommt nur an Sonn- und Feiertagen in Frage.
Gehzeiten: Insgesamt knapp 5 Stunden. Regen – Thurnhof ½ Stunde. Thurnhof – Burgruine Weißenstein ¼ Stunde. Weißenstein – Widdersdorf 1¼ Stunden. Widdersdorf – Rinchnach eine ¾ Stunde. Rinchnach – Falkenstein 1 Stunde. Falkenstein – Weißenstein ½ Stunde. Weißenstein – Regen 35 Minuten.
Unterkunft/Verpflegung: Im Stadtgebiet 25 Hotels, Gasthöfe, Pensionen; außerdem Privatzimmer und Ferienwohnungen. Traditionsreicher Gasthof der 1649 gegründeten *Privatbrauerei Falter* (Am Sand 14), auch Zimmer, Telefon 43 13 oder 43 14.
Einkehr unterwegs: *Weißenstein. Rinchnach. Kasberg.*
Sehenswürdigkeiten: • *Niederbayerisches Landwirtschafts-Museum* (Schulgasse 2), geöffnet 10.00 bis 17.00 Uhr. • *Pscheidl-Krippe* (unterhalb der Pfarrkirche), einzige Stoff-Figuren-Krippe Deutschlands, 190 bekleidete Figuren als Nachbildung lebender oder toter Personen (u. a. Siegfried von Vegesack mit Dackel, Franz Josef Strauß, Papst Johannes Paul II.), 20 bis 25 Zentimeter groß. Frau Pscheidl, Gattin des 1982 verstorbenen Böhmerwäldler »Krippenvaters«, arbeitet ständig an neuen Gestalten. Öffnungszeiten: Montag bis Freitag 9.00 bis 11.30 Uhr, 14.00 bis 16.00 Uhr. • *Pfarrkirche St. Michael*, an Stelle eines 1035 errichteten Holzkirchleins. Nordturm der romanischen Kirche (1270). Wehrturm (Westturm, Jahreszahl 1437 in einem Eckquader) der Friedhofsbefestigung. Angefügt der gotische Kirchenraum. Nach Brandzerstörung (1648) im Dreißigjährigen Krieg, erfolgte 1655/57 ein barocker Neubau. Erweiterung und grundlegender, zeltartiger Umbau zwischen 1966 und 1969. Links der Altarinsel ein großer spätgotischer Kruzifixus (um 1500). Informationsblatt. • *Bergreichensteiner Heimatstube* (siehe auch Tour 35) im Rathaus, geöffnet Montag bis Donnerstag 8.00 bis 12.00 Uhr, Freitag 8.00 bis 12.00 Uhr. • *Pichelsteinerfest*, letztes Juli-Wochenende.
Kanu-/Wildwasserfahren: Informationen Kanu-Club Regen, Telefon 33 60.
Auskunft: Verkehrsamt, Stadtplatz, 94209 Regen. Telefon 0 99 21/29 29.
Wanderkarte: Fritsch Wanderkarte 1:50 000, Blatt 60.

11 Von Zwiesel nach Bodenmais

Hennenkobel und Silberberg

Tourencharakter: Unschwierige Streckenwanderung. Rückfahrt mit der Bahn, fast stündlich, letzte Fahrt 20.10 Uhr.
Steigungen: 480 Meter.
Reine Gehzeit: 4 Stunden. Die Führung im Bergwerk dauert eine ¾ Stunde.
Beste Jahreszeit: Pfingsten bis Allerheiligen.

»Fein Glas und gut Holz sind Zwiesels Stolz.« Dieser gängige Spruch bringt zum Ausdruck, was jeher Bestand hatte am Zusammenfluß von Großem und Kleinem Regen, im wälderumrahmten Zwies'ler Winkel. Beurkundet wird die Säumerstation am Böhmweg anno 1240 als Besitz des Klosters Rinchnach, das den Platz im 11. Jahrhundert kolonisiert hatte. Im 15. Jahrhundert erblühte die Glasmacherei, trotz Hussiten-Heimsu-

chung und Brandschatzung herzoglich-bayerischer Truppen im Böcklerkrieg (siehe auch Weißenstein, Tour 10). Sie bildet seitdem einen starken Wirtschaftsfaktor, den auch die 1904 gegründete Staatliche Fachschule für Glas, bis 1940 einzige in Deutschland, untermauert.

Wald – Heimat – Glas! Unter diesen Leitgedanken steht das Waldmuseum. In Miniatur ist ein typisches Glasmacherdorf modelliert. Lokalkolorit zeichnet auch die Sammlung von Schnupftabakgläsern aus, bei deren Gestaltung im Laufe der Zeit wahre Schmuckstücke entstanden, kunstvoll ziseliert, teilweise mit Filigranglasfadendekor – wie die »Mascherbüchsl« –, perlenbesetzt, mit Namen, Monogrammen, Versen. Die Formen sind Gebrauchsgegenständen des täglichen Lebens verkleinert nachempfunden. Am verbreitetsten ist das Büchsl in Bocksbeutelform. »Schmai«, so der Volksmund zum Schnupftabak, galt gewissermaßen als des Waldlers Markenzeichen. Glasschleifer und Bergleute versuchten, mit einer »Bries« der gefürchteten Staublunge vorzu-

Beim Abstieg vom Hennenkobel führt die Route kurz vor dem Quarzbruch an einem idyllischen Weiher neben der »Kiesstraße« vorbei.

beugen. Apropos Knappen: Ihre Arbeit und Technik kann am Schluß dieser Tour im Rahmen einer »Befahrung« des Barbarastollens im Silberberg oberhalb von Bodenmais nachvollzogen werden.

Der Wegverlauf

Vom **Bahnhof** mit der *Bahnhofstraße* nördlich etwa 200 Meter. In der Rechtskurve links, durch die Bahnunterführung. Auf dem *Waldesruhweg* geradeaus. Als hauptsächliche Markierungsnummer nützt die 1. Beim *Campingplatz* geht es halbrechts auf der *Karl-Herold-Straße* weiter zur Arbeiterwohlfahrt-Ferienstätte. Dann rechts über ein Bächlein und entlang des Drahtzauns zum nächsten Bach, der ebenfalls überschritten wird. Bei der Ecke des Campingplatzes wendet sich der Weg links und führt in den Hochwald. Mäßig bergan. An der Wegeteilung (Bank, Marienbild) gerade, einen Querweg kreuzen. Kurz danach, auf dem zweiten Querweg, links 10 Minuten zu einer schwach gewölbten Kuppe (vor dem direkten Weg zum Hennenkobel). Von Zwiesel eine ¾ Stunde. Rechts halten, vor der Wiese links und zu einem Holzhäuschen. Auch hier rechts, vorbei an einer *Marienkapelle*, an der Totenbretter stehen. *Ochsenbergweg* und die *Dr.-Georg-Schäfer-Straße* senken sich nach **Rabenstein** (671 m), wo eine der ersten – 1421 bezeugt – Glashütten im Bayerischen Wald stand; die »Paternosterhütte« produzierte Rosenkranzperlen. Das ehemalige Glasmacher- und Holzhauerdorf zählt 550 Einwohner.

Hinab zur *Stormberger Straße*. »Stormberger« war laut mündlicher Überlieferung ein Seher im späten 18. Jahrhundert. Er sei im Wald bei Rabenstein gefunden, von der Holzhauer-Familie Buchinger aufgezogen worden, habe als Hirte und Aschenbrenner für das Glashüttengut Kießling gearbeitet und ein Alter von über 100 Jahren erreicht. Der Heimatschriftsteller Manfred Böckl verschmilzt ihn mit dem »Mühlhiasl«, ebenfalls ein sagenhafter »Waldprophet« aus Apoig beim Kloster Windberg.

Aufwärts. Nach 5 Minuten steht links das 1785 durch die Familie von Kießling, zwischen 1744 und 1847 Besitzer der Glashütte und Grundherren in Rabenstein, erbaute **Schloß.** Kurz nach dem *Café Heidi* nimmt man das geteerte Forststräßchen halblinks. Wir sind auf der alten, um die Mitte des 19. Jahrhunderts angelegten »Bodenmaiser Straße«. Der rechts abzweigende Kneipp-Weg bleibt unbeachtet. Gute 10 Minuten nach Rabenstein schwenkt man links ab. In wenigen Minuten zu einem breiten Querweg. Links und eine **Unterstandhütte** passieren. Knapp 10 Minuten später mündet links der Direktweg von Zwiesel. An der Kreuzung rechts, in 10 Minuten zum Kammrücken. Auf ihm links an die Basis der Riffelsen, vorbei an einem Rastplatz, geländergesichert empor zum Kreuz des **Hennenkobel** (974 m); Unterstandhütte. Von Zwiesel knapp 2 Stunden.

Wieder zum Rastplatz. Links die Nordostseite des Stockes queren, worauf Wegnummer 3 leitet. Von Schönebene trennt uns etwas mehr als 1 Stunde. Mit dem nächsten Querweg links, 10 Minuten zur »Bodenmaiser Straße«. Kurz links, dann rechtshaltend. Fünf Minuten später ruht rechts ein idyllischer Teich. Es folgt eine Tafel, die über den ehemaligen **Quarzbruch** aufklärt. Im Hintergrund der Mulde sperrt ein Gitter die Höhle, in der ein etwa 270 Quadratmeter großer See ruht.

Das Forststräßchen, auf dem wir wandern, heißt in den Karten »Kiesstraße«, denn es diente einst dem Abtransport des »Kieses«, so wurde der Quarz genannt. Sie endet auf dem Parkplatz **Schönebene** (900 m) an der Arberseestraße. Von Zwiesel etwa 3 Stunden. Scharf links zweigt der mit 7 markierte Silberberg-Rundweg ab, der jedoch den Silberberg als solchen ignoriert. Schöner, etwa ¼ Stunde kürzer, indes häufiger begangen: Unmittelbar vor der Straße links in den Weg Nummer 1 und wie bei Tour 12 über die Aussichtsloge **Silberberg** (955 m) und das historische **Erzbergwerk** in 1 Stunde nach Bodenmais (689 m).

Die Felsbastionen des Silberberges sind oberhalb von Bodenmais gekennzeichnet durch Stollenlöcher des ehemaligen Bergbaus.

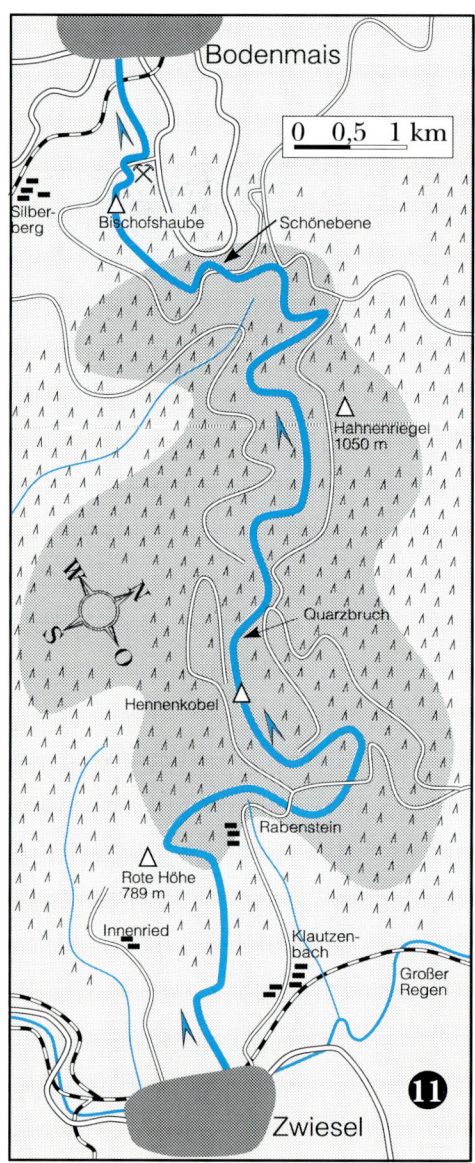

Nützliche Informationen

Anfahrt: Bundesstraße 11 über Deggendorf – Regen (35 km) oder Bayerisch-Eisenstein (14 km). Von Bodenmais 14 km. Gute Bahn- und Busverbindungen. Zentrale Bushaltestellen am Bahnhof.
Ausgangsort: *Zwiesel* (585 m), 10 200 Einwohner, von Tourismus und Durchgangsverkehr strapazierter Luftkurort.

Parken: *Bahnhof.*
Gehzeiten: Insgesamt 4 Stunden. Zwiesel – Rabenstein 1 Stunde. Rabenstein – Hennenkobel 50 Minuten. Hennenkobel – Schönebene 65 Minuten. Schönebene – Silberberg 25 Minuten. Silberberg – Bergwerk gute 5 Minuten. Bergwerk – Bodenmais 1/2 Stunde.
Unterkunft/Verpflegung: Hotels, Gasthöfe, Pensionen, Privatzimmer, Ferienwohnungen. *Hotel Deutscher Rhein* (Stadtplatz 42, Telefon 16 51) mit Jankabräu, älteste, 1692 gegründete Privatbrauerei (Besichtigung an Arbeitstagen 10.30 bis 14.00 Uhr) und ältestes Wirtshaus (Gewölbebesichtigung 11.00 Uhr). – Preiswerteste Brotzeiten in Metzgerläden mit Theke.
Jugendherberge: *Hindenburgstraße 26,* Telefon 10 61.
Camping: *Azur-Ferienzentrum,* Waldesruhweg, Tel. 18 47. *Am Tröpplkeller,* Langdorfer Straße, Tel. 17 09.
Einkehr unterwegs: *Rabenstein. Silberbergwerk. Liftstüberl.*
Sehenswürdigkeiten: • *Waldmuseum* (rückseitig des klassizistischen Rathauses), Öffnungszeiten 15. Mai bis 15. Oktober Montag bis Freitag 9.00 bis 17.00 Uhr, Samstag/Sonntag 10.00 bis 12.00 Uhr, 14.00 bis 16.00 Uhr. • *Pfarrkirche St. Nikolaus,* Turm 86 Meter, Silberbüste bzw. Halbrelief (Höhe 53 cm) des Patrons aus dem späten 17. Jahrhundert. • *Glasfabriken, Glasbläsereien, Holzschnitzer* offerieren Besichtigungen. • *Bärwurzerei Hieke* (Frauenauer Straße 82), alkoholische Bayerwald-Spezialitäten aus eigener Herstellung, Kostproben; geöffnet Montag bis Freitag 8.00 bis 17.00 Uhr, Samstag 10.00 bis 12.00 Uhr. • *Spielzeugmuseum,* geöffnet Mai bis Oktober 9.00 bis 17.00 Uhr. • *Grenzlandfest* Mitte Juli. • *Glasmuseum* im Stadtteil *Theresiental* (2 km nördlich), geöffnet 10.00 bis 14.00 Uhr. • *Bauernhausmuseum Lindberg* (4 km nordöstlich) in einer Hofstelle des 16. Jahrhunderts, Wirtschaft im Austragshäusl, geöffnet Ostern bis Oktober 10.00 bis 17.00 Uhr.
Zielort: *Bodenmais,* siehe Tour 12.
Auskunft: Kurverwaltung, Stadtplatz 27, 94227 Zwiesel; Telefon 0 99 22/96 39.
Wanderkarten: Fritsch-Wanderkarte 1:50 000, Blatt 60. – Topographische Karte 1:50 000, Blatt L 6944 Zwiesel.

12 Bodenmaiser Wanderschmankerl

Riesloch und Silberberg

Tourencharakter: Unschwierige Rundwanderung.
Steigungen: 400 Meter.
Reine Gehzeit: Knapp 3¼ Stunden.
Beste Jahreszeit: Juni bis Oktober.

Wo sich der Arber nach Süden neigt, berühren seine Mischwald-Ausläufer den Saum von »Pabemaizz«, wie Bodenmais im Urbarium des Herzogtumes Bayern um 1300 hieß. Klimatisch begünstigt und als Folge intensiver, zeitkonformer Anstrengungen der Tourismusbranche, hat sich das Zentrum der Glasveredelungskunst – vielseitigste Bleikristallauswahl Deutschlands – zum erstrangigen Luftkurort des Bayerischen Waldes gemausert. Bei 3400 Einwohnern und rund 5000 Gästebetten – jährlich mehr als 600 000 Übernachtungen – ist es kein Wunder, daß bayerisch Sprechende in der Minderheit sind! Der Fremdenverkehr besitzt einen ähnlichen Stellenwert wie früher das Erzbergwerk im riffähnlichen Silberberg, dem Hausberg der 1522 »vollkommen gefreiten Bergstatt«. Seine nicht nur optisch überragende Bedeutung kommt darin zum Ausdruck, daß der Pfarrer beim Segen seiner Schäfchen in Richtung Silberberg schaut. Maria Himmelfahrt, 1805 erbaut, ist nämlich nicht wie allgemein üblich geostet; der Hochaltar steht im Westen.

Zögernde Besiedelung des Bodenmaiser Beckens setzte im 9. Jahrhundert ein. Drei Jahrhunderte später schritt man zur Rodung, nachdem Kaiser Friedrich I. das Gebiet den Grafen von Bogen verliehen hatte. Spätestens im frühen 14. Jahrhundert sei im Silberberg nach Bodenschätzen geschürft worden, zunächst zwecks Gold und dem im Bleiglanz geringfügig enthaltenen Silber, was aber unrentabel war. Die Verantwortlichen gingen zur effizienteren Erzgewinnung hauptsächlich von Schwefel- und Magnetkies über. Vor dem Ersten Weltkrieg malochten im Bergwerk schichtweise bis zu 120 Mann. »Bodenmaiser Potée«, feinpulveriges, hochwerti-

ges Eisenoxid war weltweit gefragt und unentbehrlich beim Polieren von Glas, Metallen, Edelsteinen, fand aber auch als Malerfarbe – Venezianerschrot – Verwendung. Ende der fünfziger Jahre kursierten Gerüchte über Uranvorkommen im Silberberg. Kernenergie oder Atombomben aus Bodenmais? Dann hätte man 1962 den Betrieb nicht eingestellt! Ganz zugeschlagen wurde die Silberbergtüre aber keineswegs. Ein Bergwerksmuseum läßt die faszinierende Welt unter Tage hautnah erleben. Glück auf!

Sollten Sie um »Michaeli«, konkret am Sonntag nach dem 29. September, in Bodenmais sein, präsentiert Ihnen die Weidegenossenschaft das unverfälschte Brauchtum des Schachtenabtriebs. Am Arber hat die Weidewirtschaft auf den Schachten, vergleichbar mit Gebirgsalmen (nur ohne Käseherstellung), überlebt. Rund 50 Tiere werden zu Tal getrieben. Dort empfangen Hirten und Zuschauer – wie könnte es anders sein im »Woid« – Bierzelt und Blasmusik!

Der Wegverlauf

Vom **Bahnhof** auf der Durchgangsstraße 5 Minuten westlich. Vor der *Joska-Waldglashütte* rechts, vorbei an humorvoll getexteten, allerdings zweckentfremdeten, auf die Glashistorie bezogenen »Totenbrettern«. Halb links in die *Scharebenstraße*. Nach guten 5 Minuten rechts dem *Klausenweg* folgen und ansteigen, wobei sich südöstlich Blicke auf den Silberberg ergeben. Deutlich sind die beiden Felsspitzen zu erkennen, die der Volksmund zur Bischofshaube kürte.

Vor dem Haus Schönsicht geht es abermals rechts. Für uns gilt Wegnummer 2. Etwa 30 Meter nach der Pension Martinsklause nimmt man halblinks den Waldfahrweg, der 10 Minuten später von einem Wanderweg abgelöst wird. Die *Schweicklhäng* queren. Wir kommen unter dem hölzernen Anlaufturm der **Rieslochschanze** (Rekord 65 Meter) hindurch. Etwa 10 Minuten später an der Wegegabel geradeaus mit dem unteren Weg zu einer überdachten Bachbrücke. Hier wird das **Naturschutzgebiet Riesloch** betreten. Blumenfreunde dürfte es interessieren, daß von Mai bis Juli das Blaue Geißblatt, ein Strauchgewächs, gelblichweiß blüht; die

Früchte, Doppelbeeren, sind blauschwarz, weshalb auch die Bezeichnung »Blaue Hekkenkirsche« gebräuchlich ist. Es kommt üblicherweise nur im Alpen- und Pyrenäenraum ab Höhenlagen um 1350 Meter vor. Auch der Großblätterigen Weide, bis zu drei Meter hoch, im Mai mit gelbgrünlichen Kätzchen aufwartend, begegnet man sonst meist nur in den Alpen.

Das Rauschen des Wildbachs nimmt an Intensität zu. Ungefähr 50 Minuten nach Bodenmais werden die **Rieslochfälle** erreicht: höchster und spektakulärster Wasserfall im Bayerischen Wald. Diesseits, orographisch rechts des Bachs, steil bergan. Die feuchte Luft im sonnenarmen Winkl ist erfüllt vom Tosen und Gurgeln ungezähmter Wasser, die Schaum und Gischt schleudern. Nach 10 Minuten (links zu den Kletterfelsen Waldturmgrat, Bluffwand, Hannelorewand, Nachteulenwand) rechts auf einem Holzsteg über den **Schwellbach** (1025 m). Erneut rechts und zum nahen Holzsteg an der Kaskade des **Wildauerbachs**, dem lohnendsten Fotomotiv. Kurz vorher erklären Tafeln die Abstecher auf den Kleinen Arber (1¼ Stunden) und den Großen Arber (1¾ Stunden): Einladung für Leistungshungrige!

Talaus 150 Meter, bis hinter einem Felsstock halblinks Wegnummer 12 abzweigt. Der genußvolle ebene Weg durchmißt die Rieslochhänge zu Füßen ansehnlicher Felsbastionen aus Cordieritgneisen. Etwa 20 Minuten nach den Rieslochfällen wird bei einer *Unterstandhütte* ein breiter Weg gekreuzt. Stets gerade auf der markierten Route zur Arberseestraße und zum gegenüberliegenden Parkplatz **Schönebene** (920 m). Von Bodenmais 2 Stunden.

Gleich rechts in den Waldweg. Nach 50 Metern links halten, entsprechend Weg Nummer 10. Gute 10 Minuten später an der Gabelung gerade. Links oben sind die Felsen des Silberberggipfels (993 m) zu erkennen. Immer geradeaus erreicht man die *Sessellift-Bergstation* (Streichelzoo, Sommerrodelbahn) und kurz danach die doppelzackige **Bischofshaube** des **Silberberges** (955 m).

Der Silberberg birgt fast 70 verschiedene Mineralien. Ihre Zusammensetzung bewirkte erdgeschichtliche Umwandlungsphasen, von denen die letzte rund 35 Millionen Jahre dauerte, bei Temperaturen bis 600 Grad und Druck bis zu 5000 Atü. Die Erzvorkommen waren in geologischer Urzeit als flüssiger, stark schwefelhaltiger Magma-Ausbruch auf dem Meeresboden abgelagert worden und traten durch die Hebung der Landschaft, endgültig vor 60 Millionen Jahren, an die Erdoberfläche. Das den Erzgürtel umgebende Nebengestein besteht aus Granat- und Cordieritgneis.

Auch für den Abstieg gilt Wegnummer 1: zunächst steinig, dann im Mischwald zu einem breiten Weg. Links zum **Bergwerk:** Eingang des 600 Meter langen **Barbara-Stollens** neben der *Grubenschänke* (905 m). Die Gesamtlänge aller Stollen – Sohlenabstände 30 bis 35 Meter – betrug 20 Kilometer, teilweise 600 Meter ins Urgestein gehauen, bis zu einer Tiefe von 150 Meter unter der Bergkuppe. Eine »Befahrung« dauert etwa 45 Minuten. April, Mai, Juni, Oktober bis 1. Novembersonntag 10.00 bis 16.00 Uhr; Juli, August, September 9.00 bis 17.00 Uhr. Übrigens nutzt die Kur- und Rehabilitationsklinik Sonnenhof seit 1986 mit Erfolg einen Seitenstollen zur Behandlung chronischer Atemwegserkrankungen.

Auf der Straße den Sessellift unterschreiten und parallel zur Sommer-Rodelbahn zum

Im Naturschutzgebiet Riesloch, am unteren Wasserfall, dem beliebtesten Wanderziel von Bodenmais.

Parkplatz. Dort rechts ein kurzes Stück, bis halblinks Weg 1 abzweigt. Durch den Wald, an der nächsten Gabelung abermals halblinks. Am unteren Waldrand rechts, über die Eisenbahnüberführung und halbrechts nach **Bodenmais**. Bei der Ampelkreuzung rechts, Gegenanstieg 5 Minuten zum *Bahnhof.*

Nützliche Informationen

Anfahrt: Von Deggendorf (nächste Autobahn-Ausfahrt) über Regen 35 Kilometer, von Cham 51 Kilometer, von Bayerisch-Eisenstein (Grenze) 18 Kilometer, von Zwiesel 14 Kilometer. Sackbahnhof der 1928 eröffneten Eisenbahn von Zwiesel. Busverbindungen u. a. mit Kötzting, Regen, Deggendorf; zentrale Haltestelle am Bahnhof.
Ausgangsort: *Bodenmais* (689 m), Luftkurort.
Parken: *Tiefgarage* am Bahnhof.
Gehzeiten: Insgesamt knapp 3 1/4 Stunden. Bodenmais – Rieslochfälle 1 Stunde. Rieslochfälle – Schönebene 1 Stunde. Schönebene – Silberberg (Bischofshaube) 25 Minuten. Silberberg – Bergwerk knapp 10 Minuten. Bergwerk – Bodenmais 1/2 Stunde.
Unterkunft/Verpflegung: Vom First-Class-Hotel bis zum Privatzimmer. Der Autor war mit dem *Hotel Adam* stets zufrieden bzw. mit dem Essen im angeschlossenen Café; hausgemachte Kuchen. Bier aus eigener Brauerei.
Einkehr unterwegs: *Grubenschänke. Liftstüberl.*
Sehenswürdigkeiten: • *Pfarrkirche Maria Himmelfahrt,* 1805 geweiht, klassizistisch ausgestattet mit barockem Anklang. Architektonisch interessant sind das ungewöhnlich breite Mittelschiff sowie die Seitenschiff-Emporen. Das große Deckenbild, gemalt 1924, zeigt die Überführung der Loretto-Muttergottes aus der Maisrieder Kirche im Jahre 1705. Sie steht in einer Nische des sechssäuligen Hochaltares. Seitenaltäre frühes 17. Jahrhundert. • *Herrgottschnitzer* (Dreifaltigkeitsplatz 11) Joachim von Zülow, der sich auf sakrale böhmische Volkskunst spezialisiert hat. • *Glasfabriken.*
Auskunft: Kur- und Verkehrsamt, Rathaus, 94249 Bodenmais, Telefon: 0 99 24/70 01.
Wanderkarten: Fritsch Wanderkarte 1:50000, Blatt 60. – Fritsch-Umgebungskarte 1:35000, Blatt 117.

13 Großer und Kleiner Falkenstein

Die letzten deutschen Urwälder

Tourencharakter: Unschwierige Rundwanderung. Der Kleine Falkenstein erfordert Trittsicherheit und Schwindelfreiheit.
Steigungen: 700 Meter.
Reine Gehzeit: 4 1/2 bis 4 3/4 Stunden.
Beste Jahreszeit: Ende Juni bis Herbst.

Im hinteren Wald, wo die Täler höher liegen, der Waldreichtum größer und die Besiedelung schwächer ist als als »draußen«, erhebt sich mit dem Stock des Großen Falkenstein einer der namhaftesten Bayerwaldgipfel, drei Kilometer Luftlinie abseits der Tschechei. Ein Netz von Wanderpfaden erschließt die Forste. Bäche eilen ungeduldig zu Tal. Über kirchdachsteilen Flanken entragen Felsen den Wipfeln. Verlorene Weideflecken, Schachten, im Würgegriff des Waldes. Westwärts zeichnet der Große Regen eine natürliche Grenze, östlich der Höllbach, im Süden der Kolbersbach um Lindbergmühle.

Zwei Naturschutzgebiete – Höllbachgspreng, Mittlsteighütte – sind Urwald geblieben, sich selbst überlassen. Baumriesen, in Wirtschaftswäldern nicht rentabel, bilden gewissermaßen das Gerüst der Urwälder, zu deren verflochtener Lebensgemeinschaft auch von Sturm und Blitz gestürzte, absterbende und tote Bäume gehören. Sie sind sogar wesentlich für den natürlichen, geschlossenen Kreislauf des Waldes: Heimstätte vielfältiger Kleintierwelt – Borkenkäfer, Holzwespen, Bockkäfer, Ameisen –, die wiederum größere Tiere existieren läßt, zum Beispiel den Specht, dessen leere Baumlöcher andere Höhlenbrüter, Käuze und Hohltauben, schätzen. Ständige, urwüchsige Erneuerung, gibt größeren Blößen keine Chance, selbst nicht längerfristig nach schweren Windwürfen, denn dadurch fällt Licht ein: Voraussetzung für wandelnde Waldstrukturen. Die Keimbettwiegen umgestürzter Bäume gebären neues, differenziertes Wachstum, hauptsächlich junger Fichten. Baumschwämme, die sterbendes Holz durch Entziehen der Substanzen zersetzen, stellen eine

Das Höllbachgspreng, ein streng gehütetes Naturschutzgebiet, zählt zu den letzten Urwäldern in Deutschland.

Grundlage für andersartiges Pflanzenleben dar. Vermodertes Holz nährt Bakterien, Pilze, Moose, Flechten. Doch die geringste Störung dieser ewigen Gesetzmäßigkeiten, löst früher oder später den Kollaps aus!

Der Wegverlauf

Vom **Parkplatz** (705 m) beim *Hotel Haus Falkenstein* mäßig bergan. Markierung weiße 3 auf blauem Grund gilt bis zum Gipfel und ist vorläufig identisch mit dem *Schillerweg*. Er passiert rechts einen Wasserbunker. Das Teersträßchen wird von einem Schotterweg abgelöst. Nach knapp ½ Stunde stößt man bei einer Unterstandhütte (800 m) auf die *Falkensteiner Straße*. Links etwa 50 Meter, dann scharf rechts, erneut in Südostrichtung ansteigen. Wir kreuzen den alten Schwellweg und erreichen die nächste Forststraße und *Unterstandhütte* (934 m). Vom Parkplatz 50 Minuten.

Jenseits, schräg rechts, erklärt die vertraute 3 den Weiterweg. Aus anfänglicher Unbe-

wegtheit der Szenerie erwächst Abwechslungsreichtum. Der **Sallerriegel** (1000 m), umstanden von Ahornen, Buchen, Ebereschen, scheint die Route zu blockieren. Hinter diesem felsbesetzten Rücken führt ein kurzer Abstieg zu einer Dreiteilung. (Rechts mündet Weg 2 von Kreuzstraße, der direkt, ziemlich steil dem Großen Falkenstein zustrebt.)

Wir gehen östlich abwärts durch Buchenwald – seine Vitalität hat den Nadelwald verdrängt –, überschreiten einen Zufluß des Höllbachs und betreten nach 5 Minuten bei der *Unterstandhütte* (930 m) den straßenbreiten *Schwellweg*. Links, zu Füßen der felsigen Schwarzbachriegel-Ausläufer ohne spürbare Steigung den Hang traversieren. Etwa 10 Minuten später verschmälert sich die Forststraße. Nochmals 10 Minuten und wir sind an der **Höllbachschwelle** (972 m). Der Teich, eine Klause, diente als Stauanlage für die Holztrift, wie sie in ausgeklügelten Systemen funktionierte. Vom Parkplatz 1¾ Stunden.

Hier vereinen sich Weg 3 und 1 sowie der

Auf dem Großen Falkenstein (1315 Meter), einem der namhaftesten Gipfel des Bayerischen Waldes, unweit der tschechischen Grenze.

Europäische Fernwanderweg 6 Ostsee – Wachau – Adria (2800 km), erkenntlich am grünen Dreieck. Einspurig erschließen sie das **Höllbachgspreng**. Bald geht es spürbar steil bergan. Der Pfad schlängelt sich durch Felsbrocken und hohen Alpenmilchlattich. Ich habe das »Gspreng« einmal nach schwerem Gewitter erlebt, naß bis auf die Haut. Als die ersten, spärlichen Sonnenstrahlen wieder gebrochen durch das Geäst blitzten, über den Boden tanzten, fing es an zu dampfen und zu brodeln. Bäume wurden zu Schemen, nahmen bizarre Konturen im scheinbaren Chaos an. Farne als Grabschmuck zerfressener Buchenleichen. Ausgefranste Wurzelstöcke. Urwaldgrün. Tosende Wasser. Einfach Wildnis, als habe sich seit der Schöpfung nichts verändert.

   Etwa ½ Stunde sind wir gefesselt vom grandiosem Revier. In jedem Fall sollte man sich Zeit lassen, die Tafeln des *Forstlehrpfades* zu studieren. Ernüchterung kehrt auf dem Sträßchen ein. Links sind es noch 20 Minuten unter das schützende Dach des **Falkenstein-Schutzhauses** (1302 m). Es bewirtet seit 1933 die Wanderer. Vom Parkplatz 3 Stunden.

   1938 eröffnete der Deutsche Wetterdienst eine Meßstation. Sie wurde 1939 durch die Nazi-Okkupation auf den Panzer bei Markt Eisenstein verlegt (Tour 36). Am Falkenstein entstand 1946 eine neue Wetterwarte. Zum **Großen Falkenstein** (1315 m) ist es ein Katzensprung. Im Halbkreis machen gute Bekannte ihre Aufwartung: Osser, Arber, Rachel. Rabenstein, Zwiesel, Buchenau, Frauenau schicken Grüße aus den Tälern. Richtung Donauebene verwischt blasser Hauch die Landschaft. An Föhntagen rücken die Alpen näher. Die gelbe, bemooste Wand unter dem Geländer birgt kurze (15 m) Klettereien: Fichtenkante (V), Direkte Südwand (V), Alte Südwand (III).

   Den Abstieg markiert die 4 auf blauem Grund. Mit der Straße, bis das Zeichen links in den Wald eintaucht. Etwa 10 Minuten später sind wir beim Wendeplatz einer Forststraße vor den grauen Felsstöcken des **Kleinen Falkenstein** (1190 m). Die »Erkletterung« des

Hauptturmes bereitet keine Schwierigkeiten. Allerdings ist die Aussicht auf den Westen beschränkt: ins Regental und über die Glasfabrik Regenhütte zum Arber. Im Nahbereich, westlich, entragen die drei Einsiedlertürme dem Wald, beliebte Kletterziele, wie alle anderen umstehenden Felsen.

   Nun nicht auf der Forststraße, sondern links davon in Nordrichtung. Links unterhalb von Weg 4 verstecken sich der Raubvogel-

turm, die Ameiswand und die Falkenwand. Das Rauschen der **Steinbachfälle** schwillt an. Rechts des Bachs abwärts, gute 5 Minuten, worauf der Steig den Tobel rechts verläßt. Eine Unterstandhütte bleibt zurück. Steht die vierhundert Jahre alte Eibe rechts des Weges noch? Wir kreuzen die Falkensteiner Straße, nicht ganz ¼ Stunde später den breiten Westhängquerweg. Unvermittelt betritt man aus dem Halbdunkel den lichten **Gütlplatz**

(785 m). Früher war die Wiese Sammelort der Waldstiere, Ochsen und Jungtiere, ehe sie zum Ruckowitzschachten getrieben wurden. Er war 1613 die erste Zwieseler Waldweide und blieb der größte aller Schachten.

Wir sind auf dem *Lackenbergsteig* und erneut auf dem Europäischen Fernwanderweg 6. Jetzt umgibt uns das **Naturschutzgebiet Mittlsteighütte.** »Garten der Riesen« taufte der Volksmund den Buchen- und Tan-

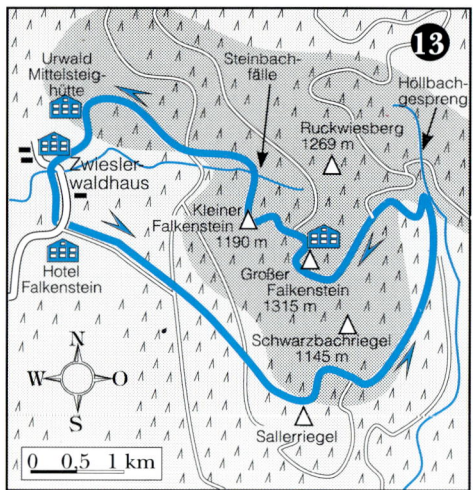

nenurwald. Manche der Kolosse liegen zerschmettert, moosbekleidet darnieder, vermodern, nähren jungen Wuchs. Auch die Bismarcktanne, einst die größte ihrer Art im Bayerischen Wald, vier Meter Durchmesser, 54 Meter hoch, hat die Natur in ihre Zirkulation einbezogen.

Die Runde klingt aus beim alten **Zwiesler Waldhaus**, das, unter Denkmalschutz stehend, neben dem Weihnachten 1991 eröffneten Hotel erhalten blieb. Schließlich besitzt es Tradition. Nicht allein wegen der 1256 urkundlich erwähnten, vorbeiziehenden »Via Beomorum« (Böhmweg, siehe auch Tour 36), einer Handelsroute von Deggendorf nach Böhmen, sondern auch »gastronomisch«, denn aus dem 1764 gezimmerten Blockhaus neben der Grenze, die damals der Steinbach bildete, wurde eine in diversen Kreisen weitum bekannte »Winkelwirtschaft«. So nannte man die in verborgenen Winkeln gelegenen Wirtshäuser. Sie besaßen keine Schanklizenz, boten aber dennoch Wilderern, Landstreichern, Schmugglern und Diebesbanden stets Speis, Trank und Herberge. Winters wärmte die Stube frierende »Pascher«, die von Böhmen billige Ochsen nach Bayern trieben. Solcherlei anrüchige Geschäfte waren den Zwieslern ein Dorn im Auge. Weiland 1776 zogen sie »mit Pferden und Wagen hinaus«, weiß Friedl Thorwald, »brachen das Haus ab, verluden es auf 14 Fuhrwerke und brachten es unter dem Ge-

johle der Neugierigen in ihren Markt«. Lange währte die Schadenfreude nicht. Die durch den Bayerischen Erbfolgekrieg eingefallenen Österreicher gestatteten 1778 einen Neubau. Der erhielt 1936 endgültige Gestalt. Auf der Straßenseite gegenüber dokumentiert ein Stein den Besuch des Augsburger Schriftstellers Bert Brecht am 10. August 1918.

Links, auf der Straße knapp 10 Minuten zum Ausgangspunkt

Nützliche Informationen

Anfahrt: Die Zufahrtsstraße (2,8 km) zweigt zwischen Ludwigsthal (1,2 km) und Regenhütte (2 km) von der Bundesstraße 11 ab. Von Zwiesel 10 Kilometer, von Bayerisch Eisenstein 10 Kilometer.

Ausgangsort: *Zwiesler Waldhaus* (701 m), Feriensiedlung westlich des Falkenstein, Ortsteil der Gemeinde Lindberg.

Ausgangspunkt: Wanderparkplatz beim *Waldhotel Haus Falkenstein.*

Gehzeiten: Insgesamt 4½ bis 4¾ Stunden. Parkplatz – Sallerriegel knapp 1¼ Stunden. Sallerriegel – Höllbachschwelle 35 Minuten. Höllbachschwelle – Großer Falkenstein knapp 1¼ Stunden. Großer Falkenstein – Kleiner Falkenstein 20 Minuten. Kleiner Falkenstein – Parkplatz 1¼ Stunde.

Unterkunft/Verpflegung: Hotels, Gasthöfe, Pensionen, Privatquartiere, Ferienwohnungen. U. a. neben dem Ausgangspunkt das *Waldhotel Haus Falkenstein*, Tel. 0 99 25/ 2 62.

Einkehr unterwegs: *Falkenstein-Schutzhaus*, bewirtschaftet Mai bis Oktober, auch Übernachtung (Tel. 0 99 25/3 13). *Zwiesler Waldhaus.*

Auskunft: Verkehrsamt Lindberg, Zwieselauer Straße 1, 94227 Lindberg; Telefon 0 99 22/12 00.

Sehenswürdigkeiten der Umgebung: Siehe Zwiesel, Tour 11.

Wanderkarten: Fritsch Wanderkarte 1:50000, Blatt 60; Fritsch Umgebungskarte 1:35000, Blatt 117 oder 120.

Pittoreske Gneisgruppen gestalten die Gipfelkuppe des Großen Arbers, des unumschränkten »Bayerwaldkönigs«.

14 »Arwa« – der Bayerwaldkönig

Wege zum Gipfel

> **Tourencharakter:** Unschwierige Wanderungen. Vom Großer Arbersee Busse zum Brennessattel.
> **Steigungen:** Sommerau – Arber 815 Meter. Brennessattel – Arber 420 Meter.
> **Reine Gehzeiten:** Von Sommerau etwa 5 Stunden. Brennessattel – Großer Arbersee 2½ bis 2¾ Stunden.
> **Beste Jahreszeit:** Juni bis Oktober.

»Arwa« – so spricht der Volksmund den Berg. Er ist zum Inbegriff des Bayerischen Waldes geworden, zu einem Symbol und gleichzeitig zum Mittelpunkt touristischer Interessen. Hoch über dem Lamer Winkel, über Bayerisch Eisenstein und Bodenmais thront die »weltalte Majestät«. Sie erscheint 1279 erstmals unter dem Namen »Adwich« in einer Schenkungsurkunde des Regensburger Bistums an das Kloster Rott, das den Lamer Winkel besiedeln ließ.

Früher blickten die Menschen ehrfürchtig empor. Der bayerische Hofhistoriograph Aventinus (1477–1534) vermerkt, auf dem »Ätwa« seien alljährlich an einem ganz bestimmten Tage blutige Kämpfe zwischen Böhmen und Bayern ausgetragen, die Verlierer in den See gestürzt worden. Ein Zollbeamter aus Bayerisch Eisenstein will 1914 am »Arber«, der 1748 endgültig zu Bayern kam, die Wittelsbacherkrone unter glühenden, zuschlagenden Schwertern schweben haben sehen – Menetekel des niedergehenden Königreiches durch die Revolution im November 1918.

Totale Konsumorientierung hat den Mythos unerbittlich gelüftet. Die Fürstlich von Hohenzollersche Verwaltung in Sigmaringen – Arber-Eigentümerin – installierte 1949 den Sessellift und sorgte für weitere derartige »Erschließungen«, die den Berg stellenweise abstoßend entblößen und verschandeln. Den negativen Höhepunkt setzten Anfang der achtziger Jahre die beiden Radaranlagen neben dem Gipfel. Der höchste Punkt (1456 m) des kahlen Bayerwald-Titanen erhebt sich direkt oberhalb des Unterkunftshauses. Außerdem gehören zum Massiv noch zwei erwähnenswerte Gneiskuppen: Großer Seeriegel und Bodenmaiser Riegel bzw. Richard-Wagner-Kopf, an dessen Konturen die Phantasie das Profil des Komponisten erkennt. Südöstlich, mehr als 500 Meter tiefer ruht, nein, das kann man so nicht sagen, fügt sich der Große Arbersee dem Ansturm der Massen und – den Säuren aus der Atmosphäre. Innerhalb von

40 Jahren verzehnfachte sich die Versauerung. Hauptursache: schwefel- und stickoxidhaltige, durch Niederschläge eingeschleppte Industrie- sowie Autoabgase. Wasserpflanzen verschwanden. Fische, u. a. die von Feinschmeckern geschätzten Seeforellen, starben bereits 1952 aus; später eingesetzte Saiblinge verendeten. Torfmoore hingegen, »Schwimmende Inseln« mit Stärken zwischen 1,5 und 3 Metern, gewinnen permanent an Größe. Der Geschundene, dessen gestautes, bis 15 Meter tiefes Wasser einst der Holztrift diente, gleicht trotz vernichtender Umweltströmungen optisch einem Juwel, erfüllt von Geheimnissen und Sagen, die der Arzt Josef Wensauer (1809–1878) in seine Ballade »Der Fischer vom Arbersee« einflocht.

Geboren wurde das Kargewässer während der Würm-Eiszeit, der letzten glazialen Periode. Sie setzte vor etwa 70 000 Jahren ein und endete vor rund 10 000 Jahren innerhalb verhältnismäßig kurzer Zeit: 100 bis 200 Jahren. Damit hängt das Entstehen der 300 Meter hohen Seewand zusammen: Sie wurde durch die Bewegung der Gletscher herausgearbeitet. Das gilt auch für die Seewände des Kleinen Arbersees.

In meinen Erinnerungen ist mit dem Arber häufig schlechtes Wetter verbunden: Regen und Nebel, Graupelschauer, Schneetreiben, eisglasierte Felsen. Dennoch habe ich ihn liebgewonnen: Weil er bei solchen Verhältnissen natürlicher, gewaltiger erscheint; weil man ihn nur mit wenigen Menschen teilt, die ebenso naß geworden sind und sich in der gastlichen Hütte bei einem »Bärwurz«, dem Waldlerschnaps, wärmen.

Der Sessellift schaukelt in 12 Minuten zum Arberschutzhaus, wohin es vom Arbersee zu Fuß rund 1½ Stunden sind. Das ist der »Trampelpfad«, von dem ein Chronist schon 1925, Pfingstsonntag, berichtete, »hinauf liefen etwa 2000 Personen, vaterländische Vereine, Liebespaare, Familien, rote Arbeiter mit Fahnen, obendrein eine Musikkapelle …«.

Nachhaltige Eindrücke und Erlebnisse schenkt die dreistündige Tour von Bodenmais mit Markierung 2 über die Rieslochfälle (siehe Tour 12) und den Arberschachten. Ganz zu schweigen von der »Haute Route« (17) in rund 9 Stunden über den Kaitersbergkamm. Im Nahbereich bevorzuge ich den

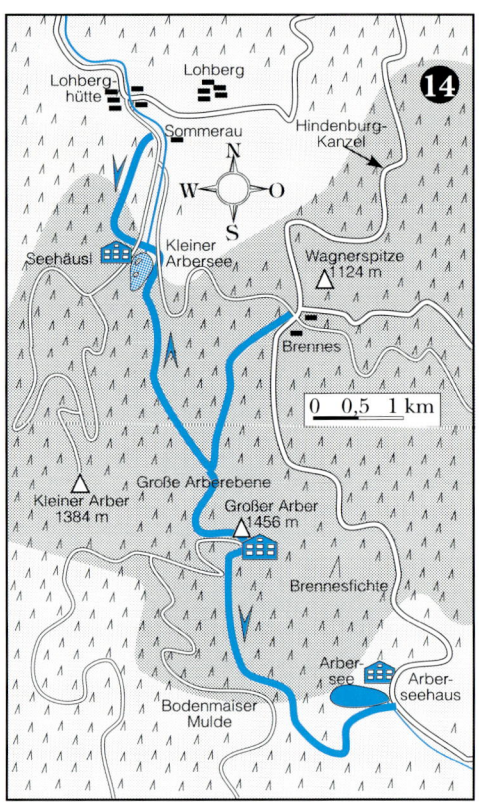

Weg aus dem Lamer Winkel sowie die Überschreitung Brennessattel – Arber – Großer Arbersee.

Über den Kleinen Arbersee

In **Sommerau** (650 m), vor bzw. unterhalb des *Gasthofes Ludwig Liebl* dem Sträßchen 5 Minuten folgen, vorbei an Totenbrettern. Dann rechts mit dem Europäischen Fernwanderweg 6 sowie den grünen Markierungskeilen abwärts und über den **Weißen Regen** (641 m). Anschließend orographisch rechts des *Sollerbachs* – rechts mündet der 40 Kilometer lange Gläserne Steig – in ½ Stunde zum **Sollerbach-Wasserfall** (800 m). Linkshaltend noch 10 Minuten steil bergan. Hinter dem schwach gewölbten Kammrücken wird das Teersträßchen betreten, auf dem es noch 10 Minuten zum **Seehäusl** am idyllischen **Kleinen Arbersee** (915 m) sind, einem von der letzten Eiszeit geprägten Naturschutzgebiet. Auch hier sogenannte »Schwimmende

Inseln«: Blumenbinse-Schlammseggenge-sellschaften in zwergstrauchreichem Über-gangsmoorbestand. Den See umschlingt ein *Naturlehrpfad*. Die Ufer zeichnet ungewöhn-liche Flora aus: Braunrote Sumpfwurz, Fie-berklee, Moor- oder Rauschbeere, Sonnen-taugewächse, um etliche der Pflanzen zu nennen. Von Sommerau 1¼ Stunden.

Am Nordufer den *Seebach* überschreiten. Kurz danach wendet sich das Glasbläser-Mo-tiv des Gläsernen Steiges links (zum Berggasthof Mooshütte), während wir halb-rechts ansteigen, weiß-rot markiert (LO 3), zweimal die Forststraße kreuzend in 35 Mi-nuten zum oberen Rand der **Großen Arber-ebene** (1220 m) wandern. An dem von Toten-brettern flankierten *Hofbaikreuz* rechts, auf dem *Schmugglerpfad*. Etwas später die Links-kurve ausgehen (der Schmugglerpfad führt in die Senke zwischen den Arbergipfeln). Nach 5 Minuten den Wald verlassen. Unter dem Lift hindurch zum **Arberschutzhaus** (1375 m).

Als erstes besteigt man selbstverständlich den **Arber-Hauptgipfel** – exakt 81 Höhen-meter, 10 Minuten vom Haus: Empor in den breiten Sattel, dort rechts zum Kreuz. Raum-greifende Panoramaschau! Dem Wäldermeer entragen Rachel, Falkenstein, Osser. Östlich liegen Bayerisch Eisenstein und das tschechi-sche Markt Eisenstein. Bei klarer Sicht ist ein schmaler Streifen des Erzgebirges zu erken-nen. Weit im Süden der Alpenkamm.

Abgeschreckt von den Radartürmen, er-klimmen viele Wanderer aus dem Sattel, links, den ursprünglich gebliebenen *Großen Seeriegel* über gestuften Fels. An ihn lehnt sich die von Fürst Friedrich von Hohenzol-lern-Sigmaringen anläßlich seines 65. Ge-burtstags sowie dem einhundertfünfzigjähri-gen Jubiläum der Arber-Kirchweih gestiftete Kapelle, die sechste an diesem Platz. Ihre Weihe vollzog Abt Korbinian des Benedikti-nerklosters Metten am Bartholomäustag (24. August) 1957. Bartholomäus – Heiliger der Glasmacher und Holzhauer – war schon Patron der ersten, 1806 von der Eisensteiner Glashüttenbesitzerstochter Elisabeth von Ha-fenbrädl in Erfüllung eines Gelöbnisses ge-stifteten, aus Baumstämmen gefügten Arber-kapelle. Die »Kirwa« übrigens findet am Sonntag vor oder nach »Barthlmä« statt.

Zu einem Rundgang an die einzelnen Fels-stöcke, auf denen die isländische Lappen-flechte klebt, kann geraten werden. Aber bit-te keine riskanten Kraxeleien!

Nützliche Informationen

Anfahrt: Von Kötzting über Lam 21 Kilome-ter. Von Bayerisch Eisenstein über Brennes 20 Kilometer. Die Zufahrtsstraße (2 km) zweigt in Lohberghütte ab, zwischen Lam (5 km) und Lohberg (2 km). Bahnstation ist Lam (7 km); Busverbindungen.

Ausgangsort: *Sommerau* (650 m), nordwest-lich des Großen Arber im Lamer Winkel, Ortsteil der Gemeinde Lohberg.

Gehzeiten: Insgesamt 2¾ Stunden Aufstieg. Sommerau – Sollerbach-Wasserfall 40 Minu-ten. Wasserfall – Kleiner Arbersee ½ Stunde. Kleiner Arbersee – Große Arberebene eine ¾ Stunde. Arberebene – Arberseeschutzhaus ½ Stunde. Schutzhaus – Gipfel 10 Minuten.

Unterkunft/Verpflegung: Außer Hotels etc. in *Schneiderberg* billige Jugendpension; Te-lefon 0 99 43/4 32. In *Lam* Jugendherberge (siehe Tour 15).

Einkehr unterwegs: *Seehäusl. Arberschutz-haus* (auch Übernachtung, 32 Betten, 8 La-ger; Tel. 0 99 25/2 42).

Auskunft: Verkehrsamt, Rathausweg, 1 a, 93470 Lohberg. Telefon 0 99 43/34 60.

Wanderkarten: Fritsch Umgebungskarten 1:35 000, Blatt 117 oder TK 1:50 000, Blatt Naturpark Oberer Bayerischer Wald.

Arber-Überschreitung

Vom **Brennessattel** (1036 m) auf der Straße etwa 150 Meter Richtung Arbersee, dann rechts in den breiten Weg einschwenken. Vorbei an der Forstdienststelle Lohberg. Nach 50 Metern rechts halten und mit Mar-kierung 9 im Wald ansteigen. Das Berghaus Sonnenfels bleibt rechts liegen. Wir wandern über den stumpfen Arber-Nordrücken bzw. über die **Kleine Arberebene** zur **Großen Arberebene**. Höhenmarke: 1200 Meter. Rechts, beim *Hofbaikreuz*, mündet der Zu-gang aus dem Lamer Winkel über den Klei-nen Arbersee, wie vorstehend beschrieben. Gemeinsam in knapp einer ¾ Stunde auf den Gipfel des **Großen Arber** (1456 m).

Im Sattel zwischen Hauptgipfel (rechts) und Großer Seeriegel, vertrauen wir uns links neben den Informationstafeln den Wegenummern 1, 2, 5 an. Die 2, gleichbedeutend mit dem Arbersteig nach Bodenmais, wendet sich bald rechts. Wir folgen der 1 und 5 in Südrichtung. Ungefähr ½ Stunde nach dem Gipfel wird die sattelähnliche *Bodenmaiser Mulde* (1250 m) erreicht. Linkshaltend tauchen wir, geleitet von Markierung 5, in die steilen, felsbewehrten Waldhänge des Naturschutzgebietes **Seewand** ein. Wurzelstränge kriechen wie große Raupen über den Steig. Hin und wieder blitzt das Seeauge durch die Bäume. Kurz nach einem Kreuz, am Bach, geht es links: Wegnummer 5 a. Sie bringt uns an den **Großen Arbersee** (934 m).

Nützliche Informationen

Ausgangspunkt: *Brennessattel* (1030 m), Gemeinde Bayerisch Eisenstein. 5 Kilometer vom Großen Arbersee, von der Sessellift-Talstation (Betriebszeiten 8.00 bis 17.45 Uhr) 1,5 Kilometer, von Bayerisch Eisenstein 7 Kilometer, von Bodenmais 13 Kilometer, von Lam 16 Kilometer. Busse. Parkplätze an der Straße Richtung Arbersee.
Gehzeiten: Insgesamt 2½ bis 2¾ Stunden. Brennessattel – Großer Arber 1¼ Stunden. Abstieg zum Großen Arbersee 1¼ bis 1½ Stunden.
Einkehr unterwegs: *Arberschutzhaus*, siehe vorstehende Wanderung. *Großer Arbersee.*
Unterkunft/Verpflegung: Am *Brennessattel* das Sporthotel Brennes; Telefon 0 99 25/ 2 56. *Berggasthof Mooshütte* (1 km westlich). Zahlreiche Gästebetten in den Talorten, u. a. in *Regenhütte* (9 km) der vom Autor mehrmals zufrieden in Anspruch genommene Gasthof Sperl. Nächste *Jugendherberge* Bayerisch Eisenstein (Brennesstraße 23); Telefon 0 99 25/33 37.
Auskunft: Verkehrsamt, Arberwellenbad, 94252 Bayerisch Eisenstein; Telefon 0 99 25/ 3 27.
Wanderkarten: Siehe Tour 13.

Der Große Arbersee, das frequentierteste Touristenziel im Bayerischen Wald, stellt ein Relikt der vor etwa 10 000 Jahren ausgeklungenen Würm-Eiszeit dar.

15 Die Ossergipfel

Im Künischen Gebirge

Tourencharakter: Unschwierige Rundwanderung. Stellenweise Trittsicherheit notwendig; Felsgelände bei Nässe rutschig.
Steigungen: 850 Meter.
Reine Gehzeit: 4¹/₂ bis 5 Stunden.
Beste Jahreszeit: Juni bis Oktober.

Als in der ersten Hälfte des 11. Jahrhunderts deutschstämmige Bauern, mehrheitlich Tiroler und Bayern, zwischen Weißem Regen und böhmischem Angelbach im Bannkreis des Osser siedelten, empfing sie »eine der entlegensten und einsamsten Landschaften Mitteleuropas, voll weiter rauher Hochmoore und düsterer, sagenhafter Felsenseen, eine Urlandschaft von tiefster, ergreifend wilder Schönheit«, schildert der Heimatdichter Hans Watzlik (1879–1949), Autor des Romans »Ring des Ossers«. Wie auch weiter südöstlich (Tour 34) und nordöstlich (Tour 38) waren es königliche Freibauern, angelockt vom böhmischen Herzog Bretislaw I. mit gewinnbringenden Vergünstigungen.

Das dichtbewaldete Künische Gebirge (Královský hvozd) besteht aus Glimmerschiefer. Es erstreckt sich über 30 Kilometer Luftlinie zwischen Markt Eisenstein (Železná Ruda) im Südosten und Neumarkt (Všeruby) im Nordwesten. Den Scheitel bildet die bei Wanderung 37 erwähnte Seewand (1343 m, Jezerni hora). Das mächtigste Massiv formt

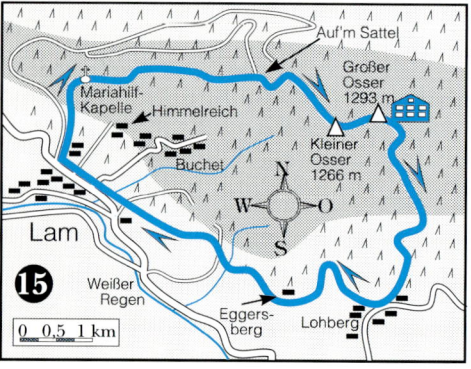

jedoch der Osser, gekrönt von einer felsigen Doppelspitze. Sein Haupt- bzw. Ostgipfel (1293 m) ist Grenzpunkt, der niedrigere Westgipfel (1266 m) gehört eindeutig zu Bayern. Während nach dem Krieg, bis 1990, Besteigungen ausschließlich von deutscher Seite erfolgten, sind nun auch die böhmischen Flanken wieder Wanderreviere, beispielsweise der einst klassische Weg vom Spitzbergsattel (Špičácké sedlo) über den Schwarzen See (Černé jezero).

Der Wegverlauf

Lam. Auf dem **Marktplatz**, rechts des Aldersbacher Bräustüberls, nehmen wir die *Lambacher Straße*. Nach 450 Metern halbrechts in den *Jugendherbergsweg*. Die *Adalbert-Stifter-Jugendherberge* passierend folgt man, von Birken beschattet, den grünen Markierungskeilen. Rechts ist bereits der Kleine Osser sichtbar. In den Wald und rechtshaltend zur **Wallfahrtskirche Maria Hilf** (814 m). Der Altar bewahrt das kostbare barocke Gnadenbild, eine Glasmalerei von 1752; Informations-Anschlag.

Vom **Berggasthaus zur Rast** auf dem Fahrweg 100 Meter. Dann halbrechts, entsprechend den Farbzeichen im *Hopfenwald* zum **Wanderparkplatz Auf'm Sattel** (927 m, Hütte). Den Platz schräg rechts queren. Nun steiler, durch die *Thürnsteiner Hänge* in schwachem Rechtsbogen auf die **Osserwiese** (1170 m), früher eine Hochweide für Jungstiere. Südlich schweift das Auge zum Arber und Kaitersberg. Den Vorblick erfüllt der **Kleine Osser** (1266 m), dessen Gipfel über stufenartige Felsen gewonnen wird. In der Südwand sowie an der Südostkante sind Kletterführen eröffnet worden. Östlich lockt das Osserkreuz. In diese Richtung abwärts zwischen Strauchwerk und Felsen. Dann Gegensteigung. Eine Tafel erinnert an Hans Watzlik. Die Steilheit nimmt zu. Über Felsen an die Grenze und vollends empor zum Kreuz auf dem **Großen Osser** (1293 m). An den Gipfel lehnt sich die Schutzhütte, auch **Albert-Willmann-Haus** genannt, nach einem Glashüttenbesitzer und Förderer des Bayerischen Waldvereins. Zum Greifen nahe liegen die Wälder Böhmens, über denen »etwas unsäglich Wehmütiges und Beklemmendes« la-

Unmittelbar am Großen Osser bzw. am Albert-Willmann-Haus verläuft am Kamm die deutsch-tschechische bzw. bayerisch-böhmische Grenze.

stet, wie der im tschechischen Revolutions jahr 1848 geborene Schriftsteller Karel Klostermann spürte. Vom Lam 2½ Stunden.

Zunächst entlang des Grenzkamms und seiner grotesk geformten, spitzen Felsen. Der Steig ist anfangs exponiert, aber drahtseilgesichert. Dann wendet er sich mit dem grünen Keil rechts von der Grenze ab. Etwa eine ¾ Stunde nach der Hütte wird im *Lohberger Wald* ein Forststräßchen gekreuzt. Und ¼ Stunde später erwartet uns der *Osserparkplatz* (730 m) am Ortsrand von **Lohberg**.

Hinunter zum *Lärchenweg*. Rechts, nun mit der weiß-roten Bezeichnung LO 2. Nach 300 Metern geht es am untersten Haus rechts vorbei, etwas später einen Bach überschreiten und links, am Bach entlang in das Dorf **Eggersberg** (680 m). Beim *Gasthof zum grünen Wald* rechts in die *Gartenfeldstraße*. Nach **Silbersbach** (640 m) sind es gute 10 Minuten. Auf der Straße rechts 250 Meter ansteigen, dann links, ein schönes Holzhaus

rechts passieren. Noch immer leitet uns das Zeichen LO 2, streckenweise am Waldsaum des Geigenberges, dann durch **Thürnstein**, zuletzt nochmals bergan zum Marktplatz in Lam.

Nützliche Informationen

Anfahrt: Von Kötzting 17 Kilometer, von Bayerisch Eisenstein sowie von Furth im Wald jeweils 23 Kilometer. Gute Busverbindungen. Endstation der Lokalbahn von Kötzting.
Ausgangsort: *Lam* (575 m). 3000 Einwohner. Meistbesuchter Luftkurort im Naturpark Oberer Bayerischer Wald, Zentrum des Lamer Winkels, in dem einst 19 Glashütten arbeiteten.
Parken: Nordöstlich des Marktplatzes, beschildert.
Gehzeiten: Insgesamt 4½ bis 5 Stunden. Lam – Maria Hilf 35 Minuten. Maria Hilf – Auf'm Sattel ½ Stunde. Auf'm Sattel – Kleiner Osser

Ausblick vom Osser über den Kleinen Osser zum Kaitersberg.

knapp 1 Stunde. Kleiner Osser – Großer Osser ½ Stunde. Osser – Lohberg 1 bis 1¼ Stunden. Lohberg – Lam 1¼ Stunden.
Unterkunft/Verpflegung: Hotels, Gasthöfe, Pensionen, Ferienwohnungen.
Jugendherberge: *Jugendherbergsweg 1.* Telefon 10 68.
Camping: *Ginglmühlerstraße 1* am Weißen Regen, Telefon 13 86.
Einkehr unterwegs: *Berggasthaus zur Rast* (Maria Hilf). *Osser-Schuthaus* (10 Betten, 21 Lager); Telefon 13 51. *Eggersberg* (ab 18.00 Uhr geöffnet).

Sehenswürdigkeit: • *Mineralien-Museum* (Daxenhöhe 1); geöffnet 9.00 bis 12.00 Uhr, 13.00 bis 18.00 Uhr. • *Lambach,* siehe Museumführer.
Sehenswürdigkeiten der Umgebung:
• *Bayerwald-Tierpark* in *Lohberg,* geöffnet 10.00 bis 17.00 Uhr.
Auskunft: Verkehrsamt, Marktplatz 1, 93462 Lam. Telefon 0 99 43/10 81 oder 34 66.
Wanderkarten: Fritsch Umgebungskarte 1:35 000, Blatt 121. – Topographische Karte 1:50 000, Blatt Naturpark Oberer Bayerischer Wald.

16 Kaitersberg-Überschreitung

Für Gipfelsammler

Tourencharakter: Unschwierige Rundwanderung. Bei Nässe stellenweise rutschig.
Steigungen: 400 Meter.
Reine Gehzeit: 4¼ Stunden.
Beste Jahreszeit: Pfingsten bis Allerheiligen.

Hunderte von Metern überragt der Kaitersberg die umliegenden Talschaften. Es ist kein Berg üblicher Vorstellung, sondern ein Kamm, rund 12 Kilometer lang, bestückt mit unzähligen, vielgestaltigen Felspartien aus grauen, bräunlichen Gneismassen, durch den Ecker Sattel vom höheren, jedoch formenärmeren Arberkamm getrennt. Die Kaitersbergkette schwingt sich östlich von Kötzting breitgelagert auf und wird ab dem Kreuzfelsen zum schmalen Rücken, der beiderseits ständig Ausblicke gewährt. Der Name Kaitersberg entstamme dem keltischen Wort »chait«, was »kahl« bedeute, schreibt Franz Xaver Siebzehnriebl.

Rodung und Besiedelung der dem Weißen Regen zugewandten Kaitersbergflanken geschahen ab dem 12. Jahrhundert durch das Kloster Rott am Inn. Im Mittelalter ist die »veste hohenwart« bezeugt zum Schutz eines Handelsweges nach Böhmen. Daraus ging das Schloß hervor, Sitz einer Hofmark der Edlen von Hohenwarth.

Am Kaitersberg hausten bis ins 19. Jahrhundert Bären. Damals war es ein menschenfeindliches, wüstes Gebirge, Schlupfwinkel für lichtscheue Elemente. Der Räuber Heigl hatte dort sein Versteck, in einer Höhle unterm Kreuzfelsen. Jener Michael Heigl, von dem es in einer Moritat so schaurig schön heißt: »Er lurt auf Weiber und auf's Geld, das ist ihm's Liebste auf der Welt.« Als Sohn einer notigen Häuslerfamilie 1816 in Beckendorf bei Kötzting geboren, trieben ihn Willkür und Grausamkeit des königlichen Behördenapparates in den »Untergrund«. Gar so schlecht sei er nicht gewesen, der Heigl, versuchte man mir am Biertisch in Hohenwarth zu versichern. Untaten habe ihm die Obrigkeit angedichtet, weil er ihr tapfer die Stirn bot. Ein bißchen Wahrheit ist dran! Als die Hudlachbäuerin erdrosselt und beraubt aufgefunden wurde, sah man gleich im Heigl den Mörder, was sich jedoch als Irrtum erwies. Die Waldler ließen ihren Michl im Glorienschein glänzen. Er wurde zu einer Art Volksheld ähnlich dem Janecek am böhmischen Kubany. Heroisierung verwischte die tatsächlichen Vorkommnisse: Diebstahl, Schmuggel, Wilderei, Körperverletzung, Einbruch, Raub, Mordversuch. Der Kötztinger Pfarrer wetterte von der Kanzel über Unzucht, denn der Heigl hatte ohne Trauschein mit zwei Weibsbildern sieben Kinder in die Welt gesetzt. Steckbriefe gingen herum. Auf den Kopf des von 400 Gendarmen erbarmungslos Verfolgten standen 200 Gulden Belohnung. Am 18. Juni 1853, frühmorgens, schnappte für Heigl und sein Liebchen Resl die Falle zu. Sie hatten bei der Aumühle, westlich von Hohenwarth, aus einem Fischkasten Karpfen gestohlen und waren zufällig beobachtet worden. Auf halbem Weg zum Kreuzfelsen geriet das Pärchen in die Fänge der Häscher. Das am 27. Juni 1854 zu Straubing gefällte Todesurteil wurde nicht vollstreckt. König Max II. begnadigte den Delinquenten: lebenslang an Ketten, in der Münchner Strafanstalt Au. Dort erschlug ihn ein Häftling 1857 mit der Kettenkugel. Resl hatte der Richter fünf Jahre Arbeitshaus aufgebrummt.

Heigl avancierte zur Romanfigur. Maximilian Schmidt (»Brigitta oder der Räuber vom Kaitersberg«), Oswald Döring (»Der Räuber Heigl«) und in jüngster Zeit Manfred Böckl verewigten die tragische Gestalt. Der Bayerische Rundfunk hat ihm 1958 eine Sendung gewidmet, und sogar ein Film erzählte das verpfuschte Leben. »Den armen Leuten hat er nichts getan, der Heigl ist kein böser Mann…«, heißt es in einem dreistrophigen Volkslied.

Folgende Abbildung:
Im Steinbühler Gesenke an der Kaitersberg-Route zwischen Kötztinger Hütte und Großer Riedelstein, der sich rechts waldüberzogen wölbt.

Das Waldschmidt-Denkmal auf dem Riedelstein erinnert an den Bayerwald-Dichter Maximilian Schmidt (1832–1919).

Der Wegverlauf

Vom **Parkplatz** (820 m) noch 50 Meter berg-an. Vor dem Bauernhof **Hudlach** rechts, dann erneut rechts (geradeaus kürzester Weg zur Kötztinger Hütte, eine ¾ Stunde) mit der Bezeichnung H 6, Totenbretter passieren und halblinks in den Wald. Dort senkt sich die Route in guten 5 Minuten zu einem Forstfahr-weg (784 m). Links etwa 10 Minuten, worauf die weiß-roten Zeichen halblinks in den Wald einschwenken (760 m). Ungefähr 20 Minuten später einen Rücken überqueren und abwärts zum Waldrand der Lichtung von **Reitenberg** (760 m). Der schnellste Weg auf den Kreuzfelsen, bezeichnet mit K 3, biegt kurz vor dem Waldrand scharf links ab. Loh-nender, jedoch ¼ Stunde länger, ist die bei Tour 17 geschilderte Route über die **Heigl-Höhle** zum **Kreuzfelsen** (999 m). Daran hält man sich auch im weiteren Verlauf, über den **Mittagstein** (1034 m), vorbei an der **Kötztin-ger Hütte**, durch das **Steinbühler Gesenke** und die **Rauchröhren** auf den **Großen Rie-delstein** (1132 m) zu. Vom Parkplatz nicht ganz 3 Stunden.

Anschließend noch gute 10 Minuten auf der »Haute Route«. Links, bei Felsen, mar-kiert die weiß-rote Bezeichnung A 10 den Rückweg; Tafel: »Eschlsaign«. Durch den

Wald abwärts in ¼ Stunde zu einem Forst-fahrweg (860 m). Mit ihm links zum Park-platz.

Nützliche Informationen

Anfahrt: Von Kötzting 7 Kilometer, von Lam 8 Kilometer. Bahnhof der Strecke Kötzting – Lam. Busverbindungen; Haltestelle u. a. beim Verkehrsamt.
Ausgangsort: *Hohenwarth* (510 m), 2100 Einwohner. Ferienort im Tal des Weißen Regen.
Ausgangspunkt: *Wanderparkplatz Hudlach* (820 m), südöstlich von Hohenwart. Wege-Übersichtstafel. Zufahrt: Gegenüber dem Verkehrsamt auf der Rosenau-Hudlacher-Straße 3,5 km.
Gehzeiten: Insgesamt 4¼ Stunden. Hudlach – Reitenberg 40 Minuten. Reitenberg – Kreuzfelsen eine ¾ Stunde. Kreuzfelsen – Kötztinger Hüte ½ Stunde. Kötztinger Hütte – Riedelstein 1 Stunde. Riedelstein – Parkplatz knapp 1½ Stunden.
Unterkunft/Verpflegung: Gasthöfe, Pensionen, Privatquartiere, Ferienwohnungen.
Camping: *Hohenwart*, Am Ferienzentrum 3; Telefon 0 99 46/3 67.
Einkehr unterwegs: *Reitenberg. Kötztinger Hütte.*
Sehenswürdigkeit: • *Bayerwald-Mineralien-keller* (Kindergarten), geöffnet Dienstag, Donnerstag, Freitag 14.00 bis 17.00 Uhr.
Auskunft: Verkehrsamt, Hauptstraße 1, 93480 Hohenwarth. Telefon 0 99 46/2 29 oder 2 85.
Wanderkarten: Fritsch Wanderkarte 1:50 000, Blatt 56. – Fritsch Umgebungskarte 1:35 000, Blatt 132.

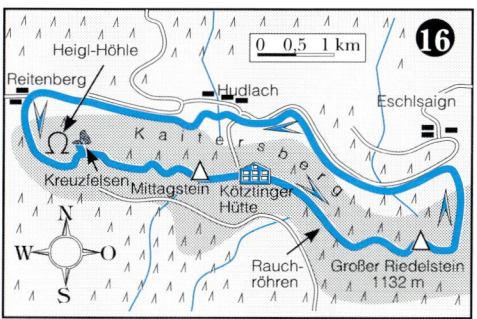

17 Über den Kaitersberg zum Arber

»Haute Route« des Bayerwaldes

Tourencharakter: Unschwierige Strecken-kenwanderung. Bei Nässe stellenweise unangenehm.
Steigungen: Etwa 1800 Meter.
Reine Gehzeit: 8½ bis 9 Stunden.
Beste Tourenzeit: Juli bis Allerheiligen.

Von Kötzting über den Kaitersberg führt die »Haute Route« des Bayerischen Waldes auf den Großen Arber, eine Tour, wie es sonst keine gibt im Waldgebirge. »Wer auf dem Kamm dieser Höhenzüge wandert…«, schreibt der Dichter Siegfried von Vegesack, »den Blick über das endlose Wäldermeer, der wird, jedenfalls in Deutschland, nicht so bald etwas finden, was an die Großartigkeit dieser Landschaft heranreicht.«

Stundenlanges Ausschreiten auf gratarti-gen Rücken und über felsige Gipfelregionen. An die 35 Kilometer in fast durchweg 1000 Meter Höhe! Konditionell eine Tour alpinen Charakters. Im ununterbrochenen Auf und Ab werden fast ein Dutzend Gipfelpunkte bewältigt. Sie sind gleichzeitig Bestandteile des Europäischen Fernwanderweges 6 Ostsee – Wachau – Adria (2800 km), mit dem wir gemeinsam ab Reitenberg laufen.

Der Wegverlauf

In **Kötzting** vertrauen wir uns vor der Brücke der einstigen Burg bzw. der Pfarrkirche der Markierung K 3 (weiß-rotes Feld) sowie dem grünen Dreieck an. Am Graben entlang (das Wehrhafte der Festung ist gut zu erkennen). Stufen führen zur hölzernen gedeckten **Regenbrücke**. Geradeaus zum rechten Rand des *Spitalplatzes*; der Kreuzfelsen wird sicht-bar. Dann rechts auf der *Lamer Straße*. Nach 300 Metern gerade über die Ampelkreuzung und mäßig bergan, durch den Stadtteil **Reitenstein**, links an der Gaststätte Reitensteiner Hof vorbei. Ungefähr ½ Stunde nach der Kir-che, wo sich das Sträßchen links wendet, geht es noch 30 Meter gerade zu einem Rast-platz. Links der Informationstafel in den

Wald. Bei den Häusern kurz rechts, dann links. Die Markierungen benützen noch zweimal das Sträßchen, ehe sie ihm die letzten 10 Minuten zum *Berggasthaus Köppl* (760 m) in **Reitenberg** folgen. Köppl-Generationen sind auf den Totenbrettern verewigt. Ursprünglich bestand der Weiler aus drei im 17. Jahrhundert gegründeten Höfen.

Vor der Wege-Übersichtstafel rechts (südlich) in den Wald. Nach 10 Minuten an der Gabelung links halten, jetzt merklich steiler bergan. Gewaltige Felsformationen, zum Beispiel der Pfarrerstuhl, tauchen auf wie Ungeheuer, haushoch. Streckenweise ist der Steig treppenähnlich mit Felsplatten ausgelegt. Rechts erstmals Durchblicke ins breite Zellertal. Es trägt diesen Namen seit mehr als 1000 Jahren, wurzelnd in den Zellen der Mönche des Klosters Niederalteich, das dort rodete.

Ungefähr 1/2 Stunde nach Reitenberg gähnen links oberhalb des Weges, zu Füßen der 50 Meter hohen Heigl-Wand, die beiden Öffnungen der **Heigl-Höhle**. Hier fand der Landstreicher und Räuber Michael Heigl, 1816 drunten in Beckendorf als Kind einer bettelarmen Tagelöhnerfamilie geboren, immer wieder Zuflucht vor Gendarmen. Oftmals hauste er wochenlang in dem feuchten, mit Brettern verschlagenen Loch, half seinem Liebchen Resl beim Entbinden. Die gestohlenen Vorräte waren in Erdlöchern deponiert. Im Juni 1853 geriet das Pärchen drüben bei Hohenwarth in die Fänge der Polizei (siehe Tour 16). Fast 100 Jahre später, 1958, legte der Zwieseler Hermann Froidl rechts oberhalb der Höhle eine Räuber-Heigl-Gedächtnisführe im Schwierigkeitsgrad V durch die Wand. Ihre Fortsetzung bildet ein Kamin (15 m, IV) zum Kreuzfelsen.

Unsere Route wird im verworfenen Granitgewirr noch abwechslungsreicher. Das Gipfelkreuz kommt in Sicht. Und schon stößt man auf den Kammweg. Links zum nahen Gipfelaufbau, den ein 1985 errichtetes Kreuz ziert. Es ist das dritte, nachdem das alte (1887) bei der Sonnwendfeier 1968 verbrannte, das zweite beim Aufstellen zerbrach. Direkt am Kreuz mündet die Kletterei »Gipfel-Fallinie« (IV).

Wir sind auf dem **Kreuzfelsen** (999 m): westlichster Gipfelpunkt des Kaitersberges. Am schönsten ist es spätnachmittags in der

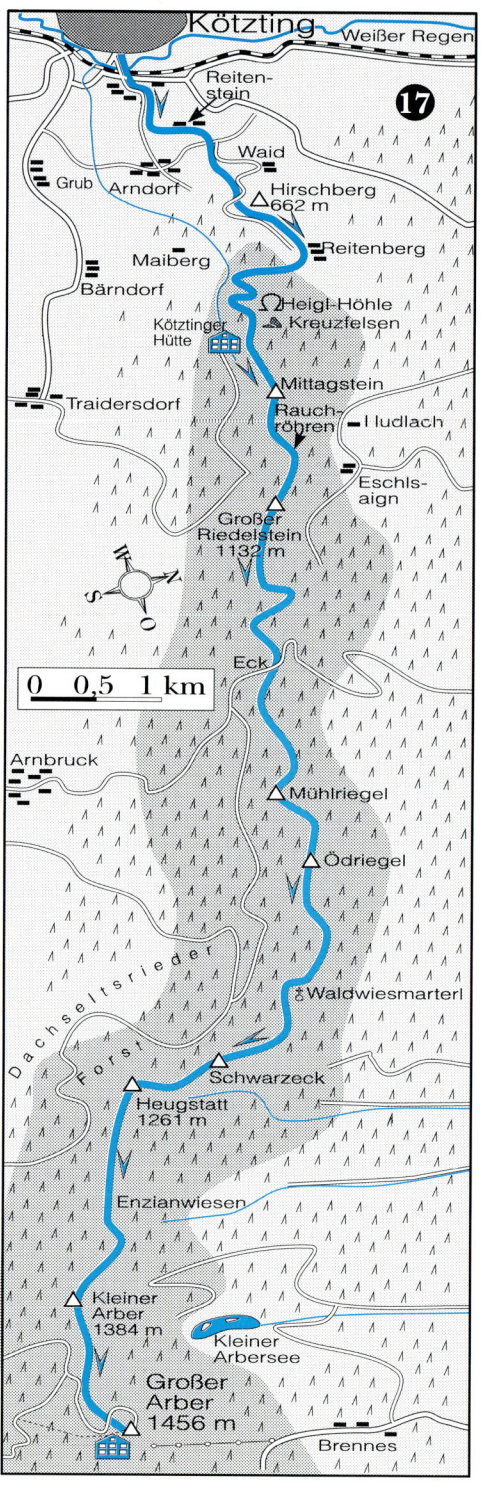

Auf der »Haute Route« des Bayerwaldes, oberhalb von Schareben, zwischen Mühlriegel und Ödriegel.

lieblichen Stille des sich behutsam ankündigenden Abends. Die Dörfer in den Tälern wirken seltsam friedlich. Von Weißenregen oberhalb Kötzting grüßt das Wallfahrtskirchlein, nordwestlich der Haidstein, nördlich der Wall des Hohen Bogen, und in den Falten des östlichen Gebirges nisten schon die Schatten der Nacht. Von Kötzting 1¾ Stunden.

Zurück und auf dem Kamm in Ostrichtung, bestens markiert. Bergfichten sind von den Stürmen gezeichnet, die oftmals in Begleitung schwerer Wolkenbündel über den Kamm jagen. Knapp ½ Stunde ist es zum **Mittagstein** (1034 m). Das Bezirksgefallenen-Ehrenmal wurde 1946 geweiht. Der 30 Meter

hohe *Hausblock* beim Mittagstein ist ein weiteres Kaitersberg-Kletterrevier. Hinter der nächsten Wegbiegung sehen wir schon die **Kötztinger Hütte**. Wer weiß noch, daß sie einst Schwanzer-Hütte hieß, nach ihrem Förderer, dem Kötztinger Lehrer Schwanzer. Er trug dazu bei, daß das Schutzhaus 1928 entstehen konnte, für 25 000 Reichsmark. Von Kötzting 2¼ Stunden.

Unterhalb der Hütte nimmt uns die Trümmerwildnis des rund einen Kilometer langen **Steinbühler Gesenkes** auf. Dunkle, metertiefe Klüfte zwischen den Klippen abgesprengter Blöcke. Irrgarten aus Gneisen! Kletterparadies!

Wir erklimmen die schräge Aussichtsplatte

des **Steinturm-Vorblockes** (1044 m), und schon sehen wir uns den Rauchröhren gegenüber, dem eindrucksvollsten Naturwunder des Kaitersberges. Die beiden kolossalen Türme erscheinen wie Wachposten. Ein schmaler Spalt, so als hätte ihn die Axt eines Titanen geschlagen, erlaubt den Durchgang mittels Steinstufen. Im Fels sind Haken zu sehen – Sicherungspunkte für Kletterer. Ihr Pionier war 1911 der Lehrer Franz Fischer. Links der **Rauchröhrenblock** (1040 m); schwierigste Führe: »Super-Expreß« (X-). Die rechte Rauchröhre heißt **Steinturm** (1042 m), ebenfalls bestückt mit Routen.

Ungefähr ½ Stunde später öffnet sich der Wald. Der Lichtung entragt der **Große Riedelstein** (1132 m), die höchste Erhebung des Kaitersberges. Ein Pfad, stellenweise felsig, leitet zum Gipfel mit dem 1909 enthüllten, 10 Meter hohen Waldschmidt-Denkmal. Der Geehrte Maximilian Schmidt (»Waldschmidt«), literarischer »Sänger« des Waldes, war damals 77 Jahre, konnte aber nicht anwesend sein. Für Kletterer: Westkante (IV) und Nordwestverschneidung (V) bzw. Nordwestriß (IV) sind 30 Meter hoch. Östlich erreicht man wieder die Hauptwanderlinie. Das Gefälle nimmt zu, hinunter zum *Gasthaus Eck* am **Ecker Sattel** (843 m), dem Scheitel der Straße zwischen Zellertal und Lamer Winkel. Von Kötzting 3¾ bis 4 Stunden.

Für die zweite Etappe darf man 5 Stunden einplanen – nur bis zum Großen Arber. Die grünen Keile setzen sich an der östlichen Straßenseite fort; Zusatzmarkierung 6 L. Seitwärts folgen wieder Felsstöcke. Verblichene Totenbretter stehen am Weg. Sobald die Buchen lichter werden, ist es nicht mehr weit zum Felssteig auf dem **Mühlriegel** (1080 m). Was zunächst als mickrig erschien, entpuppt sich vom Kreuz als umfassende Aussichtswarte. Im Zellertal erinnert Arnbruck an die Rettung des Bogener Grafen Arno aus reißendem Wildbach, der aus Dank dafür die Arnobrücke stiftete. Das geschah um 950. 1209 schenkte Berthold von Bogen die Siedlung dem Kloster Niederalteich.

Leider ist die Unterstandhütte zu Füßen des Gipfelstockes überfüllt von Weggeworfenem! Nach 5 Minuten geht man an der Gabelung geradeaus (halbrechts Richtung Forst-

Links neben dem Radarturm duckt sich, fast »g'schamig«, das schlichte Gipfelkreuz des Großen Arber.

haus Schareben, bewirtschaftet). Am Kamm kündet das »KW« auf alten Steinen von der Grenze des Königlichen Waldes. Stetig bergan, steiler, schließlich über niedrige Stufen. Die Felsen des **Ödriegel** (1154 m) treten aus dem Halbdunkel. Insgesamt sind es vier selbständige Türme, stellenweise moosbewachsen, tannenbesetzt.

Ab- und aufwärts. Die Felsplatten im Wald könnten von Riesen geschichtet worden sein. Südseitig versteckt sich der geheimnisumwitterte Sattelbrunnen, wo man einst ergebnislos nach Gold und Silber schürfte.

Knapp 1¼ Stunde nach Eck erwartet uns das **Waldwiesmarterl** (1139 m). Neben dem Hüttchen eine Gedenkstätte für Verstorbene der Waldvereinsektion Arnbruck. Von dort kommt das »Steinerne Gassl« hoch. Nördlich leiten Farbzeichen in den Lamer Winkel. Versprengte Blöcke bleiben stumme Gefährten. Am folgenden Massiv befindet sich links unterhalb ein aufgelassener, balkengestützter Stollen, einer von mehreren, in denen bis

Mitte der fünfziger Jahre Glimmer, Quarz, Feldspat gefördert wurden.

Rechts um das Massiv zu einer freien, steppenartigen Hochfläche, einem Schachten, auf den einst Jungstiere zur Sommerweide getrieben wurden. Im Vorblick bäumt sich das nächste Hindernis auf. Sogar kraxeln muß man an etlichen Passagen, ehe das **Schwarzeck** (1238 m), ein gestreckter Felskamm, gewonnen ist. Den Ostgipfel krönt ein Kreuz. Von Eck 2½ Stunden.

Vom Südgipfel steil abwärts. Der Hang läuft aus im weiten, baumbestandenen **Reischflecksattel** (1140 m), ehemals Weide. An der Unterstandhütte treffen sich mehrere Wege. Die Hälfte des Arberkamms ist geschafft! Von Eck 2½ Stunden.

Laut Tafel sollen es zur Heugstatt 20 Minuten sein. So lange brauchen wir nicht! Höchstens ¼ Stunde. Gegenanstieg durch eine Schneise. **Heugstatt** (1261 m), ein ebener, runder Platz, verlorenes Weideland, an das noch die Reste einer Hirtenklause erinnern. Der Pfad schlängelt sich durch Heidelbeersträucher. Am Ostrand der Lichtung links halten (rechts nach Schareben), über einen Knüppeldamm 5 Minuten hinunter zum Wieslein **Am Nürschen** (1210 m). Erneute Steigung! Die wievielte? Den **Enzian** (1285 m) panzern Felsbrocken. Ein idyllisches Bild vermitteln 10 Minuten später die parkähnlichen **Enzianwiesen** (1199 m); Unterstandhütte, Quelle. Vom Hüttenschachten klingen bei Westwind die »Schöllen« der Jährlinge und zweijährigen Stiere, die dort den Sommer verbringen.

Es folgt der vorletzte spürbare Höhenunterschied. Dunkle Hochmooräuglein begleiten die Spur den halbstündigen »Schinder« empor zum zerklüfteten **Kleinen Arber** (1348 m). Man könnte zwar auch rechts, direkt zur Chamer Hütte ausweichen, doch würde dann, abgesehen von den Ausblicken, ein »Dreizehnhunderter« in der Gipfelsammlung fehlen. Beim Holzkreuz ist es meist still, denn der benachbarte »Große« polarisiert die Touristenströme. Die **Chamer Hütte** (1320 m), hervorgegangen aus einer Holzhauer-Unterkunft, steht seit 1924 im Osthang des Kleinen Arber, erbaut von der Waldvereinsektion Cham. Seit 1957 dient sie als Jugendherberge, höchstgelegene Deutsch-

lands. Beiderseits führen Wege in die Täler von Lam und Bodenmais.

»Tanken« für den Endspurt! Obwohl der Große Arber nur etwas mehr als zwei Kilometer Luftlinie entfernt ist, muß eine knappe Stunde einkalkuliert werden, denn zunächst verliert man 60 Höhenmeter. Der endgültige, halbstündige Aufstieg beginnt nach der feuchten **Stierwiese** (1260 m) in Form der »Himmelsleiter« über Stock und Stein, durch Legföhren und zottige Fichten, steil und mühsam. Dem **Großen Arber** (1456 m) ist im Rahmen von Tour 14 ein Kapitel gewidmet.

Nützliche Informationen

Anfahrt: Bundesstraße 85 bis Miltach, von dort 9 Kilometer nach Kötzting. Von Cham 23 Kilometer, von Deggendorf 46 Kilometer, von Bodenmais 24 Kilometer, von Lam 16 Kilometer. Bahnlinie Cham – Miltach – Kötzting – Lam. Gute Busverbindungen; Busbahnhof am Kurpark.

Ausgangsort: *Kötzting* (408 m), 6850 Einwohner. Luftkurort im Regental bzw. im Naturpark Oberer Bayerischer Wald.

Parken: Großparkplatz am Kurpark (Ludwigstraße). Parkhaus. Am Beginn der Tour: Spitalplatz, östlicher Stadtrand (Lamer Straße).

Gehzeiten: Insgesamt 8½ bis 9 Stunden. Kötzting – Reitenberg 1 Stunde. Reitenberg – Heigl-Höhle ½ Stunde. Heigl-Höhle – Kreuzfelsen ¼ Stunde. Kreuzfelsen – Kötztinger Hütte ½ Stunde. Kötztinger Hütte – Riedelstein 1 Stunde. Riedelstein – Eck 35 Minuten. Eck – Mühlriegel eine ¾ Stunde. Mühlriegel – Schwarzeck 1½ Stunden. Schwarzeck – Heugstatt ½ Stunde. Heugstatt – Enzian 20 Minuten. Enzian – Kleiner Arber eine ¾ Stunde. Kleiner Arber – Großer Arber 1 Stunde.

Unterkunft/Verpflegung: Hotels, Gasthöfe, Pensionen, Privatzimmer, Ferienwohnungen. Deftige Bayerwaldküche u. a. *Gasthof Metzgerei Miethaner* am Marktplatz.

Camping: *Am Flußfreibad*, Jahnstraße; Telefon 81 24. *Miethaner*, Jahnstraße 41, Telefon 61 96. *Ammermühle*, Ortsteil Ramsried; Telefon 89 84.

Einkehr unterwegs: *Reitensteiner Hof* (Betten, Telefon 16 23). *Berggasthof Köppl* auf Reitenberg (8 Betten, Telefon 82 21). *Kötztin-*

ger Hütte (22 Betten, 30 Lager; Telefon 2 90).
Gasthof Eck (20 Betten, Telefon 13 51).
Schareben (abseits, 26 Betten, Telefon
10 37). *Chamer Hütte* (Telefon 0 99 24/2 81).
Sehenswürdigkeiten: • *Stadtpfarrkirche Ma-
riae Himmelfahrt*, entstanden ab 1737 auf
dem Areal einer Burg (12. Jahrhundert) der
Herren von Chostingen, Dienstmannen der
Markgrafschaft Cham. Im Altaraufbau hinter
Glas eine Maria, romanischer Taufstein unter
der Empore; Führerbroschüre. • Neben der
Pfarrkirche die ehemalige *Friedhofskapelle
St. Anna.* Im Hauptaltar spätgotische »Anna
Selbdritt«, das heißt Anna mit Tochter Maria
und Enkel Jesus in den Armen. Im Neben-
raum romanisches Taufbecken; Faltblatt.
• *St. Veit auf dem Markt*, entstanden mit dem
Marktplatz (vor 1250), Brandschatzung beim
Schwedeneinfall (1633) im Dreißigjährigen
Krieg, 1645 wieder errichtet mit Holzturm,
Ausbau um 1700 sowie nach dem Dorfbrand
1867. Barocker Hauptaltar, 5,10 m hoch. Al-
tarblatt (1645): Martyrium des heiligen Veit.
Mosaik-Kreuzwegstationen (1979). Weihnachtskrippe ganzjährig. Faltblatt. • *Neues
Rathaus* (Anschlag). • *Altes Rathaus* (Arbeits-
amt), 11.00 Uhr Glockenspiel; Anschlag.
• *Bärwurzerei Liebl* (Jahnstraße 15), *Bärwurzerei Drexler* (Pfingstreiterstraße 44); Pro-
bierstuben. • *Wasserwirtschaftlicher Lehrpfad* mit altem Wasserrad (Betrieb 11.15 bis
11.30 Uhr) am Weißen Regen; Spezialbro-
schüre im Verkehrsamt. • *Wald- und Ge-
schichtslehrpfad am Ludwigsberg*, 3,5 km.
• *Weißenregen* (2 km südwestlich), Wallfahrtskirche Mariae Himmelfahrt, 1765 ge-
weihter Rokokobau. Im Hochaltar das aus
dem 14. Jahrhundert stammende, geschnitzte
Gnadenbild. Großartig die 1758 vom Kötztinger Johannes Paulus Hager gefertigte
»Schiffskanzel«: Plastische Darstellung des
Fischzugs Petri.
Brauchtum: *Pfingstritt*, alljährlich am Pfingstsonntag 8.00 Uhr, in Erfüllung eines Gelübdes, bis 1412 zurückreichend. Männer-Wall-
fahrt zu Pferd (ca. 700 Reiter in Bauerntrach-
ten) sieben Kilometer nach Steinbühl. Verbunden damit ist eine Festwoche sowie das
Spiel »Pfingstreiter« über die Entstehung der
Wallfahrt. Die Namen der Pfingstreiter, die
fünfzigmal oder öfter teilgenommen haben,
sind in dem 1985 geschaffenen *Pfingstreiter-*

brunnen (Kötzting) dokumentiert. *Bürgerfest*,
1. August-Wochende, mit Bayerwaldmeister-
schaften im Steinheben und Fingerhakeln.
Zielpunkt: *Arberschutzhaus* (1375 m), am
Nordosthang des Großen Arber, 24 Betten,
6 Lager, ganzjährig bewirtschaftet; Telefon
0 99 25/2 42.
Rückkehr nach Kötzting: Sessellift, letzte

Fahrt 17.45 Uhr; von der Talstation Bus nach Lam (Bahnhof), oder über Bodenmais.
Auskunft: Verkehrsamt, Herrenstraße 10, 93444 Kötzting. Telefon 0 99 41/60 21 50.
Wanderkarten: Topographische Karte 1:50000, Naturpark Oberer Bayerischer Wald. – Fritsch Umgebungskarten 1:35000, Blätter 132, 121.

Für Bayerwaldbegriffe titanenähnlich überragt der Große Arber seine Umgebung. Er bildet das Ziel der »Haute Route« des Bayerwaldes und überdies den Endpunkt von mehr als einem halben Dutzend Wanderwege aus den umliegenden Tälern.

18 Auf den Haidstein

Wo Wolfram von Eschenbach dichtete

Tourencharakter: Unschwierige Rundwanderung. Bahn-Rückfahrt von Blaibach möglich. Badegelegenheit im Blaibacher See.
Steigungen: 400 Meter.
Reine Gehzeit: 5¼ bis 5½ Stunden.
Beste Jahreszeit: Mai bis Herbst.

Wolfram von Eschenbach, sprachgewaltiger Epiker der höfischen Dichtung des Hochmittelalters, hätte sich kaum einen romantischeren Platz für die Arbeit an seinem »Parzival« wählen können, als »Hätzigstain, ein schloß im wald bey Chamb«. Zwar sind große Teile des ritterlichen Erziehungsromanes auf Burg Wildenstein im Odenwald entstanden, doch im achten Buch verlagerte er die Handlungen in den damaligen Böhmerwald, nordwestlich von Kötzting, östlich von Cham. Eine seiner Heldinnen hat als Vorbild die schöne Markgräfin Elisabeth von Cham-Vohburg, Tochter Ottos I. von Wittelsbach. Ihr Gemahl, Graf Berthold II. aus dem alten Gaugrafengeschlecht der Diepoldinger, war Burgherr. Wolfram von Eschenbach genoß die Gastfreundschaft von Haidstein – als hingebungsvoller Sänger der edlen, kinderlosen Dame.

Der Wegverlauf

Vom **Parkplatz am Kurpark** mit der *Ludwigstraße* ansteigen. Links die *TCM-Klinik:* erste deutsche Klinik für traditionelle chinesische Medizin. Geradeaus, durch die *Holzapfelstraße* und den *Zeltendorfer Weg,* vorbei an der Hohen-Bogen-Kaserne in den Stadtteil **Zeltendorf** (480 m). Nordöstlich grüßt der Hohe Bogen. Vom Parkplatz 25 Minuten.

Wo rechts eine Straße abzweigt, gehen wir links, das heißt rechts am Haus vorbei und mit einem Feldweg in den Wald. Am Stirzelberg stößt man auf den grünen Markierungskeil. Nach etwa ¼ Stunde im *Frauenholz,* wird ein Sträßchen betreten. Rechts ist es

¼ Stunde in den Weiler **Ried** (580 m). Neben dem Gasthof zur alten Linde steht die angeblich tausendjährige **Wolframslinde,** von deren »Kaliber« ein Gedenkstein erzählt.

Auf der Straße 150 Meter Richtung Lederdorn. Dann rechts mit dem vertrauten grünen Markierungskeil, anschließend im Wald hoch zu einem breiten Querweg. Links gehend, empfängt uns die **Ausflugsgaststätte Haidstein** am Saum einer lieblichen Wiese. Hinter der Gaststätte sieht man bereits zwischen den Bäumen die weißen Mauern der Ulrichskirche. Selbstverständlich erklimmen wir auch den **Haidstein** (743 m), obwohl sich vom Holzkreuz wegen des Baumwuchses keine Aussicht bietet.

Minnesang ist verklungen, ebenfalls Schwerterklirren! Friedlich waren jene Zeiten beileibe nicht. Nach dem Tode Bertholds II. im Jahre 1204 fiel die Markgrafschaft an dessen Schwager, Herzog Ludwig I. der Kelheimer. Sie bildete einen Baustein des keimenden bayerischen Territorialstaates, den auch Ludwig IV. – deutscher König ab 1314, Kaiser ab 1328 – förderte und zu stabilisieren trachtete. Haidstein galt als unbe-

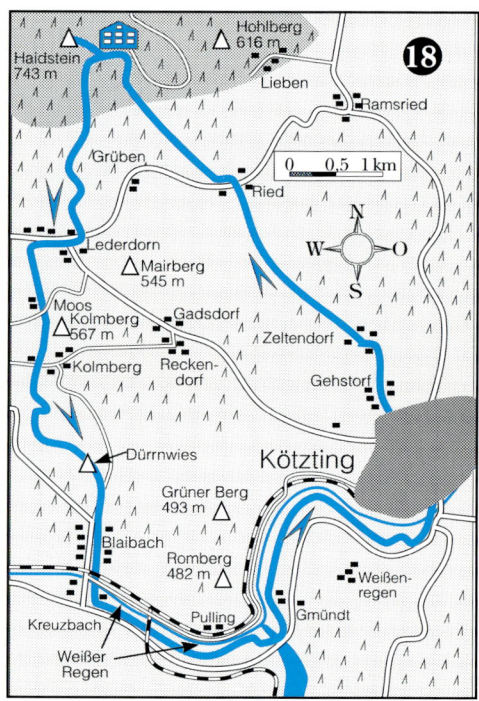

Die angeblich tausend-jährige Wolframslinde im Weiler Ried, am Weg zum Haidstein, erinnert an den hochmittelalterli-chen Dichter Wolfram von Eschenbach.

zwingbar. Erst nachdem Vogt Heinrich von Chamerau, zermürbt durch längere Belage-rung des Markgrafen Carl von Mähren, Beste-chungsgelder nahm und das ihm zu treuen Händen überlassene Pfand verriet, zogen Soldaten auf Geheiß des böhmischen Gegen-kaisers Karl IV. ein, konnten jedoch ihre Er-oberung nicht halten. Den Abtrünnigen ließ Ludwig IV. zu Cham enthaupten. Später, nach 1362, saß abermals ein Chamerauer, Peter, auf Haidstein. Ulrich, der letzte seiner Sippe, brachte es als Raubritter zu trauriger Berühmtheit. In der Fehde des 1466 in Re-gensburg gegründeten »Böcklerbundes« wi-der den Landesherrn, las Albrecht IV. dem aufmüpfigen niederbayerischen Adel tüchtig die Leviten und ließ neben anderen – zum Beispiel Weißenstein bei Regen – auch Haid-stein 1467/68 belagern und zerstören. Offen-sichtlich unbeeindruckt von herzoglicher

Strenge, schlossen 44 Hofmarksherren 1489 in Cham den »Löwlerbund«. Sie mußten im »Löwlerkrieg« klein beigeben.

Nachempfundene Geschichte einer winzi-gen Weltbühne, deren Darsteller sich natur-gemäß im Megazentrum wähnten. Wind schüttelt die Baumwipfel. Sonnenwarmer Fels. **St. Ulrich**, Ziel des Kreuzweges von Luf-ling, wurde 1741 barock ausgestattet. An der linken Seitenwand hängt ein beachtenswer-tes Kruzifix aus der Übergangszeit Romanik – Gotik (nach 1250). Das Kirchlein an der Stel-le des oberen Burghofs stifteten 1656 die Nothafft. Ein Zweig dieses bis ins 19. Jahrhun-dert steinreichen – ihr Vermögen habe jede Stunde einen Dukaten erbracht –, vielerorts politischen Einfluß ausübenden, oftmals für die Wittelsbacher bürgenden Geschlechts saß fast 400 Jahre im benachbarten Runding, ehe Freiherr Karl Philipp von Nothafft 1826 unter

Gipfelkreuz des Haidstein im Bereich der ehemaligen Burg, an deren Stelle das Kirchlein St. Ulrich steht.

einer Schuldenlast von 300 000 Gulden Schloß und Herrschaft Runding, inklusive Haidstein, für 23 000 Gulden an den Bayerischen Staat verkaufte. Späte Strafe, lästerte schadenfroh das Volk! Ein Nothafft soll nämlich die Ertränkung der Agnes Bernauer in der Donau zu Straubing organisiert haben. Geschehen 1435 auf Veranlassung des Herzogs Ernst von Bayern-Landshut, weil sein einziger Sohn, Albrecht III., mit der Augsburger Baderstochter gegen väterlichen Willen 1432 heimlich die unstandesgemäße Ehe eingegangen war. Der Münchner Stadtschreiber protokollierte bei den Beratungen über das Los der Unglücklichen: »war jedenfalls auch anwesend jener Nothafft, Herr von Affeking, welcher die Hinrichtung der Bernauerin leitete...«

Vom **Gasthof** der Naturstraße folgen.

Nach dem Betreten des Waldes (Kreuzwegstation XII) zweigt unsere Route links ab: weiß-rot und B 2 sind die Markierungen – bis Blaibach. Vorerst in ¼ Stunde zu den Häusern von **Lederdorn** und in den Ort (460 m). Links neben der Kirche ansteigen – Rückblick zum Haidstein – mit der Straße etwa 10 Minuten. Dann geradeaus zwischen Komberg (links) und Asperberg zur Straße. Rechts, vor dem ersten Haus von **Neukolmberg** links weiter 500 Meter nach *Plarnhof*. Rechts unter der Stadelrampe hindurch. Nun links, am kleinen Weiher rechts vorbei in den *Attenbergwald*. Etwa ¼ Stunde später wird bei einer Rastbank die Straße betreten. Sie führt uns in 10 Minuten zum Kirchplatz des staatlich anerkannten Erholungsortes **Blaibach** (394 m), gegründet vor rund 1200 Jahren durch das Kloster Chammünster. Erneut

»trifft« man die Nothafft: Wolf Albrecht aus der Wernberger Linie errichtete 1604/05 das Schloß (Gaststätte). In der 1779 während des Rokoko geweihten, 1992 mit einem Kostenaufwand von 380000 Mark renovierten Pfarrkirche St. Elisabeth fanden Mitglieder des oberpfälzischen Geschlechts ihre letzte Ruhestätte.

Die *Bahnhofstraße* leitet aus dem Ort. Nach dem Überschreiten der beiden Brükken über den Regen schwenkt man links in das Sträßchen *Oberes Dorf* ein. Den *Campingplatz* passieren und entlang des **Regen** bis zum **Kraftwerk Pulling** (385 m). Dahinter liegt der *Blaibacher See* (Kiosk): Stau des hier mündenden Schwarzen Regen.

Wir steigen vor der Brücke rechts über Steinstufen hoch. Jenseits links hinunter. Rechts, nun am **Weißen Regen** entlang mit dem *Fischerlweg* bzw. seinem blauen Fisch-Symbol.

Nach ¼ Stunde links an der 1993 fertiggestellten Kläranlage vorbei. Bald erscheint die Wallfahrtskirche Weißenregen. Nicht zur Straße, sondern scharf links. Im Hangwald stößt man auf die **Regensteinkapelle**. Etwa 40 Minuten nach dem Blaibacher See erklärt eine Tafel den *Pegel-Kötzting*: Station 13 des *Wasserwirtschaftlichen Lehrpfades*. Über den *Roten Steg* und rechts, schließlich durch den **Kurpark** zum Ausgangspunkt.

Nützliche Informationen

Ausgangsort: *Kötzting,* siehe Tour 17.
Ausgangspunkt: Parkplatz am Kurpark; Bus-Bahnhof.
Gehzeiten: Insgesamt 5¼ bis 5½ Stunden. Kötzting – Ried knapp 1¼ Stunden. Ried – Haidstein eine ¾ Stunde. Haidstein – Lederdorn 40 Minuten. Lederdorn – Blaibach 1 Stunde. Blaibach – Blaibacher See eine ¾ Stunde. Blaibacher See – Kötzting 1 Stunde.
Einkehr unterwegs: *Ried.* Ausflugsgaststätte *Haidstein,* Mai bis September 10 bis 18 Uhr. *Lederdorf. Blaibach. Blaibacher See.*
Sehenswürdigkeiten: Siehe Tour 17.
Auskunft: Siehe Tour 17.
Wanderkarten: Fritsch Umgebungskarte 1:35 000, Blatt 132. – Topographische Karte 1:50 000 Naturpark Oberer Bayerischer Wald.

19 Hoher Bogen

Der Vier-Tausender-Berg

Tourencharakter: Unschwierige Rundwanderung. Um die Burgruine Lichteneck sind die Karten bzw. Markierungen ungenau! Für den Aufstieg Hinterlichteneck – Burgstall ist Orientierungsvermögen erforderlich.
Steigungen: 750 Meter.
Reine Gehzeit: 4¾ bis 5 Stunden.
Beste Jahreszeit: Mai bis Oktober.

Der Name Hoher Bogen rührt vom Profil her, das sich gleich einem Bogen über rund sieben Kilometer spannt. Dieser waldbemantelte, isolierte Hornblende-Trümmergestein-Kamm, an dem 1824 das Blei des Jägers den letzten Bayerwaldbären fällte, trägt mehrere unterschiedlich ausgeprägte Kuppen, sogenannte »Riegel«, darunter vier Tausender – über 1000 Meter hohe Gipfel. In den nördlichen Flanken überwiegen Fichten und Tannen, auf der Südseite Buchen und Ahorne. Den Einheimischen ist ihr »houar Bogn« ein zuverlässiger Wetterprophet: Hüllt er sich in Wolken, ist mit Niederschlägen zu rechnen!

Des verborgenen Schatzes wegen, der »klaftertief« im Hohen Bogen ruhen soll, braucht man nicht auf den Berg steigen. Die Kostbarkeiten werden nämlich von einem bösen Lindwurm bewacht. Auch die Seele der holden Jungfrau kann nicht mehr erlöst werden. Das mußte in grauer Vorzeit ein suchender Hirte erfahren, als der Berg in sich zusammenbrach und ihn verschüttete. Die Felstrümmer auf dem Burgstall seien stumme Zeugen, raunt die Sage. Hoffentlich ergeht es den Verantwortlichen für Sendemast, Radartürme und Freizeitzentrum nicht einmal ähnlich, zur Strafe für ihre erschreckenden Eingriffe in die Natur!

»Rintbach«, der Bach, an den die Rinder weiden, sei die Urform des Ortsnamens Rimbach, zumindest wird er so um 1300 erstmals erwähnt. Doch schon im 5. Jahrhundert dürften sich die ersten Menschen niedergelassen haben, lange vor dem Zug der Markomannen aus dem Maingebiet nach Böhmen, wobei sie während der Zeitenwende auch den Hohen Bogen streiften. Missionierung und Christianisierung sind wahrscheinlich im 8./9. Jahrhundert vom Benediktinerkloster Chammünster ausgegangen. Der schmucke Ferienort ist also uralter Kulturboden!

Der Wegverlauf

Vom **Maibaum** beim *Hotel Bayerischer Hof* hinauf zu *Totenbrettern*. Halbrechts mit einem Wiesenweg. Dann links in den *Drosselweg*. Anschließend rechts halten, links in die *Gartenstraße*. Kurz nach dem Café Sonnenblick geht es rechts in den *Hochweg*, der vom *Birkenweg* abgelöst wird. Bei Haus Nummer 20 (links) steigt man rechts die Böschung hoch. Am oberen Rand der Wiese den Stadel rechts passieren und zum kleinen, von drei Linden behüteten Dorfplatz des alten **Lichteneck**. Nun leitet uns das Sträßchen *Am Schloßberg*; Markierung R 4. Nach 5 Minuten beim Holzlagerplatz rechts. Wiederum 5 Minuten später (Rastbank) links. Über die mittelalterliche Steinbrücke in das Gebiet der im 13. Jahrhundert erbauten, während des Dreißigjährigen Krieges zerstörten **Burg Lichteneck** (700 m), auf der Ministerialen der Bogener Grafen saßen. Sie ist Schauplatz in Maximilian Schmidts Roman »Das Fräulein von Lichtenegg«. Im Hof finden sommers historische Freilichtspiele statt. Herrliche Sicht vom 20 Meter hohen Bergfried, an den sich der breite Palas lehnte.

Zurück über die Brücke. Rechts am Graben entlang, etwa 100 Meter. An der Grabenkrümmung links, ohne Markierung auf einem Waldweg hinunter zum Fahrweg. Direkt

im Vorblick die Antenne auf dem Hohen Bogen. Rechts am Weg stehen Totenbretter des Bauern von **Hinterlichteneck** (620 m). Daran führt die Straße (Diensthüttenweg) vorbei. Etwa 100 Meter nach dem Trafoturm wird sie links verlassen. Etwa 5 Minuten später ist der Weg im *Grafenwald* hohlwegähnlich ausgeprägt. Anschließend bestimmen Spuren die Route: schwach rechts, nordöstlich durch Laubwald. Ungefähr ½ Stunde nach Hinterlichteneck weicht man kleineren Geröllfeldern links aus. Bei einem Felsblock (weiß-rotes Kreuz) halbrechts weglos durch dichte Farne zu der 1975 errichteten Sendestation des Bayerischen Rundfunks auf dem **Burgstall** (976 m), dem nordwestlichen Hohen-Bogen-Eckpfeiler. Baumwuchs dezimiert die Ausschau zu einer schmalen Lücke nordwestwärts. Von Rimbach knapp 1¾ Stunden.

An diesem Platz, der schon vor mehr als 1000 Jahren fliehenden Menschen Zuflucht bot, begann um 1190 Graf Albert III. von Bogen mit der Gründung einer Burg für seine Gemahlin, die böhmische Prinzessin Ludmilla. Die Anlage blieb unvollendet; drei Quader der Burg wurden am Sendergebäude vermauert. Das Bogener Grafengeschlecht starb 1242 in der Person des kinderlosen Albert IV. aus. Ihre Besitzungen fielen an die Wittelsbacher und bildeten einen Baustein Bayerns; das blau-weiße Rautenwappen der Bogener ist ein Bestandteil des bayerischen Wappens.

Auf dem Teersträßchen 25 Minuten zur **Forstdiensthütte Hoher Bogen** im tiefsten Kammsattel. Neben dem Gasthaus steht die alte 1846 erstellte Diensthütte. Baumkronen werfen kühle Schatten über die Einkehr im Freien; Selbstbedienung. Leider bringt die Straße zu viele Autos aus den Tälern! Still wird es erst spät nachmittags.

Seit dem Burgstall laufen wir mit dem Europäischen Fernwanderweg 6 Ostsee – Adria. Er setzt sich jenseits des Parkplatzes fort. Weiß-rot und N 3 begleiten die steinige Route 10 Minuten auf den **Farrenruck**. Links ein Aussichtsplatzerl, während der Anblick der Radar-Zwillinge weh tut. Im folgenden Sattel links, etwa 50 Meter, dann rechts, die Unterstandhütte passieren. Kurz danach wenden sich die Markierungen unverhofft rechts. Der **Bärenriegel** (1017 m), dessen Felskopf links des Weges lagert, ist unser er-

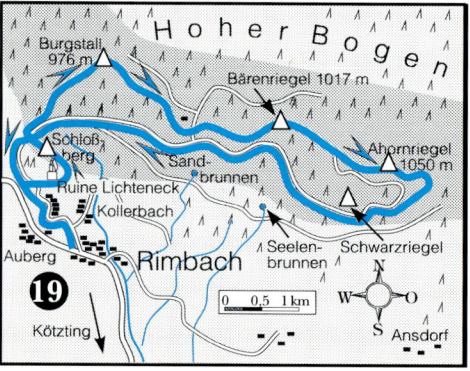

*Der 20 Meter hohe Berg-
fried der einstigen Burg
Lichteneck bei Rimbach
kann erstiegen werden
und erlaubt instruktive
Rundblicke.*

ster »Tausender«. Auf Eckstein (1073 m) und Schwarzriegel (1079 m) muß verzichtet werden. Militärische Sperrzone! Etwa 5 Minuten weiter, und schon zeigt eine Tafel links zur nächsten Aussicht: 150 Meter.

Das Weglein traversiert die Nordflanken des Kamms. Nach 10 Minuten nicht auf die Straße, sondern links, und erst dann die Straße queren, was noch ein zweites Mal geschieht, ehe man über Steinstufen den **Ahornriegel** (1050 m) gewinnt. Wir sind an der *Sessellift-Bergstation*. Nordöstlich liegt der Wallfahrtsort Neukirchen beim Heiligen Blut. Von Rimbach 2¾ Stunden.

Rechts des *Berggasthauses* am Rand der Skipiste in 5 Minuten hinunter zu einem querverlaufenden Forstweg. Rechts, nach 10 Minuten geht es an der Gabelung scharf links, weiterhin abwärts, nun mit dem Ribenzinger Weg, einer Holzabfuhr. Er stößt auf ein Forststräßchen. Rechts zur *Seelenbrunnhütte* (696 m). Wir bleiben auf dem Sträßchen, das nach einer ¾ Stunde in die Teerstraße mündet. Links dem Herweg folgen, nur mit dem Unterschied, daß die Ruine Lichteneck links oben liegen bleibt.

Brotzeit-Oase Forstdiensthütte Hoher Bogen am Kammweg zwischen Burgstall und Ahornriegel des Hohen Bogen.

Nützliche Informationen

Anfahrt: Von Kötzting 8,5 Kilometer, von Cham 20 Kilometer. Nächster Bahnhof (4 km) ist Grafenwiesen. Busverbindungen.
Ausgangsort: *Rimbach* (488 m). 1800 Einwohner. Staatlich anerkannter Erholungsort südwestlich zu Füßen des Hohen Bogen.
Gehzeiten: Insgesamt 4¾ bis 5 Stunden. Rimbach – Burgruine Lichteneck 35 Minuten. Burgruine – Hinterlichteneck ¼ Stunde. Hinterlichteneck – Burgstall eine ¾ Stunde. Burgstall – Forstdiensthütte 25 Minuten. Hütte – Ahornriegel 50 Minuten. Ahornriegel – Seelenbrunnhütte 40 Minuten. Hütte – Hinterlichteneck 50 Minuten. Hinterlichteneck – Rimbach ½ Stunde.
Einkehr unterwegs: *Diensthütte Hoher Bogen. Berghaus Hoher Bogen.*
Unterkunft/Verpflegung: Hotels, Gasthöfe, Pensionen, Ferienwohnungen.
Camping: Hohenwarth, Tour 16
Sehenswürdigkeiten: • *Pfarrkirche St. Michael*, 1719 barock erbaut an Stelle eines 1438 beurkundeten Gotteshauses. Beachtenswerte Innenausstattung, z. B. das geschnitzte Antependium (Altarverkleidung). Friedhof mit gediegenen schmiedeeisernen Grabkreuzen. In der Armenseelenkapelle ein um 1720 gemaltes Marienbild, früher Wallfahrt.
Auskunft: Verkehrsamt, Hohenbogenstraße 10, 93485 Rimbach; Telefon 0 99 41/89 31.
Wanderkarten: Fritsch Umgebungskarte 1:35000, Blatt 132. – Topographische Karte 1:50000 Naturpark Oberer Bayerischer Wald.

20 Auf den Kreuzfelsen

Drachenstich in Furth im Wald

Tourencharakter: Unschwierige Rundwanderung.
Steigungen: 500 Meter.
Reine Gehzeit: 3 bis 3¼ Stunden.
Beste Jahreszeit: Frühjahr bis Spätherbst.

»Der Drach' ist los!«, schallt es durch die Straßen und Gassen. Das feuerspeiende, schuppengepanzerte, 20 Meter lange, vier Meter hohe Monstrum aus den Wäldern Böhmens bedroht die Bürger. Es verkörpert die Not der Bevölkerung während des Mittelalters, das Unglück, das Böse – in Form der protestantischen böhmischen Hussiten –, ja den leibhaftigen Teufel schlechthin. Dann kommt er – hoch zu Roß galoppierend: Ritter Udo, Inkarnation des Guten. Seine Lanze tötet das Ungeheuer. Erlöster Schrei aus Tausenden Kehlen. Kirchenglocken läuten den Sieg.

Ursprünglich bildete der Drachenstich das Ende der Fronleichnamsprozession: Symbol St. Georgs. Doch als er Mittelpunkt wurde, löste die Geistlichkeit 1878 das Spektakel aus der Prozession. Seitdem findet es im August statt. Gaudium hat fromme Symbolik verdrängt! 1912 erwarb Furth den Siegfried-Drachen vom Münchner Hoftheater für 30 Mark. 1947 schmiedete der Hofmann-Jakl mit Handwerkern ein blechernes, später

durch einen VW-Motor fortbewegtes Ungetüm. Damals mußte Ritter Udo die mit Tierblut prall gefüllte Schweinsblase im Maul zielsicher treffen, heute spritzt rote Flüssigkeit aus einem Rohr, denn im 18 Zentner schweren Drachen betreuen fünf Mann elektronisch gesteuerte Apparaturen. Hydraulik bewegt Tatzen, Kopf, Schwanz, Flügel, läßt die Augen rollen, reißt das zähnestarrende Maul auf, verbreitet Feuer und Rauch; schauriges Gebrüll vom Tonband. Herstellungskosten 400000 Mark. Doch die dürften sich längst amortisiert haben, denn das Schauspiel – die Fassung schrieb 1952 Josef Martin Bauer – lockt alljährlich Scharen in die Grenzstadt und trug mit Hilfe des Fernsehens deren Ruf über Bayern hinaus.

Furth ist Nahtstelle zwischen Bayerischem Wald und Oberpfälzer Wald. Letzterer hat seinen höchsten Gipfel im Kreuzfelsen nordwestlich der Stadt, am Grenzkamm zur Tschechischen Republik, wohin uns die Wanderung bringt.

Der Wegverlauf

Der *Waldlehrpfad Ölbrunn*, dessen erste »Unterrichtsstunde« die Hainbuche behandelt, dringt vom **Parkplatz** westlich ins Tal des *Grabitzenbachs* ein; Markierung F 10. Nach ¼ Stunde überschreitet der Lehrpfad den Bach links, während wir geradeaus zum oberen Rand einer Wiese laufen. Links weiter, jetzt gemäß F 8 im hochstämmigen Mischwald. An der Kreuzung links. Unmißverständlich leiten die weiß-rot-weißen Zeichen. Ein Sträßchen kreuzen. Steiler bergan, rechts an einem mächtigen Felsstock vorbei, der von seiner Rückseite erstiegen werden kann. Etwa 5 Minuten später auf der Lichtung rechts und in Serpentinen auf den **Dachsriegel**. Vor der Bundesbahn-Berghütte schöner Blick über Furth.

Bei der Hütte rechts, das heißt, den höchsten Punkt (826 m) des Dachsriegel links passieren, entlang des militärischen Sicherheitsbereiches (bis 1992 Radar-Frühwarnanlage) und links hinunter zur Autostraße. Links etwa 50 Meter, dann rechts wieder aufwärts. An der Gabelung halblinks (F 9). Am oberen Rand der Lichtung nicht geradeaus (Reiseck), sondern links; Rückblick auf den Dachsrie-

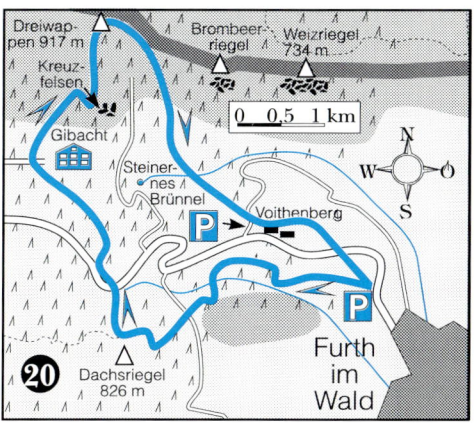

gel. Nordwestlich durch den Waldschatten zum **Gasthaus Gibacht** (880 m). Vom Parkplatz knapp 1¾ Stunden.

Hier übernimmt uns der Europäische Fernwanderweg 6 Ostsee – Wachau – Adria. Erneut in den Wald. Nach 5 Minuten zeigen die grünen Markierungskeile links, vorbei an einem Hüttchen (Loipen-Zentrum). Noch gute 5 Minuten mit dem grünen Keil. Dann, beim kleinen Holzpavillon, rechts, spürbar steiler 5 Minuten hoch zum Kamm, dem links der durch ein Geländer zugängliche **Kreuzfelsen** (938 m) entragt; Gipfelbuch.

Anschließend dem Kamm nördlich folgen bis zur Grenze. Am **Dreiwappenfels** (917 m) künden drei farbige Wappen vom bayerisch-böhmischen Grenzvertrag des Jahres 1766 zwischen Kaiserin Maria Theresia und Kurfürst Max Emanuel III. Von links: CB = Churfürstentum Bayern (Niederbayern), KB = Königreich Böhmen, HP = Herzogtum Pfalz (Oberpfalz). Ein Kuriosum: Der Rastplatz wird, wie die gestrichelte Linie über die steinerne Tischplatte zeigt, von der deutsch-tschechischen Grenze durchschnitten.

Etliche Minuten parallel zur Grenze, dann rechts halten, die Forststraße kreuzen. Kurz danach der Forststraße rechts folgen. Im Vorblick erscheinen die Radar- und Sendeanlagen auf dem Hohen Bogen. Skiabfahrten und Liftschneisen unterbrechen den Wald. In **Voithenberg** (637 m) begrüßt uns rechts das 1983 neu geweihte Kirchlein. Voithenberg gehörte einst zur kurfürstlichen Hofmark Herzogau, die 1722 in den Besitz des Freiherren Johann Zacharias Voith von Voithenberg überging. Nepomuk Voith von Voithenberg schuf 1845 das Schloß- und Fabrikgut, zu dem 2686 Tagwerk Wald gehören.

Geradeaus, mit dem Teersträßchen zwischen Golfplätzen. Im Scheitel der Rechtskurve wird das Sträßchen links verlassen. Schnurgerade führt die *»Himmelsleiter«* hinab zur Autostraße. Jenseits ist es nicht mehr weit zum Parkplatz.

Nützliche Informationen

Anfahrt: Bundesstraße 20, von Cham 19 Kilometer. Bahnhof. Busverbindungen.
Ausgangsort: *Furth im Wald* (407 m). 9500 Einwohner. Anerkannter Erholungsort unweit (3 km) der tschechischen Grenze.
Ausgangspunkt: *Wanderparkplatz Waldlehrpfad* (500 m), nordwestlich (2 km) von Furth, links an der Straße Richtung Waldmünchen.
Gehzeiten: 3 bis 3¼ Stunden. Parkplatz – Dachsriegel 1 Stunde. Dachsriegel – Gibacht 35 Minuten. Gibacht – Kreuzfelsen 20 Minuten. Kreuzfelsen – Drei Wappen 10 Minuten. Drei Wappen – Voithenberg 35 Minuten. Voithenberg – Parkplatz 25 Minuten.
Einkehr unterwegs: *Gasthaus Gibacht;* Montag geschlossen.
Unterkunft/Verpflegung: Hotels, Gasthöfe, Pensionen, Ferienwohnungen. Blasihäusl in *Voithenberg* (30 Touristenlager, Selbstverpflegung); Telefon 09 41/5 68 13 44.
Jugendherberge: Daberger Straße 50; Telefon 0 99 73/92 54.
Camping: *Einberg* (Daberger Straße 39, neben dem Freibad); Telefon 0 99 73/18 11.
Sehenswürdigkeiten: • *Drachenstich.* Deutschlands ältestes (ca. 500 Jahre) noch erhaltenes Volksschauspiel unter freiem Himmel, alljährlich ab dem zweiten Augustwochenende mehrmals. Am zweiten Augustsonntag Festzug mit 1500 historisch Kostümierten, 250 Pferden, Musikgruppen, Festwagen. Eintrittskarten: Drachenstich-Festausschuß, Stadtplatz 4, 93437 Furth im Wald; Telefon 0 99 73/93 08 oder 5 09 48. Besichtigung des Drachen jeden Sonntag 10.00 Uhr in der Drachenhöhle am Schloßplatz. • *Landestmuseum* (inklusive Stadtturm) am Schloßplatz, geöffnet Dienstag und Donnerstag 14.00 bis 17.00 Uhr, Sonntag 10.00 bis 12.00 Uhr. • *Glockenspiel* am Schloßplatz 11.00, 18.00 Uhr. • Seit 200 Jahren festliche *Reiterprozession Leonhardiritt* am Ostermontag vormittag. • *Museum Voithenberghammer* (Stadtteil Voithenberghütte), 1823 gegründete Hammerschmiede im Tal der Kalten Pastritz, 1926 stillgelegt. Besichtigung Sonntag 13.00 bis 15.00 Uhr; Vorführung Mai bis September. • *Wildgehege-Waldmuseum* beim Gasthof zum Steinbruch (Stadtteil Sengenbühl, Steinbruchweg 10), 10.00 bis 12.00 Uhr, 14.00 bis 17.00 Uhr.
Auskunft: Fremdenverkehrsamt, Schloßplatz 1, 93437 Furth i. W.; Telefon 0 99 73/38 13.
Wanderkarte: Topographische Karte 1:50000 Naturpark Oberer Bayerischer Wald.

Von Furth im Wald an den alten Grenzpunkt zwischen Churfürstentum Bayern (CB), Königreich Böhmen (KB) und Herzogtum Pfalz (HP) bzw. der Oberpfalz.

Die aktuelle, seit 1990 hier für Wanderer offene Grenze – quer durch die »Tischplatte« – von Deutschland und der Tschechischen Republik.

Weitwanderung im Vorwald

Von Cham nach Passau

Diese Mehrtagetour – 151 Kilometer – stellt eine Alternative dar zum herkömmlichen, stützpunktorientierten Wandern und erschließt gleichzeitig die weniger populären Landschaften zwischen Oberpfalz und Donau. Sie ist identisch mit Teilstrecken des Main-Donau-Weges (Ostlinie), des Pandursteiges sowie des Pfahlwanderweges. Konzentriertes Routengeflecht!

Auch den Saum des Bayerwaldes hat die infrastrukturelle Entwicklung heimgesucht, doch blieb es wesentlich ruhiger als in den namhaften Zentren, urwüchsiger, naturnäher, mancherorts preiswerter, die Menschen unverbildeter. Vergangenheit steckt in der Bemerkung, das Gebiet sei »bewohnt vom halbwilden Volke, das selten einen civilisierten Menschen zu Gesicht bekommt...«. Notiert 1865. Der Schreiber traf in der Nähe von Gotteszell den »Vogelsang-Sepp« beim Viehtrieb, »halbnackt; denn die schlotternden Fetzen einer arg verbrauchten Kniehose und das an der Brust weit auseinanderklaffende Hemd konnten doch wahrlich nicht für einen vollständigen Anzug gelten«, meinte der feine Städter und fährt fort: »ebenso mangelhaft wie sein körperlicher Habitus schien auch sein geistiger beschaffen zu sein. Doch wenn auch sein Thun und Reden Menschenscheu und eine erstaunliche Unkenntniß alles dessen verrieth, was jenseits der Grenzen seiner Flurmarkung in der Welt vorging, war doch dabei eine große Gutmüthigkeit nicht zu verkennen, welche überhaupt ein Grundzug im Charakter des Wäldlers ist.« Allein letzteres besitzt noch Gültigkeit. Dennoch: Vieles blieb anders als anderswo. Statt Pils wie im Norden, trinkt man »Helles« oder »Dunkles« oder »Hefeweißbier« ˋ – »Hoibe« oder »Maß«, statt Skat spielt man Schafkopf oder Watten – bayerischer Poker –, festverankert am Stammtisch. Deshalb wundert es nicht, daß ein Wirt, von einem »Preiß« gefragt, ob er Ibsen kenne, schlagfertig geantwortet haben soll: »Ibsen net, blos Watten.« Auch die

Grammatik entbehrt hochdeutscher Stilvorschriften: »Mir san vom Woid dahoam, der Woid is schee...« Soll der Bayerische Wald in seiner Gesamtheit erlebt werden, dürfen die westlichen Randzonen einfach nicht fehlen! Tage beglückender Entspannung!

Folgende Etappenplanung hat sich in der Praxis bewährt:
1. Tag; Cham – Rattenberg 27 km.
2. Tag: Rattenberg – St. Englmar 16 km.
3. Tag: St. Englmar – Gotteszell 23 km.
4. Tag: Gotteszell – Lalling 24 km.
5. Tag: Lalling – Saldenburg 25 km.
6. Tag: Saldenburg – Kalteneck 18 km.
7. Tag: Kalteneck – Passau 18 km.

21 Von Cham nach Rattenberg

Eine Weile am Pfahl entlang

Tourencharakter: Unschwierige Streckenwanderung.
Steigungen: Etwa 500 Meter.
Reine Gehzeit: 6¾ bis 7 Stunden.
Beste Jahreszeit: Frühjahr bis Herbst.

Was haben die französische Nationalhymne und Cham gemeinsam? Kein Witz! Die »Marseillaise« wurde nämlich 1792 Nikolaus Graf von Luckner, Marschall von Frankreich, gewidmet, und der erblickte 1722 in Cham das Licht der Welt. Sein Kopf rollte 1794 auf dem Pariser Schafott, als Opfer der Französischen Revolution. Einer seiner Nachfahren war übrigens Felix Graf von Luckner (1881–1966), der berühmte »Seeteufel«.

Cham, das bereits 976 als »Stadt« erscheint, entwickelte sich aus einem uralten Handelsplatz in der Further Senke, dem von Regen und Chamb geschaffenen Becken. Um das Jahr 1000 prägte man den Chamer Denar, der selbst in Kiew Zahlungskraft besaß. Es kam zu Geschäftsverbindungen mit dem wichtigen Ostseehafen Lübeck; mit Regensburg, Nürnberg und Breslau war Zollfreiheit vereinbart. Doch immer wieder unterbrachen Kriegsereignisse wie die Hussitenzeit (1419–1436) und Überfälle der Panduren, einem in Südungarn unter Maria Theresia für den grauenvollen Österreichischen Erbfolgekrieg (1740–1748) rekrutierten Freikorps, den wirtschaftlichen Fortschritt. Letzte Heimsuchung am 18. April 1945 im Bombenhagel englischer Flugzeuge; 160 Tote! Fünf Tage später marschierte US-Panzergeneral Patton ein. Befreiung vom Nazi-Joch! Flüchtlinge strömten aus dem Osten. Die Einwohnerzahl verdoppelte sich. Aufschwung nach der Währungsreform 1948. Cham errang, gemessen an der Einwohnerzahl und bezüglich seines Einzelhandels-pro-Kopf-Umsatzes, einen Spitzenrang unter allen bayerischen Städten bis 50 000 Einwohner.

Der Wegverlauf

Wir verlassen die Stadt auf der *Klosterstraße* durch das von zwei Rundtürmen flankierte **Biertor**, dem einzigen erhalten gebliebenen der vier Tore des mittelalterlichen, rechteckigen »Beringes«. Nach der Verlegung der Stadt (ab 1204) vom Galgenberg, auf dem eine markgräfliche Reichsburg wider Bedrohungen aus dem Osten trutzte und die Völker- und Handelsstraße nach Böhmen schützte, wurde zur Sicherung der ersten festen Brücke über das Regenknie das Tor errichtet. Flußabwärts schloß sich die neue Burg an. Das Biertor, so benannt wegen der dahinter stehenden, ehemaligen Weiß- und Braunbierbrauerei, hieß vormals Burgtor.

Nach 100 Metern links über den **Regen**. Dann rechts auf der Straße bzw. nach 10 Minuten mit dem Fußweg in den Stadtteil **Michelsdorf**. Rechts am Trafoturm vorbei auf der *Georgenstraße*. An ihrem Ende rechts, die Autostraße kreuzen und am Rande des Naturschutzgebietes. Etwa ¼ Stunde später

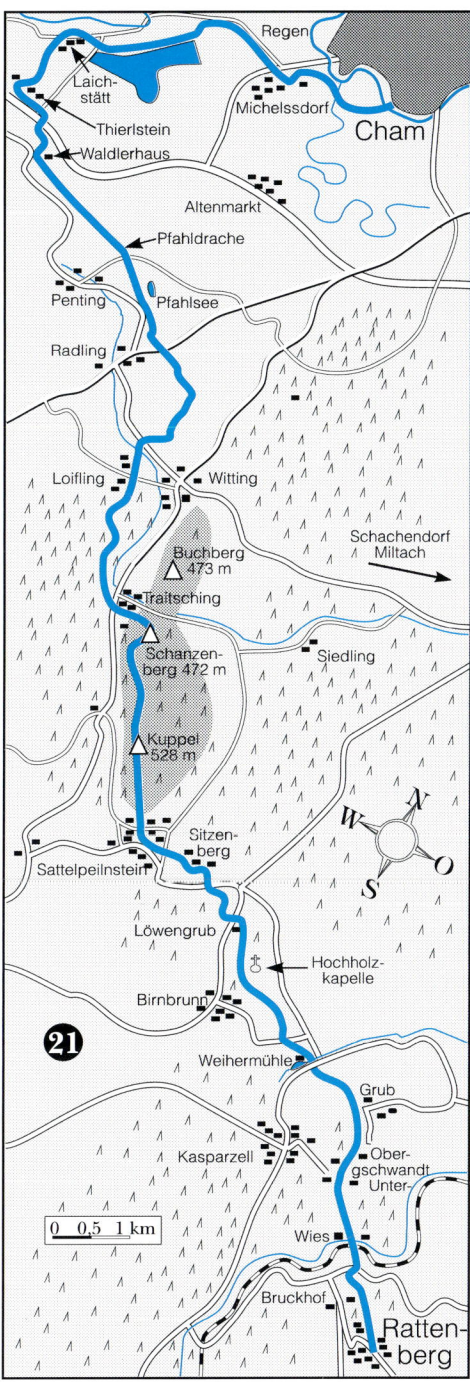

zweigt der **Pandurensteig** (Markierung: schwarzer Säbel auf rotem Grund), der uns seit Cham leitet, links ab an den **Rötelseewei-**

her (364 m), eines der bedeutendsten Vogelschutzgebiete Bayerns. Beiläufig 150 verschiedene Vogelarten sind schon im Laufe eines Jahres registriert worden. Das Gewässer besteht aus drei Seen: Großer Rötelseeweiher, Kleiner Rötelseeweiher, Laichstätter Weiher.

Die Wanderung hält sich vorerst an des Ufer des Großen Rötelseeweihers, berührt abschließend den Laichstätter Weiher und mündet in die Straße nach **Laichstätt**. Beim Rastplatz mit Bildstock und Wegetafel geht es links durch das Dorf. Rechts unten liegt der Lettenweiher.

Bis **Thierlstein** (402 m), das überragt wird von der gleichnamigen Burg, sind wir 1½ Stunden unterwegs. Hier habe schon im 9. Jahrhundert eine Grenzfeste getrutzt. Vom 12. bis ins 15. Jahrhundert saßen die Edlen von Thierling auf dem Pfahlrücken (dessen Felsen die Wände etlicher Räume bilden). Sie waren 1489 im Chamer Gasthaus zur Krone Mitbegründer des vierundvierzigköpfigen »Löwlerbundes« adeliger Hofmarksherren gegen die von Bayernherzog Albrecht IV. erlassene Wehrsteuer und dessen Hegemonialstreben, dem der Friede zu Augsburg 1502 Einhalt gebot. Letztendlich wurde Niederbayern nach dem Landshuter Erbfolgekrieg 1505 aber doch mit Oberbayern uniert. Albrechts Primogeniturgesetz bestimmte die künftige Einheit des Herzogtums Bayern bzw. die Vererbung in männlicher Linie nach dem Recht der Erstgeburt. In ihrer heutigen Form stammt die dreigeschossige Anlage um den 40 Meter hohen Bergfried aus dem 15. Jahrhundert.

Eine Tafel verrät: Rattenberg 13 Kilometer. Links, am Gasthof vorbei und 500 Meter parallel zur *Bundesstraße 85*, ehe man sie zum Parkplatz hin quert. Nun beginnt der *Pfahlwanderweg* (60 Kilometer zur Burgruine Weißenstein). Der **Pfahl** stellt eine geologische Seltenheit dar, die bei Tour 10 erklärt wird. Halbrechts neben dem *Riedinger Pfahl* (auch Rieder Pfahl) zum sogenannten »*Waldlerhaus*«. Es wurde 1602 in Kettersdorf bei Kötzting erbaut, abgetragen, 1975 auf den Pfahl gestellt, 1991 renoviert als Stützpunkt der Bergwacht Cham. Rechts abwärts, an der Waldecke links, in 10 Minuten zur Kreisstraße. Jenseits geradeaus, nach 200 Metern

halblinks, aber nur 20 Meter, dann rechts hoch und wieder auf dem Pfahl. Am *Kinderspielplatz* erheischt der mehr als 1000 Tonnen schwere, aus fünf Granitblöcken montierte »**Pfahldrache**« Interesse. Von Cham 2¼ Stunden.

Bei der Siedlung **Pfahlhäuser** erneut eine Straße kreuzen. Nach 100 Metern wird der breite Weg halblinks verlassen. Aussichtsreich bergan zum Waldrand und weiter auf dem *Brunninger Pfahl* zum kleinen **Pfahlsee**, oberhalb dem blanker Fels hervortritt. Auf der Straße rechts, 200 Meter. Schräg gegenüber einem Kreuz, links in den Feldweg, an Buschwerk entlang auf dem *Radlinger Pfahl*. Wenig später wird die *Staatsstraße 2146* erreicht (Hütte). Jenseits dem breiten Weg folgen. Etwa 10 Minuten später achtgeben! Unsere Route zweigt nämlich beim Wegweiser rechts ab, während Pfahlwanderweg und Pandurensteig geradeaus führen.

Dem Pfahl den Rücken kehren. Im Vorblick die Waldkuppe des Rauchenberges. In ¼ Stunde sind wir in **Loifling**. Linker Hand erstreckt sich der **Churpfalz Park**: 80000 Quadratmeter Gartenschau und Freizeitpark; April bis Mitte Oktober 9.00 bis 18.00 Uhr. Anschließend rechts die rustikale *Gaststätte Zum Hofmark Bräu* im ehemaligen Wasserschloß. Hunger? Wir sind immerhin schon fast 13 Kilometer marschiert, und von der nächsten Einkehr (Sattelpeilnstein) trennen uns 1¼ Stunden.

Etwa 100 Meter nach der Gaststätte geht es kurz links, dann rechts in den *Kellerweg*. Die *Hofmark-Brauerei* (für Gruppen Besichtigung und Bierprobe; Voranmeldung Telefon 0 99 71/33 01) bleibt links liegen. Ansteigen und im ostseitigen Hang des *Kuppelbachtales* 10 Minuten nach **Thal**. Auf der anderen Seite der Durchgangsstraße gerade in den Gemeindehauptort **Traitsching** (410 m). Die *Bundesstraße 20* kreuzen. Etwa 400 Meter der *Bachstraße* folgen. Dann rechts in das Sträßchen *Schwedenschanze*. An der Waldecke links halten, 100 Meter bergan, worauf die Markierungen rechts zeigen. Wenige Mi-

Die aus dem 12. Jahrhundert stammende Burg Thierlstein, einst Sitz der Edlen von Thierling, beherrscht der 40 Meter hohe Bergfried.

nuten später rechts (geradeaus zu dem teilweise noch markant ausgeprägten Graben und Ringwall der »Alten Schanze«, vermutlich im Dreißigjährigen Krieg Fluchtstätte der Bevölkerung vor den Schweden) durch den Hangwald des *Schanzenberges*, ein Stück hohlwegähnlich, getreu den mustergültigen Farbzeichen in rund 20 Minuten zum **Hetzelhof**. Nun auf einem Teersträßchen, nach 400 Metern an der Kreuzung gerade, hoch zum Schloß **Sattelpeilnstein** (523 m). Den dreigeschossigen, mit vier Ecktürmen versehenen Renaissancebau, einst Sitz des Pflege- und Landgerichts, ließ Justinian von Peilnstein, leiblicher Sohn Bayernherzog Albrechts V., von 1571 bis 1580 an Stelle einer frühmittelalterlichen Burg errichten. Die Schloßbrauerei existiert seit 1348.

Mit der gepflasterten *Schloßgasse* abwärts zur *Hauptstraße*. Rechts die *Pfarrkirche* aus dem späten 18. Jahrhundert. Epitaphien erinnern an Schloßherren. Den Hochaltar säumen Schnitzfiguren der Heiligen Johann von Nepomuk und Franz Xaver.

Auf der Hauptstraße links hoch zur Kuppe. Dort einige Schritte links, dann rechts dem Sträßchen *Am Riedern* anvertrauen. Nach 200 Metern, vor dem Waldrand, spitzwinkelig rechts. Bei der Scheune links in den Wald, der mit herumliegenden Felsbrocken durchsetzt ist. Vor der Wiese links, erneut in den Wald. Auf die Markierungen (grüner Keil, roter Fliegenpilz) achten! Stellenweise verliert sich die Spur. Vorbei an einem schlichten Bildstöckl (Totenbrett) zum Weißensteinweg bei den obersten Häusern von **Sitzenberg**.

Vor Hausnummer 4 geht es links. Kurz danach auf der Straße, etwa 5 Minuten, dann links in die *Löwengruber Straße*. Sie wird nach 250 Metern rechts verlassen. Abwärts zu einem Haus von *Löwengrub* (links unterhalb Brunnen). Geradeaus entsprechend den Zeichen, die sich bald links in den Wald wenden. Dort zu einer Kreuzung (Grenzstein). Rechts zur nahen, 1992/93 restaurierten, legendenumsponnenen **Hochholzkapelle**; Quelle. Sie wird auf den Karten »Klause« genannt, weil hier ein Eremit lebte. Auf der Wiese erleichtern grüne Keile die Fortsetzung: Zu einem breiten Querweg, 30 Meter links, dann rechts, 5 Minuten hinunter zur Straße und links zu den Häusern von **Wei-**

hermühle. Mit der Querstraße rechts etwa 50 Meter. In Höhe des Weihers links auf geteertem Fahrweg, der nach 5 Minuten bei den Häusern in einen Feldweg übergeht. Er führt empor auf eine Kuppe. Jenseits in den Weiler **Grub**.

Ab der Bushaltestelle (Unterstandhütte) folgt man rechts der Straße durch **Obergschwandt** in ¼ Stunde nach **Untergschwandt**. Von dort sind es noch 10 Minuten zu den Häusern von **Wies**. Die Bahngeleise (Güterverkehr) überschreiten zum *Gasthof Miedaner*. Anschließend über den *Oedbach* und die Straßenkreuzung. Etwa 50 Meter danach links in einen asphaltierten Fahrweg und 250 Meter aufwärts zu einem Kreuz. Dort rechts, zur Waldecke mit einer Rastbank unter Birken. Rechts davon in den Wald, etliche Schritte, an der Gabelung halblinks. Weiter noch 5 Minuten bergan. Vor der Wiese rechts am Waldrand entlang. Auf dem breiten Querweg links in Richtung des Turmes der Pfarrkirche St. Nikolaus in **Rattenberg**, wo uns der Föhrenweg zum hübsch gestalteten Dorfplatz leitet.

Nützliche Informationen

Anfahrt: Cham liegt am Treffpunkt der Bundesstraßen 85, 20, 22. Ab Autobahn-Ausfahrt Straubing 33 km, Autobahn-Ausfahrt Schwandorf 50 km. Bahnhof der Strecke Nürnberg – Prag.

Ausgangsort: *Cham* (381 m). 17100 Einwohner. Kreisstadt im Naturpark Oberer Bayerischer Wald.

Parken: Für die Wanderung günstig: vor dem Biertor. Außerdem Parkplätze Floßhafen, Stadellohe und Parkhaus »Auf der Schanze«.

Gehzeiten: Insgesamt 6¾ bis 7 Stunden. Cham – Rötelseeweiher 1 Stunde. Rötelseeweiher – Thierlstein ½ Stunde. Thierlstein – Loifling 1½ Stunden. Loifling – Traitsching ½ Stunde. Traitsching – Sattelpeilnstein eine ¾ Stunde. Sattelpeilnstein – Rattenberg 2½ Stunden.

Unterkunft/Verpflegung: Im Stadtgebiet rund 1300 Gästebetten aller Kategorien. Zentral: *Restaurant Ratskeller* (Kirchplatz) mit Zimmern; Telefon 14 41. Preiswerte Gaststätten u. a. am Marktplatz im *Kaufhaus Frey*, am Kirchplatz *Restaurant Klingseisen*. *Café*

Bei Weihermühle, am Wanderweg zwischen Sattelpeilnstein und Rattenberg.

Dietl (Fuhrmannstraße 23), Kaffee-Spezialität »Schümli«.

Einkehr unterwegs: *Thierlstein* (Dienstag geschlossen). *Loifling* (Donnerstag geschlossen). *Sattelpeilnstein*. *Wies* (Donnerstag geschlossen). *Untergschwandt* (Montag geschlossen).

Sehenswürdigkeiten: • *Marktplatz* mit spätgotischem, repräsentativem *Rathaus*; Treppengiebel, Eckerker. An der Seitenwand links des Erkerfensters eine jüdische, 1230 datierte Grabplatte, eingemauert nach der Judenvertreibung 1519 in Regensburg. Neben dem Rathaus die • *Pfarrkirche St. Jakob*, älteste Bauteile – projektierte Flankentürme nach dem Vorbild Chammünster – 13. Jahrhundert. Nach dem Pandurenüberfall 1742, verbunden mit dreitägiger Plünderung und Zerstörung durch Franz Freiherr von der Trenck, sowie elf Stadtbränden wurde St. Jakob Anfang des 18. Jahrhunderts ausgebaut und um 1850 entbarockisiert bis auf Stuck und geschnitzten Tabernakel (Aloysius-Altar). Deckenfresko (1750): Schlacht bei Toulouse, in welcher der fränkische König Chlodwig 507 die Westgoten besiegte. Das Deckengemälde über der Orgelempore stellt ein Wunder (Rettung Schiffbrüchiger) des heiligen Jakobus dar. Am linken Seitenaltar »Prager Jesukind«. Führer-Broschüre. • *Cordonhaus* (Propsteistraße 46), Renaissancebau, hervorgegangen aus einem Probsteigebäude des Klosters Reichenbach, seit 1982 Museum (u. a. Vor- und Frühgeschichte, geöffnet Montag bis Freitag 8.00 bis 12.00 Uhr, 14.00 bis 17.00 Uhr, Samstag/Sonntag 14.00 bis 17.00 Uhr) sowie Galerie für Wechselausstellungen (Mittwoch bis Sonntag 14.00 bis 17.00 Uhr, Donnerstag 14.00 bis 19.00 Uhr). • *Museum SPUR* (Schützenstraße 7), im spätgotischen, 1989 restaurierten Armenhaus. Malerei und Skulptur der Gruppe SPUR (1958–1965). Sie lei-

stete im Rahmen der europäischen Moderne nach dem Zweiten Weltkrieg einen Beitrag zur Kunst des 20. Jahrhunderts; Mittwoch, Samstag, Sonntag 14.00 bis 17.00 Uhr.
• Kostenlose *Stadtführung* Juni – September jeden Dienstag, Dauer 1½ Stunden; Auskunft: Verkehrsamt. • Kostenlose *Kirchenführung* Mai bis September jede zweite Woche; Treffpunkt Donnerstag 10.00 Uhr St. Jakob.

Sehenswürdigkeiten der Umgebung:
• *Chammünster* (3 km südöstlich), eine der frühesten bayerischen Klostergründungen, Schenkung von Herzog Odilo an die Benediktiner von St. Emeram zu Regensburg um die Mitte des 8. Jahrhunderts, Missionszentrum für Böhmen, das bis 973 dem Regensburger Bistum unterstand. Das »Münster« Maria Himmelfahrt, noch im 14. Jahrhundert Mutterkirche Chams, besteht aus Chorteilen samt einem Turm (der südliche Turm mußte 1877 neu erbaut werden) des 13. Jahrhunderts und dem dreischiffigen gotischen, 1476 fertiggestellten basilikalen Langhaus. Rund- und Achteckpfeiler stützen die Stern- und Kreuzrippengewölbe. Romanische Taufbekken unter der Empore und im hinteren rechten Seitenschiff. Der barocke Baldachin-Hochaltar stammt aus der 2. Hälfte des 18. Jahrhunderts; Führer-Broschüre. In und vor der Kirche mehrere kunstvoll geschmiedete Kreuze. Im Kirchbereich die Annakapelle (spätgotisch, 14. Jahrhundert, barockisiert; geschlossen), Grablege der »Chamerauer« (siehe Tour 18), einem Rittergeschlecht; Wappen über dem Portal. Auf dem Friedhof, neben dem Leichenhaus, entdeckte man 1820 den Unterbau (Oberbau im 16. Jahrhundert durch Calvinisten zerstört) eines mittelalterlichen »Karners« (Beinhaus) mit Schädeln und Knochenresten von fast 500 Menschen, die bei Neubeisetzungen den Gräbern entnommen wurden.
Auskunft: Fremden-Verkehrsamt, Propsteistraße 46 (Cordonhaus), 93413 Cham; Telefon 0 99 71/49 33. Faltblatt mit Stadtplan und Rundgang kostenlos erhältlich.
Zielort: *Rattenberg* (560 m), siehe Tour 22.
Wanderkarten: Topographische Karte 1:50 000 Naturpark Oberer Bayerischer Wald. – Fritsch Wanderkarte 1:50 000, Blatt 56 und 57.

22 Von Rattenberg nach St. Englmar

In den Vorderen Bayerwald

Tourencharakter: Unschwierige Streckenwanderung.
Steigungen: Etwa 700 Meter.
Reine Gehzeit: 4¼ Stunden.
Beste Jahreszeit: Pfingsten bis Herbst.

Strahlen zu Anfang der Tour bodenständige Einödhöfe und winzige Weiler ihren Reiz aus, so erwarten uns im weiteren Verlauf die ersten »Berge«, bestückt mit feinen Aussichtswarten: vom Bernhardsnagel über die Käsplatte zum Pröller, dem meistbestiegenen Gipfel im Vorderen Wald, immerhin ein »Tausender«, der erste, den die Ostlinie der Main-Donau-Wege bewältigt. Abgesehen von kürzeren Steigungen, ist es ein Lustwandeln durch allerlei Grün: Tannendunkel bis Birkenhell, Wiesengrün mit farbigen Blumentupfen. Hier und dort stehen am Weg Totenbretter, verblichene und neue, frommer Kult mit Reimen zum Lächeln oder nur nüchternen Angaben. Preiswerte Wirtschaften sind Brotzeitoasen. Und wer im Café Zellerhöhe brasilianisch essen möchte (ab vier Personen) sollte vorher anrufen (0 99 63/20 10).

Der Wegverlauf

Auf dem **Dorfplatz** links am »Schmiedwirt« vorbei. Nach 100 Metern rechts in den *Liebenbergweg*. Der neue Friedhof wird passiert. An der Wegeteilung geradeaus (Rastbank, Kreuz). Abwärts über freie Fluren, dann durch Wald zu einem Teersträßchen. Rechts, nach 10 Minuten rechts am **Untersteinhof** vorüber, hinauf zur Querstraße. Links 150 Meter. Auf der Rückseite des Untersteinhofes wird die Straße rechts verlassen. In guten 5 Minuten zum hübschen Einödhof **Bremeck**. Wieder auf einer Straße, links etwa 10 Minuten zu einer querverlaufenden Straße. Links. Vor der kleinen hölzernen Scheune (Totenbretter der hiesigen Familie Aschenbrenner) des Gehöfts **Friedenstadl** links halten. Wir betreten den **Naturpark Bayerischer Wald**. Die grüne Keilmarkierung

Ziel des zweiten Tages der Weitwanderung ist der Luftkurort St. Englmar im Donauwaldgau, etwa 4¼ Stunden von Rattenberg.

leitet durch die Ostflanke der Zeller Höfe zum Weiler **Zell** mit der Pension Zellerhöhe. Sie wird geführt von der Familie Schütz, die über fünf Generationen in Brasilien lebte. Von Rattenberg 1¼ Stunden.

Links hinunter zur Straße. Auf ihr rechts etwa 100 Meter, worauf links der Wiesenweg zum **Zeitlhof** abzweigt. Geradeaus, bei der nächsten Gabelung halbrechts (Leitungsmasten), an der Rückseite eines Bauernhofs vorbei, am Waldrand entlang und zur Straße,

der man links folgt. Nach 150 Metern halblinks. In **Unterbocksberg** rechts, in 5 Minuten hinauf nach **Oberbocksberg** (821 m). Von Rattenberg nicht ganz 2 Stunden.

Die offizielle Route benützt die Straße. Schöner ist aber der etwa 10 Minuten längere Umweg über den Bernhardsnagel: Ab der Südwestecke des Gasthofes Bucher links (Markierung 15) ansteigen und rechts zum Waldrand. Bei der Rastbank in den Wald, der Pfadspur folgend zum felsigen **Bernhardsna-**

gel (894 m), den ein kleines Kreuz krönt. Die Abseil- und Sicherungsringe dienen der Bergwacht bei Übungen. Vom Gasthof 10 Minuten.

Vor dem Felsstock links, den bewaldeten Rücken überqueren und hinunter zur Straße. Mit der offiziellen Route rechts etwa 5 Minuten, dann links nach **Kolmberg** (804 m). Südlich entdeckt das kundige Auge die Felsen der Käsplatte.

Vom Gasthaus Bernhardshöhe abwärts. Kurz vor der Straße links (rechts ein Kneipp-Becken), nach 150 Metern die Straße rechts überqueren, durch ein stattliches Anwesen

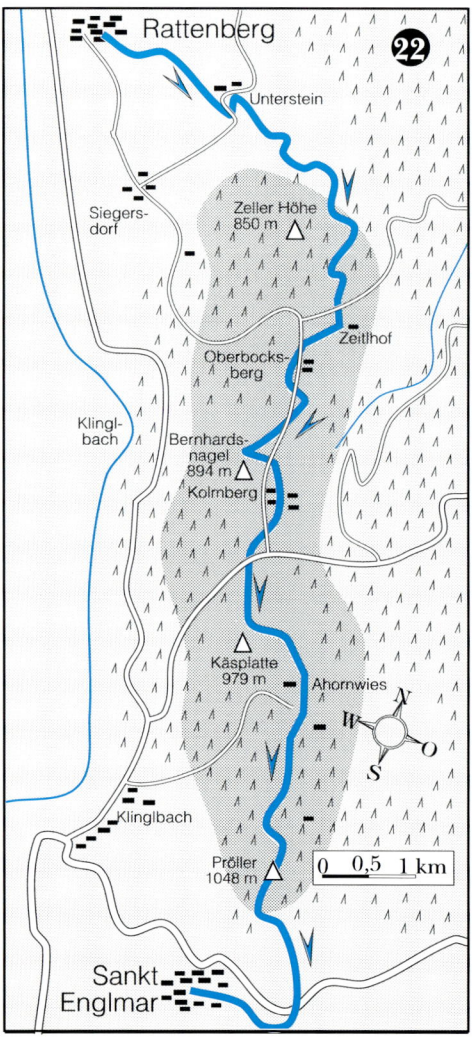

und wieder auf eine Straße. Jenseits, vor dem ehemaligen Kolmberger Sägewerk (794 m), zusätzlich mit Wegnummer 16 in den Wald und bergan. Nach ¼ Stunde teilen sich die Wege vor einer Rastbank: grüner Keil halblinks durch den Nordost- und Osthang des Hanichelriegel. Lohnender, ungefähr ¼ Stunde länger: Vor der Rastbank halbrechts, spürbar steiler in 5 Minuten zu einer Gabelung. Rechts halten, nach 50 Metern links, 5 Minuten später rechts und durch Blockwerk empor zur **Käsplatte** (979 m); Rückblick über Kolmberg zum Bernhardsnagel. Ab der Straße ½ Stunde.

Rückseitig der Felsen, bei der Wanderpaß-Stempelstelle, geht es halblinks. Auf breitem Waldweg abwärts zum nördlichsten Zipfel der **Ahornwies**. Dort stößt man wieder auf den grünen Keil. Gemeinsam in 10 Minuten am Ostrand der Ahornwies – die Ahornbäume sind verschwunden – zur Straße und zum **Parkplatz** (930 m). Links 150 Meter entfernt der balkonähnlich gelegene **Berggasthof Hinterwies**. Dazu gehört eine kleine Kapelle, an der Totenbretter lehnen. Scharen von Ausflüglern bevölkern das Gebiet um den Pröller. Das schlägt sich, wie überall, im Verhalten der Gastronomie nieder: auf der Terrasse nur Kännchen Kaffee, zwischen 11.30 und 13.30 Uhr keine kalte Küche.

Gegenüber des erwähnten Parkplatzes beginnt der Aufstieg zum Pröller. Richtungweisend ist die Liftschneise bzw. Skiabfahrt. Wo einst der Auerhahn balzte, hat der Kommerz tiefe Wunden im Wald hinterlassen. Die **Viechtacher Skihütte** der Naturfreunde Regensburg bleibt zurück. Hier wird der traditionelle »Pröllerfasching« gefeiert, ein buntes Treiben in Masken und Kostümen. Von der Lifte-Bergstation in den Wald. Der breite Weg endet am **Pröllergipfel** (1048 m). Er ist Eigentum des Bayerischen Waldvereins. Oft weht ein frischer Wind. Neben dem Holzkreuz stehen Rastbänke. Felsbrocken liegen verstreut, zwischen denen Ebereschen wachsen. Nordöstlich sieht man den Ruinenstumpf der im 12. Jahrhundert erbauten Kollnburg, und in der Ferne verschwimmen die Höhen des Kaitersberges.

An der Wegeteilung folgt man halblinks der grünen Keilmarkierung. Zunächst am Rücken des Südkamms, dann linkshaltend

Idyllische Einödhöfe, wie hier Bremeck, passiert die Wanderung nach der Ortschaft Rattenberg.

durch den *Riederswald* hinunter zur Sende-Verstärkeranlage und in den **Markbuchener Sattel** (901 m). O Schreck! **St. Englmar-Predigtstuhl**, wie die retortenähnliche Hotelsiedlung heißt, mutet an wie ein Mini-Manhattan.

Die Straße des Sattels queren, 200 Meter geradeaus, dann rechts in die *Zipfelwiesstraße* und über das Hotel Angerhof mit dem *Bayerweg* hinab nach **St. Englmar** (804 m).

Nützliche Informationen

Anfahrt: Bundesstraße 85 nordwestlich (1,5 km) von Prackenbach westwärts verlassen. Von Viechtach 11 Kilometer. Von Cham 25 Kilometer, von Deggendorf 43 Kilometer. Regelmäßige Busverbindungen mit Straubing (33 km); ab Viechtach nur Mittwoch.
Ausgangsort: *Rattenberg* (560 m), 1960 Einwohner. Staatlich anerkannter Erholungsort nordwestlich von Viechtach.

Parken: Dorfplatz.
Gehzeiten: Insgesamt 4¼ Stunden. Rattenberg – Zell 1¼ Stunden. Zell – Oberbocksberg 35 Minuten. Oberbocksberg – Hinterwies 1¼ Stunden. Hinterwies – Pröller knapp ½ Stunde. Pröller – St. Englmar-Predigtstuhl 25 Minuten. St. Englmar-Predigtstuhl – St. Englmar 20 Minuten.
Unterkunft/Verpflegung: In Rattenberg mehrere Hotels, am Dorfplatz der alteingesessene *»Schmiedwirt«* (Telefon 10 08), Gasthöfe, Pensionen, Privatzimmer, Ferienwohnungen.
Einkehr unterwegs: *Café Zellerhöhe* (Freitag geschlossen). *Oberbocksberg* (Dienstag geschlossen). *Kolmberg* (Freitag geschlossen). *Hinterwies* (Montag geschlossen). *St. Englmar-Predigstuhl.*
Zielort: *St. Englmar,* siehe Tour 23.
Auskunft: Verkehrsamt, Dorfplatz 9, 94371 Rattenberg; Telefon 0 99 63/7 03.
Wanderkarte: Fritsch Wanderkarte 1:50000, Blatt 57.

23 Von St. Englmar nach Gotteszell

Gipfelreigen im Vorwald

Tourencharakter: Unschwierige Strek-kenwanderung.
Steigungen: 700 Meter.
Reine Gehzeit: 6 Stunden.
Beste Jahreszeit: Juni bis Allerheiligen.

»Die wundervolle Lage am Beginn eines von Quellbächen durchzogenen, saftig grünen Thales und rings umgeben von herrlichsten Hochwaldungen… haben Englmar seit Jahren zu einem klimatischen Kurort gestempelt, dem eine große Zukunft gesichert sein dürfte.« Recht behielten sie, die »Münchner Neuesten Nachrichten« am 9. Juni 1894. In diese Prophezeiung passen die modernen Hotels auf dem Predigtstuhl, indes nicht ins Bild der natürliche Landschaft um das Pfarrdorf mit bald tausendjähriger Geschichte. Anno 1120, am 14. Januar, geschah die Meucheltat: Englmar, ein Bauernsohn, der sich in die Wälder am Fuß des Pröller zurückgezogen hatte und als Klausner lebte, wurde von seinem Knecht während des Gebets erschlagen, aus Neid und Habsucht, denn der Einsiedler genoß die Verehrung vieler Leute. »Den Lebensunterhalt erwarb er sich durch seiner Hände Arbeit, seinem Schöpfer diente er mit Nachtwachen, Fasten und Gebet«, so eine alte Handschrift. Nachdem der Mörder den Toten am Kapellenberg unter Reisig verscharrt hatte, wollte er in Englmars Existenz schlüpfen, um ebenso verehrt zu werden. »Als dies nicht eintraf, floh er und blieb verschollen«, schrieb der Jesuit Matthäus Rader im frühen 17. Jahrhundert in »Bavaria Sancta«, der lateinisch verfaßten Bayerischen Heiligengeschichte. Zu Pfingsten des Jahres, nach der Schneeschmelze, fand ein Geistlicher zufällig den unverwesten Leichnam, »bestattete ihn und ließ über dem Grab eine Kapelle errichten« (Rader). Eine andere Lesart: Graf Oswin von Bogen habe Englmar suchen und auf einem Ochsenkarren zu Tal bringen lassen. Plötzlich blieben die Tiere stehen, machten keinen Schritt mehr. An dieser Stelle sei das Grab geschaufelt worden.

Gebetserhörungen bzw. Krankenheilungen führten 1130 zum Bau einer Kirche, aus der 1656 das endgültige Gotteshaus hervorging. Die Grabstätte des 1188 Seliggesprochenen lockte bis weit ins 19. Jahrhundert Pilger aus dem Bayerischen Wald. Englmar wurde als Viehpatron, Helfer gegen Krieg, Pest und Unwetter verehrt. Seit 1717 ist sein bekleidetes Skelett im Glasschrein über dem Altar verwahrt, flankiert von spätgotischen Schnitzfiguren der heiligen Barbara und des heiligen Wolfgang. Tafelbilder sowie Deckengemälde erzählen die Vita des Angebeteten, und vor der Kirche steht er – aus Stein geformt. Die Ereignisse von damals – Suche und Bergung – werden alljährlich am Pfingstmontag beim »Englmarisuchen« volksfestähnlich nachgespielt. Ein farbenfroher Umzug, die Rosse geschmückt, die Teilnehmer historisch gewandet. Tausende strömen herbei! Max Peinkofer, dessen Gedenk-Totenbrett uns vor Gotteszell begegnet, schildert den uralten Volksbrauch in seinem Heimatbuch »Der Brunnkorb«.

Der Wegverlauf

Von der **Kurverwaltung** durch die *Rathausstraße* zum *Bayerweg* und aufwärts. An der Straßengabel rechts der *Zipfelwiesstraße* folgend nach **St. Englmar-Predigtstuhl**. An der Südseite des **Markbuchener Sattels** (901 m) mit der *Hohenriedstraße* etwa 200 Meter östlich, dann rechts in den **Hirschensteinweg**. Zwischen Wirtshaus Zipfelwies und Caritasheim dem Teersträßchen 10 Minuten zu Wasserbunkern folgen. Dort übernimmt uns ein Waldweg. Und schon nach 10 Minuten ist die Steigung vorerst geschafft. Links führt ein Stichweg 100 Meter zum markanten Felsklotz des **Predigtstuhl** (1024 m). Früher standen hier Wacholderbüsche, Heidekraut sproß. Sie wurden vom Wald verdrängt. In der Nordwestflanke haben sich Skilifte breitgemacht.

Weiter auf der Hauptroute: identisch mit dem Europäischen Fernwanderweg 8 Nordsee – Karpaten (2200 km). Den Holzabfuhrweg schräg rechts kreuzen. Wenige Minuten später zeigt eine Tafel rechts den Abstecher (5 Minuten) zur Hütte auf der Felskanzel des **Knogl** (1056 m), dem Kulminationspunkt der

Im oberen Teisnachtal träumt die 1286 gegründete Zisterzienser-Niederlassung Gotteszell – Cella Dei.

Gemeinde St. Englmar. Leider ist die Aussicht durch Bäume eingeschränkt. Der grüne Keil behält die Südostrichtung in dem mit wenigen Fichten vermischten Buchenwald bei und macht am Punkt 1032 einen leichten Rechtsknick. Unverhofft tut sich eine Lichtung auf: **Oedwies** (1034 m). Wind rauscht in den Baumkronen. Einst kamen Wallfahrer zum gegeißelten Heiland in die Kapelle. Ein Brunnen plätschert, Rastbänke. Das 1834 bruchsteingemauerte Forsthaus steht leer. Der Förster ist längst nach Rettenbach gezogen. Seine Vorgänger verbrachten das Jahr auf Oedwies, besaßen sogar das Schankrecht. Von St. Englmar 1¾ Stunden.

Ab dem Forststraßen-Knoten halbrechts, südwestlich etwa 500 Meter. Beim großen Holzlagerplatz kurz rechts, dann links, den zusätzlich mit 8 markierten Weg nehmen, durch Buchenwald empor zum **Hirschenstein** (1095 m), dem höchsten Berg im Vorwald. Er verdankt seinen Namen einem sagenhaften Zwanzigender, der hier zu Tode

getrieben wurde. Den alten Holzturm am Gipfel hat vor vielen Jahren ein Sturm gefällt. Hangabwärts steht der neue Turm, rund, massiv aus Steinquadern gefügt, errichtet von der Münchner Waldvereinsektion, von den Deggendorfern betreut. Wir zwängen uns über die Wendeltreppe zur Plattform. Am frühen Vormittag schwebt über der Donauebene noch milchiger Dunst. Da und dort spitzt ein Kirchturm hervor. An Föhntagen sind die Alpen zu erspähen. Aus dem hinteren Bayerwald grüßen Arber, Falkenstein und Rachel. Zu Füßen des Turmes ein Felsbrockengewirr, wo sich nach fast zweieinhalbstündiger Wanderung gemütlich Brotzeit machen läßt.

Entsprechend dem grünen Dreieck steil abwärts durch Buchen, über einen Kahlschlag, zwei Forststräßchen überqueren, dann erfolgt aus einer Senke der Gegenanstieg. Rechts, abseits des Weges, recken sich die Felsen des Klausenstein. Dann erwartet uns links das an einen imposanten Felsstock gelehnte Unterstandhüttchen auf dem **Rauhen Kulm** (1050 m). Von St. Englmar knapp 3 Stunden.

Die Route senkt sich in der felsbesetzten Nordostflanke des Rauhen Kulm. Etwa 5 Minuten später wird der breite Weg halbrechts verlassen. Anschließend erneut auf dem Kammrücken. Links untersucht man in einer Schutzzone die Einwirkung des Sauren Regens auf Vegetation, Boden und Wasserqualität.

Hinunter zu einem breiten Forststräßchen, dem man links folgt. Nach ¼ Stunde zeigt sich zwischen den Bäumen hindurch der

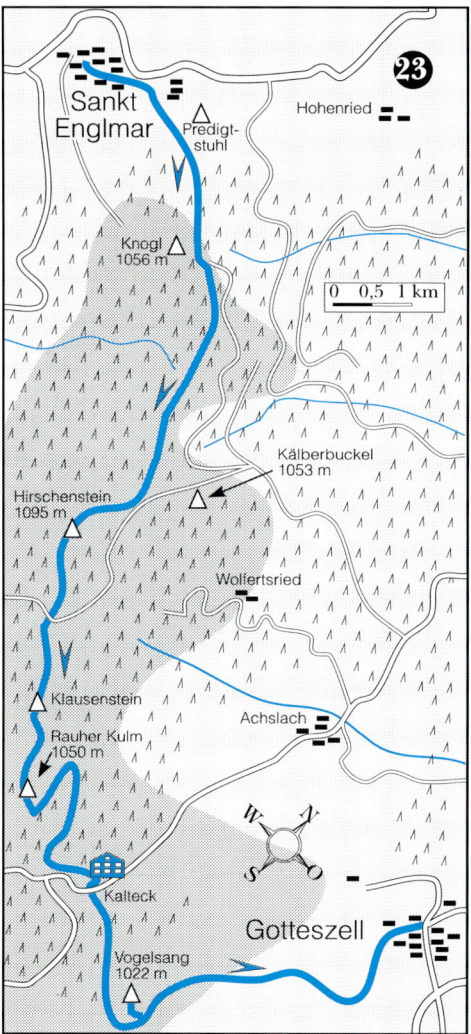

markante Vogelsang. Jetzt ist es nicht mehr weit zum **Berghotel Kalteck**. Vollends zum Sattel (750 m) der Straße Metten – Achslach; Bushaltestelle. Von St. Englmar 3¾ Stunden.

Links 150 Meter, dann rechts in 5 Minuten zum Parkplatz, von dem sich das Forststräßchen fortsetzt, links begleitet vom **Naturreservat Krackelwald**. Etwa 500 Meter danach halblinks mit Wegnummer 8, wenig später ein Forststräßchen schräg rechts queren, hinauf zum *Vogelsang-Ringweg*, an dem rechts gesicherte Felsstufen auf den **Regensburger Stein** leiten. Abermals Fernblicke über die Donauebene. Silbern glänzt der Strom.

Mit der Forststraße nordwärts. Links erhebt sich der Vogelsang, so benannt von den Gotteszeller Zisterziensern, denen die Hochmatte bis zur Säkularisation 1803 gehörte, weil dort die braunsandfarbene Feldlerche trillerte. Wir erklimmen über Stufenblöcke das Naturdenkmal **Klosterstein** (1022 m): Gipfel des **Vogelsang**. Drahtseile fixieren das Kreuz. Ein Eisengeländer verhindert gefährliches Vortreten! Anschließend geht es nur mehr abwärts. Zwei Forststraßen kreuzen. Die im Sommer zeitweise bewirtschaftete Zitzelsberger Alm sowie die Hochweide bleiben rechts liegen. Durch lichten Wald erreicht man beim Anwesen Nr. 50 von **Wittmannsberg** ein Teersträßchen, ½ Stunde oberhalb von Gotteszell.

In 10 Minuten hinunter zu den Häusern von **Weihmannsried**. Danach stehen rechts an der Straße bemerkenswerte *Totenbretter* zum Gedenken an Schriftsteller und Komponisten des Waldes. Kurz danach zweigt die Weitwanderroute rechts ab (Gotteszell-Bahnhof), wir jedoch laufen auf der Straße in 10 Minuten direkt nach **Gotteszell** (568 m) im oberen Teisnachtal.

Nützliche Informationen

Anfahrt: Von Schwarzach (Autobahn-Ausfahrt) 14 Kilometer. Von Bogen (Bahnhof, Autobahn-Ausfahrt) 21 Kilometer. Von Viechtach (nächster Bahnhof) 10 Kilometer. Buslinie Straubing – Bogen – Viechtach.
Ausgangsort: *St. Englmar* (804 m), 1350 Einwohner. Luftkurort im Donauwaldgau, südwestlich von Viechtach.
Parken: *Markbuchener Sattel. Kirchplatz.*

Hinter dem Hauptaltar, an der Chorrückwand der ehemaligen Klosterkirche (heute Pfarrkirche) Gotteszell, schuf Cosmas Damian Asam 1729 das Fresko Maria Himmelfahrt.

Gehzeiten: Insgesamt 6 Stunden. St. Englmar – Markbuchener Sattel 20 Minuten. Markbuchener Sattel – Knogl 40 Minuten. Knogl – Oedwies 1 Stunde. Oedwies – Hirschenstein 20 Minuten. Hirschenstein – Rauher Kulm 35 Minuten. Rauher Kulm – Kalteck eine ¾ Stunde. Kalteck – Vogelsang 1¼ Stunden. Vogelsang – Gotteszell 1 Stunde.
Unterkunft/Verpflegung: Hotels, Gasthöfe, Pensionen, Privatzimmer, Ferienwohnungen. Zentral gelegen und preiswert: *Garni-Pension Alter Pfarrhof* (Pfarrhofweg 4, Telefon 2 64).

Speiselokale u. a. *Gasthaus Schroll* (Dienstag Ruhetag), *Liebl-Wirt* (Mittwoch Ruhetag), *Unterwirt* (Montag Ruhetag).
Einkehr unterwegs: *Berghotel Kalteck* (auch Übernachtung), Telefon 0 99 05/2 63. *Weihmannsried* (Café-Pension Thurnbauer, Telefon 0 99 29/16 20), zu Gotteszell gehörend.
Zielort: *Gotteszell*, Tour 24.
Auskunft: Verkehrsamt, Rathausstraße 6, 94379 St. Englmar; Telefon 0 99 65/2 21.
Wanderkarte: Fritsch Wanderkarte 1:50000, Blatt 57.

24 Von Gotteszell nach Lalling

In den Lallinger Winkel

Tourencharakter: Unschwierige
Streckenwanderung.
Steigungen: 600 m.
Reine Gehzeit: 6 bis 6½ Stunden.
Beste Jahreszeit: Juni bis Allerheiligen.

Gotteszell! Der Name sagt eigentlich schon
alles über den Ursprung des Ortes im Tal der
Teisnach: »Cella Dei« – Zelle Gottes, 1286
Niederlassung der Zisterzienser von Alders-
bach in einem Maierhof des Klosters Metten.
Zunächst diente das Herrenhaus als Kirche.
1339, 19 Jahre nach der Erhebung zur Abtei,
wurde eine romanisch-frühgotische, dreischiffige Basilika geweiht. Sie hörte fast 300
Jahre lang das murmelnde Chorgebet asketi-
scher Mönche. Der erste Großbrand wütete
1629, der zweite 1830, wobei der Glocken-

turm über dem Hochaltar einstürzte. Relikte
der 1729 begonnenen Barockisierung sind
noch erhalten, so das 1973 restaurierte Ap-
sismotiv »Maria Himmelfahrt« von Cosmas
Damian Asam, an den Hochschiffwänden
die Fresken des Straubingers Johann Adam
Schöpf, Stuck von Egid Quirin Asam. »St. Anna Selbdritt« im Strahlenkranz des Hochaltares, eine seit dem 14. Jahrhundert verbreitete,
anachronistische Darstellung der heiligen
Anna mit Tochter Maria und Enkel Jesus,
weist auf die Kirchenpatronin Anna hin, deren Büstenreliquiar am linken vorderen Säu-
lenpfeiler verehrt wird. Einmalig in Bayern ist
in der rechten Seitenkapelle das halbovale
»Letzte Abendmahl« (1750) mit lebensgroßen Halbfiguren.

Von den Gebäuden des Klosters, dessen
Geschicke bis zur Aufhebung 1803 durch die
Säkularisation 26 Äbte leiteten, sind der südliche und Teile des westlichen Flügels erhalten. Die Reproduktion des Kupferstichs in der
Kirchenführer-Broschüre zeigt den Komplex
in seiner versunkenen Größe. Angedeutet ist

Beim Landhuter Haus auf der blumenreichen Oberbreitenau, wo ein kleines Freilichtmuseum entstand.

die »Heilige Stiege« aus dem Klostergarten
auf den Kalvarienberg. Sie entstand 1734
nach dem Bau des Kreuzweges: 28 Marmor-
stufen. Mit der Beknieung »Heiliger Stiegen«
– Zeichen barocker Volksfrömmigkeit – war
ein vollkommener Sündenablaß verbunden.

Der Wegverlauf

In **Gotteszell** (568 m) vom *Gasthof Hackerbräu* auf der *Schulstraße* östlich den Ort verlassen. Nach 500 Metern mündet von rechts
die Originalroute. Wenige Minuten später
die Bundesstraße 11 kreuzen und nach **Gotteszell-Bahnhof** (560 m). Die Regentalbahn
von Viechtach wurde 1991 stillgelegt, genau
ein Jahrhundert nach ihrer Eröffnung!

Bergan durch **Köckersried** und vorbei an
der *Kapelle* (Totenbretter). Etwa 150 Meter
nach dem *Gasthaus* geht es rechts in das
Teersträßchen *Am Bergfeld* und zum **Waldparkplatz** (702 m). An der Wegegabel halbrechts: Grüner Keil. Der Europäische Fernwanderweg 8 steigt im Wald steil an, stößt
nach 50 Minuten auf ein Forststräßchen, dem
man rechts 10 Minuten folgt. Dann halblinks
durch den Westhang des *Einödriegels* etwa
10 Minuten, worauf die Markierungen an einer Kreuzung scharf links abbiegen und zu
den Matten der **Oberbreitenau** mit der Jugendherberge im **Landshuter Haus** (1018 m)
emporführen. Von Gotteszell 2½ Stunden.

Eine unterirdische, wasserabweisende
Schieferschicht sorgt für blumenreiche Hochmoorvegetation. Das Landshuter Haus steht
an der Stelle des Greilhofes, einem jener
neun Anwesen, die früher die wesentlich aus-
gedehntere »Obere breite Au« belebten. Ihre
Rodung war 1585 durch die Degenberger
von Burg Weißenstein erfolgt, um Wohnraum
für die Arbeiter der Glashütte Unterbreite-
nau (1750 geschlossen) zu schaffen. Vorher,
zwischen 1344 und 1374, meditierte hier
der selige Degenhard, ein Benediktiner ritter-
licher Herkunft aus dem Kloster Niederalteich. Weiland 1865, an »Barthlmä« (Bartholomäus, 24. August) erst, »gingen die Bauern
daran, ihre kümmerliche Kornernte einzu-
bringen«, erinnert sich ein Wanderer. Sie
hatten gewöhnlich drei, vier Kühe und zwei
Ochsen im Stall. Unerbittliche Lebensbedin-
gungen führen nach dem Ersten Weltkrieg

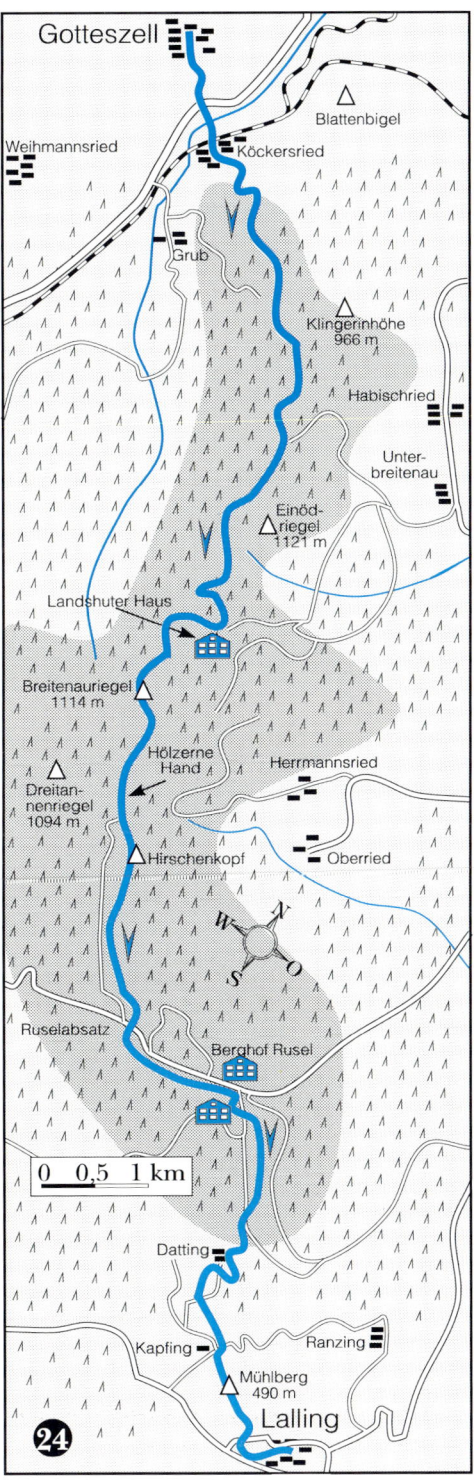

Am Ende der Etappe von Gotteszell über die Breitenau erwartet den Wanderer der idyllische Lallinger Winkel mit dem Hauptort Lalling.

zum Exodus. Als letztes Anwesen blieb 1956 der Sixtenhof verwaist, nachdem der Schnee den Stalldachstuhl eingedrückt und das Vieh begraben hatte. 1992 ließ das Verkehrsamt Bischofsmais fünf Gehöftruinen ausgraben und restaurieren. Sie bilden ein kleines Freilichtmuseum auf dem einst höchstgelegenen Kulturgrund des Donauraumes.

Wegnummer 3 hält sich ab dem Landshuter Haus am Saum des Naturschutzgebiets gute 5 Minuten in Südwestrichtung. An der Gabelung links. Insgesamt nimmt der letzte spürbare Aufstieg dieses Wandertages etwa 20 Minuten in Anspruch. Rundumschau vom **Breitenauriegel** (1114 m). Schwingende Waldeshöhen, Berge und Täler in ausgewogener Harmonie. Am 12 Meter hohen Westwandl des Gipfelblocks einige Übungsklettereien.

Anschließend südöstlich, die **Bergwachthütte** (1050 m) rechts passieren. Knapp ¼ Stunde später, vor dem Betreten der Lichtung, bewahrt rechts ein Bildstock die geschnitzte »**Hölzerne Hand**«, nach welcher der Treffpunkt mehrerer Wege seinen Namen hat (971 m); Unterstand. Vom Landshuter Haus eine ¾ Stunde.

Jetzt nicht rechts mit dem Sträßchen, sondern links davon wieder in den Wald, zusätzlich mit 4 bezeichnet, über die schwach gewölbte Kuppe des **Hirschenkopf.** Nach 20 Minuten ein Forststräßchen kreuzen, in ¼ Stunde zum nächsten Sträßchen und hinaus zum **Ruselabsatz** (855 m); von Gotteszell 4 Stunden. Rechts der *Ruselstraße* auf dem Wanderschutzweg erreicht man in ¼ Stunde den **Berghof Rusel.**

Am Gasthaus rechts vorbei, hinab zur *Schauflinger Landstraße.* Rechts 200 Meter, worauf man links in 5 Minuten die originelle **Rusel-Alm-Hütte** erreicht. Vor der Gaststätte links hoch zu einem breiten Weg. Auf ihm rechts im Wald abwärts, einen Fahrweg schräg rechts überschreiten, zwei Einödhöfe zurücklassend, in das unter Denkmalschutz stehende Dörfchen **Datting** (628 m). Nun 600 Meter mit der Straße, worauf die Route halblinks abzweigt und am Mischwaldrand des *Hürstein* entlangführt nach **Kapfing.** Erneut auf der Straße absteigen, etwa 400 Meter. Gegenüber von Haus Nummer 148 wird die Straße links verlassen. Südöstlich, gemeinsam mit dem *Hochwaldweg* (Nr. 7) durch ein Waldstück des Mühlberges in das denkmalgeschützte Dorfensemble **Gerholling**. Vor dem Kreuz rechts, unter einer Stadelauffahrt hindurch, dann links, nach 150 Metern die Straße kreuzen und weiter mit dem *Steinbruchsteig* (Nr. 3). Er wendet sich halblinks in den Wald. Die Kirche wird sichtbar. Abwärts, den *Ranzinger Bach* überschreiten, hinauf zur Straße. Nach 50 Metern rechts, vollends hoch nach **Lalling**, zum Gasthof List an der Durchgangsstraße.

Nützliche Informationen

Anfahrt: Bundesstraße 11 von Deggendorf (nächste Autobahn-Ausfahrt 16 km). Von Cham 44 Kilometer, von Zwiesel 31 Kilometer, von Viechtach 18 Kilometer. Bahnhof (1,5 km vom Ortskern) der Strecke Deggendorf – Bayerisch Eisenstein. Busverbindungen mit Deggendorf; vom Bahnhof mit Viechtach.

Ausgangsort: *Gotteszell* (595 m), 1100 Einwohner. Ferienort an der oberen Teisnach.

Gehzeiten: Insgesamt 6 bis 6½ Stunden. Gotteszell – Waldparkplatz 50 Minuten. Waldparkplatz – Landshuter Haus 1¾ Stunde. Landshuter Haus – Breitenauriegel 20 Minuten. Breitenauriegel – »Hölzerne Hand« 25 Minuten. »Hölzerne Hand« – Ruselabsatz 40 Minuten. Ruselabsatz – Hotel ¼ Stunde. Hotel – Lalling 1¾ Stunden.

Unterkunft/Verpflegung: In Gotteszell zwei Gasthöfe (Zimmer), Pensionen, Privatzimmer. *Brauereigasthof Hackerbräu*, seit 175 Jahren Familienbesitz, Brauerei-Museum; Telefon 13 37. In Gotteszell-Bahnhof *Gasthof-Pension-Metzgerei Hacker*; Telefon 12 12. *Gasthof-Pension Schützeneck*; Telefon 5 66. In Köckersried *Pension Berghof*; Telefon 5 61.

Einkehr unterwegs: *Gotteszell-Bahnhof. Köckersried. Landshuter Haus* (Jugendherberge; Telefon 0 99 20/2 65). *Berghof Rusel* (Zimmer, Telefon 0 99 20/3 16). *Rusel-Alm-Hütte.*

Zielort: *Lalling*, siehe Tour 25.

Auskunft: Verkehrsamt, Annabergstraße 1, 94239 Gotteszell; Telefon 0 99 29/13 46 oder 15 356.

Wanderkarte: Fritsch Wanderkarte 1:50 000. Blatt 60.

25 Von Lalling nach Saldenburg

Über den Brotjacklriegel

Tourencharakter: Unschwierige Streckenwanderung.
Steigungen: 700 Meter.
Reine Gehzeit: 5¾ bis 6 Stunden (ohne Büchelstein).
Beste Jahreszeit: Mai bis Allerheiligen.

Östlich von Deggendorf versteckt sich der industriefreie Lallinger Winkel. Tourismusmanager haben daraus das gleichnamige Feriengebiet konstruiert, bestehend aus den Gemeinden Lalling, Hunding, Schaufling. Der eigentliche »Winkel« ist der von Lalling, den auf drei Seiten Waldeshöhen rahmen. Nach Süden, zur Donau hin, öffnet sich das kleine Reich und verspricht durch seine geschützte Lage ein mildes Klima. Es ist der Obstgarten des Bayerwaldes. Im Mai wird die Baumblüte zum Erlebnis, ebenso wie vorher das Blühen der einzigartigen »Schneeglöckerlwiese« südlich von Lalling.

Das Bild des 1215 erstmals erwähnten Ortes, damals Sitz der Edlen von Lallingen, beherrscht die Pfarrkirche. Die Rodung soll im frühen 11. Jahrhundert erfolgt sein, als der Eremit Gunther aus dem Kloster Niederalteich bei Lalling am Ranzingerberg gelebt habe, ehe er nach Rinchnach (Tour 10) zog.

Im Mittelpunkt dieser Etappe steht die Überschreitung des Brotjacklriegel. Fürwahr ein ungewöhnlicher Bergname! Er hängt wahrscheinlich mit dem sich nördlich erhebenden Jägerriegel zusammen bzw. entstand aus dem Waldlerdialekt: Der Brotjacklriegel ist in seinen Ausmaßen breiter als der Jägerriegel, also ein breiter Jägerriegel. Weil breit als »broat« und Jäger als »Jaga« ausgesprochen wird, dürfte Brotjacklriegel entstanden sein.

Der Wegverlauf

Lalling ostwärts verlassen mit der *Hauptstraße*, in 10 Minuten, zuletzt an Totenbrettern vorbei, nach **Zueding**. Etwa 300 Meter danach wird die Straße halblinks abgekürzt,

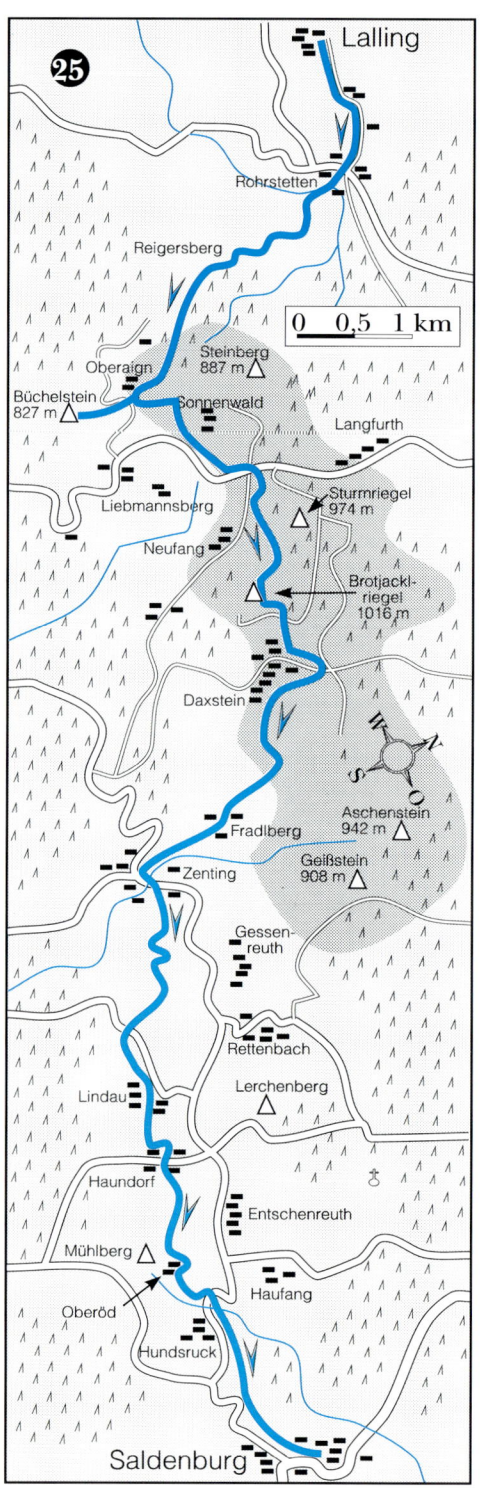

ehe man in **Rohrstetten** eintrifft. Die Straße kreuzen, hinunter zum Gasthof-Pension Bayerwald. Das nächste Sträßchen links zur 1904 geweihten Kapelle. Geradeaus (Mühlbachweg), unter der Schnellstraße hindurch zu den Gebäuden der ehemaligen Rohrstettermühle am *Gneistingbach*. Jenseits die Kläranlage passieren und im Gegenanstieg zum Sträßchen, das links 250 Meter nach **Kieflitz** führt. Rechts durch den Ort. Gleich nach dem letzten Bauernhof rechts und zum Weiler **Reigersberg**, oberhalb dem nach einer Scheune der Wald betreten wird. Deutlich angebracht, führen die grünen Keile durch die Hänge über dem Kühbachtal in 35 Minuten zur Straße beim Gut **Oberaign**. Von Lalling 2 Stunden.

Abstecher: Auf der Straße rechts 10 Minuten zur Aussichtskanzel **Büchelstein**, 827 m, Drachenflieger-Rampe. Bei klarem Wetter sind die Regensburger Domtürme auszumachen. Früher traf man sich am Tag des heiligen Benno (17. Juni) zu Mahlzeit und fröhlichem Umtrunk. Anläßlich des Büchelsteinfestes 1847 soll das »Pichelsteiner« Premiere gehabt haben: Um die Zutaten für das Festessen nicht einzeln hochschleppen zu müssen, hatte die Grattersdorfer Wirtin Auguste Winkler zu Hause das Fleisch in kleine Würfel geschnitten, gab Gewürze, Gemüse und Kartoffeln hinzu und brachte das Essen in einem Topf auf den Berg. Damit begann der Siegeszug des deftigen Gerichts.

Verzichtet man auf diese historisch-kulinarische Stätte, geht es auf der Straße links, 150 Meter, dann in Höhe des Gutshofes abermals links, zusätzlich mit 15 bezeichnet. An der Gabelung rechts und nach einer Weile unterhalb des Sporthotels Sonnenwald zu einem Sträßchen. Östlich zeigen sich Sendemast und Aussichtsturm des Brotjacklriegel. Nach 300 Metern sind wir auf der Autostraße beim **Gasthof Stoaberghütt'n**. Links zum Scheitelpunkt (825 m). Vor dem *Hotel Langfurther Hof* rechts am Waldrand entlang, zusätzlich mit 18 bezeichnet, in 25 Minuten auf den **Brotjacklriegel** (1016 m), dem ein 107 Meter hoher UKW-Sendemast entragt. Im Stüberl des 32 Meter hohen Aussichtsturms oder im Freien auf den Holzbänken erholen wir uns vom dreistündigen Marsch. Von der Turmplattform seien hundert Dörfer und hundert

Eine bewegte Hügellandschaft säumt den industriefreien, obstreichen Lallinger Winkel. Am linken Bildrand der Brotjacklriegel.

Kirchtürme zu sehen. Felsbrocken liegen herum. Zwischen ihnen habe ein Knecht namens Jackl im Dreißigjährigen Krieg vor den Schweden das Brot versteckt, ist überliefert und will ebenfalls den Bergnamen deuten.

Eine Tafel erklärt die vom Gipfel ausgehenden Wege. Wir orientieren uns noch immer am grünen Keil. Östlich, den Schönauer Weg kreuzen zu den obersten Häusern von **Daxstein**. Der *Hochweg* führt zum **Platzl** am Straßensattel Daxstein – Schöfweg.

Rechts, wenige Schritte danach (vor dem Hotel) halblinks. In **Unter-Daxstein** auf dem Sträßchen links am Rand des *Steinholzer Holzes*. Etwa 5 Minuten nach dem Ende des Sträßchens, nach einem Bachübergang (650 m), wendet sich der grüne Keil rechts: ¼ Stunde in den Weiler **Fradlberg** (570 m). Nun mit der Straße bzw. diese abkürzend nach **Zenting** (456 m). Von Lalling etwa 4½ Stunden.

Links auf der *Grafenauer Straße*. Rechts der Post, bzw. links der Raiffeisenbank in den *Sommerreithweg*. Zwischen Sportplatz und Fenster-Fabrik zum Straßenende. Halblinks,

worauf der grüne Keil rechts in den Wald führt. Kurz danach links, ins idyllische Tal des *Zentinger Bachs,* der überschritten wird. Hoch zu einem Sträßchen. Rechts 200 Meter in den Weiler **Manzenreuth**. Es folgt **Eizersdorf**. Die Hauptstraße schräg links überschreiten, rechts an Haus Nummer 5 vorbei und bergan. Etwa 5 Minuten später auf die Straße, mit der man rechts 300 Meter läuft. Dann rechts, hinunter in das Dorf **Lindau**. Von Zenting 1 Stunde.

Unmittelbar nach dem Gasthof Stadler links. An der Wegeteilung rechts, in 10 Minuten nach **Haundorf**. Bei der Kapelle rechts 50 Meter mit der Hauptstraße, dann links, hinunter zum *Mühlbach*. Nach der Brücke halblinks (Wegkreuz). Auf- und Abstieg nach **Oberöd**. Rechts, vor dem Stadel links, folgt die Wanderung dem Felsweg und mündet in die Straße. Rechts sind es 5 Minuten nach **Hundsruck** (483 m). Am Ortsende halblinks in die *Seldenstraße*. *Gasthaus-Pension Bergstub'n* bleibt zurück. Bei einer Kapelle stößt man wieder auf die Straße.

Saldenburg. Entweder halblinks auf der

Ritter-Tuschl-Straße in 10 Minuten zur *Jugendherberge* in der *Burg* ansteigen oder auf der Straße zum *Gasthof Waldlaterne.*

Nützliche Informationen

Anfahrt: Ab Autobahn-Ausfahrt Hengersberg (14 km, Bahnhof) in Richtung Grafenau bis Rohrstetten, dort links nach Lalling. Von Deggendorf (17 km, Autobahn-Ausfahrt, Bahnhof) über Schaufling. Von Regen 13 Kilometer, von Grafenau 26 Kilometer, von Passau 50 Kilometer. Busverbindungen mit Deggendorf und Grafenau.

Ausgangsort: *Lalling* (446 m), Ferienort nordöstlich von Deggendorf.

Parken: *Kirchplatz.*

Gehzeiten: Insgesamt 6¾ bis 7 Stunden (ohne Büchelstein). Lalling – Rohrstetten 25 Minuten. Rohrstetten – Oberaign 1½ Stunden. Oberaign – Brotjacklriegel 1 Stunde. Brotjacklriegel – Zenting knapp 1½ Stunden. Zenting – Lindau 1 Stunde. Lindau – Saldenburg 1¼ Stunden.

Unterkunft/Verpflegung: Hotels, Gasthöfe, Pensionen, Privatzimmer. U. a. *Gasthof List* (Telefon 14 48). *Gasthaus zum Lallinger* (Telefon 2 34). Preiswertes Speiserestaurant *Gasthof zur Post*, eigene Metzgerei, Hauptstraße 10.

Einkehr unterwegs: *Rohrstetten. Gasthof Stoaberghütt'n. Langfuhrter Hof. Brotjacklriegel. Zenting* (Brauereigasthof Kamm, Zimmer; Telefon 0 99 07/3 15). *Lindau. Hundsruck.*

Sehenswürdigkeiten: • *Pfarrkirche St. Stephan*, spätbarocke Altäre. • *Töpferei Lutz* (Kirchplatz 2). • *Kirchweih* am 3. Maisonntag. *Mostfest* mit *Töpfermarkt* am letzten Mai- oder 1. Junisonntag.

Zielort: *Saldenburg,* siehe Tour 26.

Auskunft: Verkehrsamt Lallinger Winkel, Hauptstraße 28, 94551 Lalling; Telefon 0 99 04/3 74 oder 14 16.

Wanderkarten: Fritsch Umgebungskarte 1:35 000, Blatt 137. – Fritsch Wanderkarte 1:50 000, Blatt 62.

Im würfelförmigen Komplex der 1368 errichteten Saldenburg im gleichnamigen Ort des Dreiburgenlandes, ist eine romantische Jugendherberge untergebracht.

26 Von Saldenburg nach Kalteneck

Zauber des Ilztales

Tourencharakter: Unschwierig. Übernachtung vor (z. B. Aumühle) oder nach Kalteneck (z. B. Grubhof).
Steigungen: Etwa 150 Meter.
Reine Gehzeit: 4¾ bis 5 Stunden.
Beste Jahreszeit: Mai bis Allerheiligen.

Wie eine Glucke auf ihrem Nest, hockt die klotzige Saldenburg – genannt »Waldlaterne« – über dem gleichnamigen Ort. Im Verbund mit der Engelburg und Fürstenstein rechtfertigt sie das 1924 kreierte Prädikat Dreiburgenland für die Gegend westlich und nordwestlich um Tittling. Jede dieser Vesten hat ihre eigene, bewegte Geschichte. Rührend ist die Ballade aus den Anfängen der Saldenburg: Ritter Heinrich Tuschl ließ die Mauern 1368 fügen. Der Wohnturm sollte ihm »saelde«, wie Glück in altdeutscher Mundart heißt, bringen. Das Gegenteil trat ein: Kummer und Herzeleid. Zwei Frauen starben unverhofft frühzeitig. Die dritte Gemahlin, Elisabeth Mautner von Katzenberg, brannte mit einem jungen Knecht, dem Schuhmacher, nach Italien durch. Vergrämt zog sich der zutiefst Enttäuschte in seine vier Wände zurück. »Ich, Tuschl, bleib allein«, soll er geschworen haben. Und er hat auch nie mehr geheiratet, der »Ritter Allein«, so die Überlieferung.

Auf uns wartet das Ilztal: facettenreiche Romantik und Naturschönheiten, das sei schon 'mal verraten. Der Abschnitt zwischen Schneidermühle und Kalteneck, Lebensraum seltener Flora und Fauna, gilt als großartigste Strecke des 68 Kilometer langen ostbayerischen Wildwassers. Ab Mitte Juli bildet der Schlitzblättrige Sonnenhut einen gelben Ufersaum im farblichen Kontrast zu den weinroten Blüten Indischen Springkrautes, das aufdringlich süßen, schweren Duft verbreitet. Schwelgerisch dicht gebüscheltes, mannshohes Gelb und Weinrot beglückt bis Oktober. Nach Regen watschelt der Feuersalamander schwerfällig über die Erde, Gelbbauchunken verbergen sich am Ufer. Wasseramsel und Eisvogel suchen Nahrung in ihrem Element, durch das Forellen huschen

Die Schrottenbaummühle wartet nicht nur mit einem malerischen Ambiente auf, sondern auch mit dem empfehlenswertesten Wirthaus der Strecke Saldenburg – Kalteneck.

und Hechte pirschen. Ähnlich muß das Paradies sein!

Der Wegverlauf

Neben dem **Gasthof Waldlaterne** durch die *Alte Poststraße* 10 Minuten zum Badeplatz **Saldenburger See** (470 m). Auch weiterhin gilt der grüne Markierungskeil. Er ist identisch mit dem Europäischen Fernwanderweg 8. Gegensteigung rechtshaltend, nach ¼ Stunde eine hölzerne Kapelle passieren. Etwa ½ Stunde nach Saldenburg erreichen wir das erste Haus von **Auggenthal** (570 m). In ¼ Stunde nach **Matzersdorf** an der *Bundesstraße 85*. Halblinks zeigt sich in Preying die gotische Kirche St. Brigida.

Rechts, aber nur 200 Meter, dann links und auf der *Rachelstraße* durch **Trautmannsdorf**. Bei der *Gaststätte* die Bayerwaldstraße kreuzen. Etwa 200 Meter danach weisen die grünen Keile links in den Wald. Abwärts zum Haus Nummer 2 des Streuweilers **Böhmreut**. Nun wieder auf der Straße, vollends hinunter an die **Ilz**, zum Gebäude der ehemaligen Dießensteiner Mühle (385 m). Ein Steg bringt uns an das orographisch linke Ufer, an welches sich die Route – vereint mit dem 1984 eröffneten Pandurensteig – hält, auch ab der Brücke vor der *Schneidermühle* (355 m). Die vertrauten Markierungen leiten unmißverständlich, außerdem zeigen Holztafeln zur **Schrottenbaummühle** (355 m); nach Ansicht des Autors das beste und preiswerteste Wirtshaus zwischen Saldenburg und Passau. Zweihundertjährige gastronomische Tradition! »Schrotenpämpmühl«, zur »Graffschaft halßl gehörig«, erscheint schon 1593 in einer Beschreibung der Grenzen des Fürstbistums Passau, das die Ilz bis zur Säkularisation 1803 vom Königreich Bayern trennte. Anno 1730 gelangte die Mühle in den Besitz der Familie Segl. Damals existierte die Getreidemühle bereits ein Jahrhundert. Um 1800 kam das Sägewerk hinzu. Es arbeitet noch immer mit Wasserkraft. Von Saldenburg 3 Stunden.

Auf der Straße rechts. Vor der Ilzbrücke, einst Mautstation, behütet von St. Nepomuk, links und erneut am Ufer entlang. Nach einer ¾ Stunde informiert eine Tafel über Schloß Fürsteneck (Gasthof-Pension) am Hochufer; zu Fuß 10 Minuten. Wir gehen auf dem

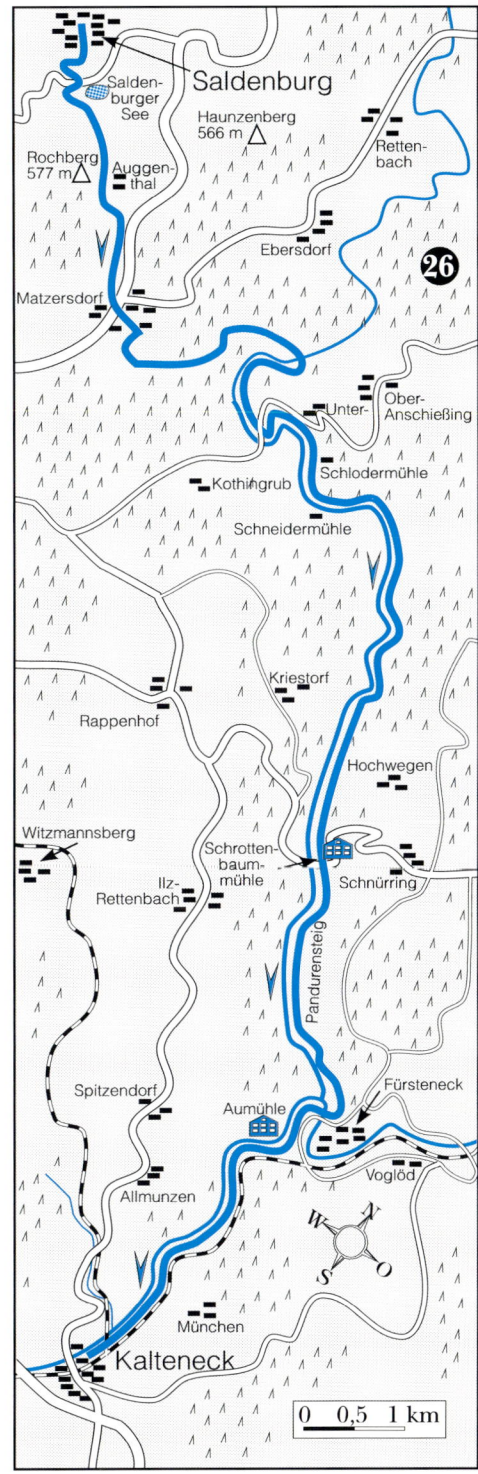

Holzsteg über die **Wolfsteiner Ohe** und gelangen zur **Aumühle** (340 m). Danach scharf rechts, um wieder die **Ilz** zu erreichen. Man stößt auf den *Bahnkörper*. Rechts kurz neben den Schienen her. Beim *Rastplatz* halbrechts an den Fluß. Zehn Minuten später einen *Pavillon* passieren. Noch 10 Minuten am Ufer, dann links über die Geleise zum ehemaligen Bahnhof **Kalteneck** (320 m).

Nützliche Informationen

Anfahrt: Westlich (1,5 km) der Bundesstraße 85; von Grafenau 15 Kilometer, von Passau 31 Kilometer, von Tittling 9 Kilometer. Busverbindungen mit Grafenau.

Ausgangsort: *Saldenburg* (510 m); Gemeinde (mit Preying).

Gehzeiten: Insgesamt 4¾ bis 5 Stunden. Saldenburg – Ilzsteg 1¼ Stunden. Ilzsteg – Schneidermühle ½ Stunde. Schneidermühle – Schrottenbaummühle 1 Stunde. Schrottenbaummühle – Aumühle 1 Stunde. Aumühle – Kalteneck 1 Stunde.

Unterkunft/Verpflegung: *Gasthaus zur Waldlaterne,* auch preiswerte Speisen; Telefon 47 70; Montag geschlossen. Privatzimmer. Am Wanderweg kurz vor Saldenburg: *Gasthaus-Pension Bergstub'n,* Telefon 26 88. In *Matzersdorf* (3 km nach Saldenburg) Pension Kappelmeier.

Einkehr unterwegs: *Trautmannsdorf. Schrottenbaummühle* (auch Zimmer; Telefon 0 85 04/17 39. *Schloß Fürsteneck* (10 Minuten abseits, Zimmer; Telefon 0 85 05/14 73). *Aumühle* (Zimmer, Telefon 0 85 05/44 11), Montag Ruhetag. *Kalteneck.*

Sehenswürdigkeiten: • *Saldenburg.* Burgführungen vom 1. Juni bis Ende September jeden Samstag 15.00 Uhr, Anmeldung telefonisch (0 85 04/16 56) bis 12.00 Uhr.

Zielort: *Kalteneck,* siehe Tour 27.

Auskunft: Gemeinde Saldenburg, Seldenstraße 30, 94163 Saldenburg; Telefon 0 85 04/16 56.

Wanderkarten: Fritsch Wanderkarte 1:50000, Blatt 62.

An der Ilz lösen sich wilde Wasser mit seenähnlichen Staustrecken ab, deren Ufer beiderseits dichter Bewuchs säumt.

27 Von Kalteneck nach Passau

Ausklang an der Ilz

Tourencharakter: Unschwierig.
Bei Nässe stellenweise rutschig.
Steigungen: Etwa 150 Meter.
Reine Gehzeit: 5 bis 5¼ Stunden.
Beste Jahreszeit: Mai bis Allerheiligen.

Unterhalb Kalteneck verliert die Ilz an Elan und Wildheit. Sie wird breiter, behäbiger. Die Entwässerungsader des südlichen Bayerwaldes sieht stoisch ihrem Ende entgegen. Bis Mitte unseres Jahrhunderts wurde Holz getriftet. In manchen Jahren schwammen 30 000 Klafter nach Passau. Zum Schaden der Perlenfischerei. Sie gehört ebenfalls der Vergangenheit an, ungeachtet aller Privatinitiativen, wieder Muscheln einzusetzen. Wasserverschmutzung dürfte dem Unterfangen nicht förderlich sein!

Nachdem venezianische Erzsucher entdeckten, daß Ilzmuscheln begehrte Perlen enthalten, wurde 1437 mit der Perlenfischerei systematisch begonnen. Größe und Qualität der Kostbarkeiten entsprachen durchaus orientalischem Niveau. Ein »Fressen« für die Passauer Obrigkeit. Sie regelte und ließ durch Beamte die Perlenfischerei überwachen; bei Verstößen drohte Handabschlagen! Fürstbischof Johann Philipp von Lamberg erklärte schließlich 1698 die Perlenfischerei zu einem persönlichen Monopol, womit wir im übertragenen Sinne das Tourenziel in Passau vor uns haben.

Der Wegverlauf

Über die **Ilzbrücke**, 200 Meter auf der Straße ansteigen, dann links in den Fahrweg einschwenken. Unter der Ilztalbrücke hindurch und zum **Grubhof**, den die Familie von Beaulieu Marconnay im Sinne einer vielseitigen, naturnahen Tierhaltung sowie Obst- und Gemüseerzeugung für den persönlichen Bedarf und die Versorgung der Gäste bewirtschaftet. Dementsprechend schmackhaft sind die Brotzeitplatten – hausgebackenes Brot – bzw. das Essen. Ungefähr 10 Minuten später bleibt eine *Unterstandhütte* (Quelle) zurück. Nächster *Unterstand* (Springbrunnen) an der Mündung des *Sickentales*; Informationstafel über die ehemalige Burg Angerberg. Etwa 1 Stunde nach Kalteneck verläßt der Weg das Ufer und kürzt eine Ilzschleife

Anheimelnder Ausklang der siebentägigen Weitwanderung entlang der Ilz nach Passau.

ab. Es folgt die Siedlung **Fischhaus**. Auf der Straße rechts über die Schienen, dann links. Nach ½ Stunde wendet sich der Weg plötzlich links. Wir erleben nun sehr unterhaltsame 40 Minuten. Abermals links, steil durch den Wald hinunter an den **Ilzstausee**. Ein Holzsteg führt über den lagunenartigen Seitenarm. Hoch zur *Mausmühle-Informationstafel.*

Linker Hand seenähnliche Weite, ehe sich Wald zwischen Ufer und Fahrweg schiebt. Nach ½ Stunde wird die *Staumauer* erreicht. Von hier in 25 Minuten zur **Triftsperre**, wo man im Biergarten schon mal im voraus den Wanderschluß feiert! Am anderen Ufer, zu dem ein von Bundeswehr-Pionieren geschlagener Steg führt, kürzte der Triftstollen die Ilzschleife ab.

Mit dem Sträßchen in ½ Stunde nach **Hals**, das urkundlich erstmals 1112 Erwähnung findet. Am Marktplatz erinnert eine Tafel an die Stadterhebung 1376 durch Kaiser Karl IV., und zwar auf Drängen seines Günstlings, des Oberpfälzer Statthalters zu Straubing und Besitzers von Hals, Landgraf Johann von Leuchtenberg. Hals formierte eine herzoglichbayerische Enklave im Fürstbistum Passau. Die Burg fiel 1663 einem Brand zum Opfer und wurde 1742 durch den Panduren-Raubzug endgültig zerstört. 1920 entstand das Stauwehr. Die Ilz benetzt im Doppelbogen den Passauer Stadtteil und ist bis 22 Meter breit, aber nicht viel tiefer als einen Meter.

Vom Marktplatz halbrechts durch die *Bräuhausgasse*, anschließend der *Grafenleite* folgen. Am sogenannten »Ilzgstad«, dem Ostufer, liegt die **Ilzstadt**. Sie war jahrhundertelang mit Passau nur durch eine Fähre verbunden. Quartier der Säumer, Triftknechte, Holzhauer, Schiffer. Ihr Gotteshaus, St. Bartholomäus, entbehrt verschwenderischem Prunk. Der kräftige Turm, bis zur Befestigung der Ilzstadt 1408 unter Fürstbischof Georg Graf von Hohenlohe einziger Wehrbau, verrät romanische Herkunft, obwohl die Kirche erst 1328 urkundlich erscheint.

Diesseits der Ilz erweckt **St. Salvator** Interesse. Das infolge Geländeanpassung originelle spätgotische Bauwerk verdankt seine Entstehung der kriminellen Energie des Klerus: St. Salvator steht am Platz der 1476 wegen einem angeblichen »Hostienfrevel« der

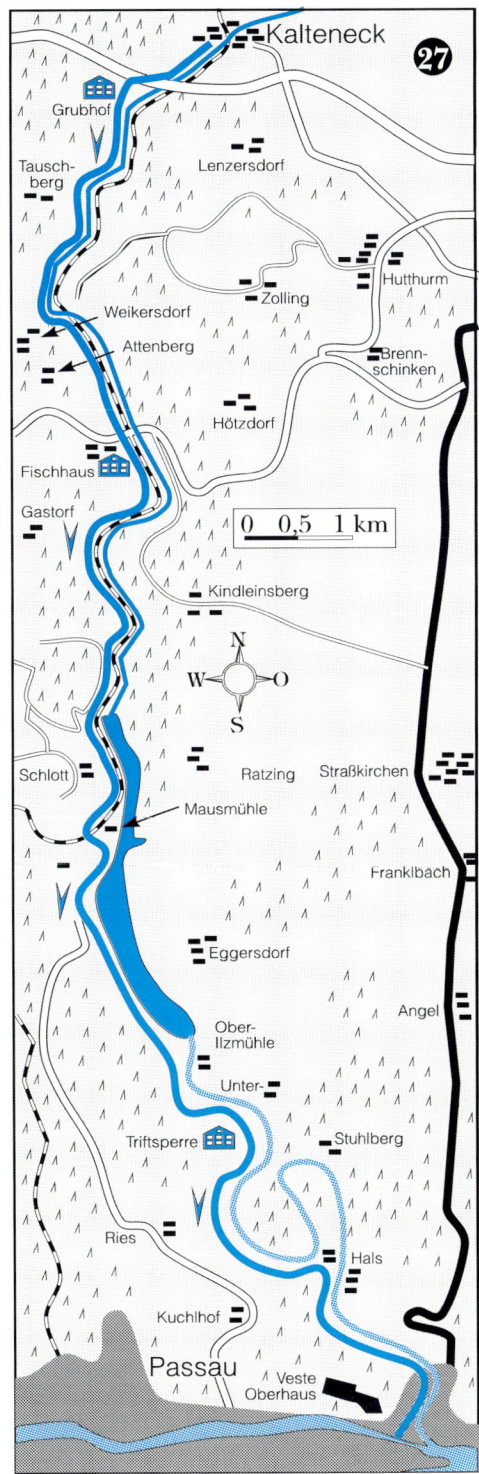

Juden in Brand gesteckten Synagoge. Erbaut wurde die »Sühnekirche« – welch ein Zynismus! – 1497 mit dem beschlagnahmten Gut und Geld vertriebener und umgebrachter Juden. Heute taugt die akustisch brillante Halle als Konzertsaal.

Hinter dem *Straßentunnel* (rechts Fußweg zur Veste Oberhaus) überspannt die **Prinz-Luitpold-Brücke** den Donaustrom. Jenseits die Altstadt von *Passau*.

Nützliche Informationen

Anfahrt: Kalteneck liegt nördlich (beschilderte Zufahrten) der Verbindung zwischen Bundesstraße 85 und Bundesstraße 12. Von Passau 22 Kilometer, von Freyung 29 Kilometer. Busverbindungen mit Passau, Freyung, Waldkirchen.

Ausgangsort: *Kalteneck* (320 m) an der Ilz, Ortsteil des Marktes Hutthurm.

Gehzeiten: Insgesamt 5 bis 5 1/4 Stunden. Kalteneck – Grubhof 1/4 Stunde. Grubhof – Fischhaus 1 Stunde. Fischhaus – Mausmühle-Abzweigung 1 1/2 Stunden. Mausmühle-Abzweigung – Triftsperre 1 Stunde. Triftsperre – Hals 1/2 Stunde. Hals – Passau 1 Stunde. Nimmt man in Hals den Bus, entfällt eine Gehstunde.

Unterkunft/Verpflegung: In *Kalteneck* nur Gasthaus (ohne Zimmer), Montag geschlossen. Übernachtung siehe Einkehr unterwegs.

Einkehr unterwegs: *Grubhof* (1,2 km nach Kalteneck, auch Übernachtung; Telefon 0 85 05/21 50). *Fischhaus* (Gaststätte-Pension Ilzstube; Telefon 0 85 09/18 24), Donnerstag Ruhetag. *Mausmühle* (200 m abseits), Mittwoch geschlossen. *Triftsperre*, Montag Ruhetag). *Hals* (u. a. Gasthof-Pension Zur Brücke, Telefon 08 51/4 34 75), Dienstag geschlossen.

Zielort: Passau, siehe Tour 1.

Auskunft: Verkehrsamt 94116 Hutthurm; Telefon 0 85 05/8 33 oder 8 34.

Wanderkarten: Fritsch Wanderkarte 1:50 000, Blatt 62. – Kompass-Wanderkarte 1:50 000, Blatt 197.

Das von der Ilz umschlungene Hals, 1112 erstmals erwähnt, 1376 zur Stadt erhoben, gehört zu Passau. Die Burg verfiel im 17. Jahrhundert.

Böhmerwald und Nationalpark Šumava

Unter Böhmerwald verstehen Deutsche den tschechischen Teil des Waldes jenseits der bayerischen Grenze, südöstlich der Straße Eschlkam – Neumarkt (Všeruby) über 140 Kilometer, den die Tschechen seit dem 16. Jahrhundert Šumava (»Rauschende«) nennen, hergeleitet vom Verb »šuměti« – rauschen. Das sich nordwestlich anschließende, unter Landschaftsschutz stehende Gebiet östlich des Oberpfälzer Waldes heißt Český les: Tschechischer Wald. Die Šumava bestand aus Mischwäldern. Eichen verschwanden, von Stürmen gerissene Kahlschläge wurden mit schnellwüchsigen Kiefern und Fichten bepflanzt, so daß heute fast 70 Prozent Fichten, zehn Prozent Kiefern, der Rest Buchen und Tannen sind.

Böhmerwald, einst Name für dies- und jenseits der Grenze, ist der Wald des keltischen Boier-Stammes. Er hauste in Böhmen bis etwa 90 v. Chr. Dann verdrängten ihn die germanischen Markomannen. Diese wiederum schlugen das römische Imperium südlich der Donau in Flucht und wurden Bestandteil der Bajuwaren.

Um 568 schwemmte die Völkerwanderung den slawischen Stamm der Čechen aus den Räumen nördlich der Karpaten in böhmische Lande. Christianisierung im 9. Jahrhundert. Trotz faktischer Abhängigkeit zum Frankenreich bewahrten die slawischen Herzöge größtenteils ihre Freiheiten. Sie vereinten West- und Südslawen zum Großmährischen Reich, dem im 10. Jahrhundert die Ungarn das Ende bereiteten. Ihr Heer schlug König Otto I. im August 955 bei Augsburg. Die Erschließung des inneren Waldes erfolgte durch bayerische und andere deutsche Siedler ab Mitte des 11. Jahrhunderts unter Böhmens Herzog Bretislaw I., Lehensnehmer Kaiser Heinrichs III., ein Nachkomme Ottos I., und dauerte Jahrhunderte. König Ottokar II., Vater des Territorialstaates Böhmen, unterstellte das Gebiet 1273 offiziell seiner Krone, während jenseits des Waldkammes die Passauer Fürstbischöfe im »Abteiland« herrschten.

Apropos Deutschtum: Der Kartograph Sebastian Münster berichtet 1544 in »Cosmographie universalis«, die »Teutsche Sprach… geht gerings darumm« (den Böhmerwald). 1547 verleibten die Habsburger das Land Böhmen endgültig ihrem Reich ein, wodurch die Tschechen alte Rechte verloren. Unter Maria Theresia kam die Zentralgewalt 1749 nach Wien (1849 wurde die böhmische Hofkanzlei aufgelöst). Die Kaiserin, genau gesagt ihr seit 1765 mitregierender ältester Sohn Joseph II., veranlaßte 1774 die allgemeine Schulpflicht, schaffte 1781 als Kaiser die Leibeigenschaft ab, gewährte Protestanten und Juden freie Religionsausübung, was Papst Pius IV. ebensowenig gefiel wie die Aufhebung vieler Kirchen und Klöster, sofern sie nicht soziale oder karitative Aufgaben erfüllten. Die Militärgewalt in Böhmen lag in den Händen des Prager Stadtkommandanten. Alfred Fürst Windischgrätz ließ 1848, als Tschechen an Pfingsten anläßlich des Slawenkongresses politische und gesellschaftliche Gleichstellung mit den Deutschen forderten, die Opposition im Namen Österreichs auf dem Wenzelsplatz brutaler niedermachen als dies 1968 vom Warschauer Pakt dem »Prager Frühling« geschah, was die nationalen Emotionen noch mehr schürte. Übrigens erwirkte Windischgrätz die Ernennung seines Schwagers, Felix Fürst Schwarzenberg, aus einer der vornehmsten Adelsfamilien Österreichs, zum Ministerpräsidenten des durch Rebellionen erschütterten Vielvölkerstaates. Die aus Mainfranken stammenden Schwarzenberg waren durch Schenkungen bzw. auf dem Erbweg an südböhmische Ländereien gelangt. Um 1900 gehörten den »Königen des Böhmerwaldes« Gebiete (246000 ha) so groß wie das Saarland. Die Schwarzenberg waren das letzte, weite Landesteile besitzende Geschlecht – bis 1948. Und sie übten schon wieder Einfluß: Karl Fürst Schwarzenberg, Jahrgang 1936, drittgrößter Grundbesitzer Österreichs, war von 1990 bis 1992 Kanzler auf dem Hradschin.

Deutsche und Tschechen lebten mehr und weniger friedlich nebeneinander. Der deutschstämmige, tschechisch schreibende

*Die Pfarrkirche von Au-
ßergefild wurde nach
dem Dorfbrand 1889
neugotisch wiedererrich-
tet und geweiht.*

Karel Klostermann (1848–1923), dessen, im Gegensatz zu Adalbert Stifter unsentimentale, nüchterne, von starken sozialen Empfindungen geprägte Werke – zum Beispiel »Böhmerwaldskizzen«, »Die Glasmacher« –, schwerpunktmäßig den nördlichen und zentralen Wald als Schauplatz haben, definierte seine ethnische Position folgendermaßen: »Ich stamme aus dem hohen Böhmerwald, aus einer deutschen Gemeinde, keiner germanisierten. Ich liebe das teure heimatliche Land, das Volk, die Sitten und die Sprache. Denken und Eigenart dieses Volkes sind auch mir eigen... Die Liebe zu meinem deutschen Volk hindert mich aber nicht, meinen slawischen Mitbrüdern und Landsleuten die gleiche Freundschaft entgegenzubringen.«

Mit der Einführung (1907) des Wahlrechtes, allerdings nur für Männer, verfügten die Tschechen im österreichischen Reichsrat über 75, die Deutschen über 55 Sitze. Nach dem Ersten Weltkrieg und dem Zerfall der Donaumonarchie bzw. der Proklamation der Tschechoslowakischen Republik am 28. Oktober 1918 als ihr slawisches Erbe, wollte die tschechische Minderheit im Böhmerwald mehr Rechte, u. a. eigensprachliche Schulen. Eine Landreform wies tschechischen Kolonialisten deutschen, enteigneten Boden zu; die Schwarzenberg beispielsweise erlitten erhebliche Schmälerungen, die Fürsten Hohenzollern-Sigmaringen verloren um Markt Eisenstein ihre Besitztümer im Wert von vier Millionen Goldmark. Hitlers Invasion – der größte Teil des Böhmerwaldes wurde zum Gau Bayerische Ostmark deklariert – und Nazi-Verbrechen, die 300 000 Tschechoslowaken das Leben kosteten, vertieften die Gräben unüberbrückbar. Folge war nach der Befreiung durch US-Truppen Anfang Mai 1945 die Vertreibung der Deutschstämmigen (in der Gesamt-Tschechoslowakei 3,5 Millionen, 200000 in Mischehen durften bleiben). Zwangsangesiedelte Slowaken schlugen nicht überall Wurzeln. Das Grenzland versteppte um verödete Ortschaften. Aus strategischen Gründen ließ die von Kommunisten getragene Republik ganze Dörfer niederwalzen und planieren. Der »Eiserne Vorhang« reichte praktisch mehr als fünf Kilometer ins Hinterland – bis 1990. Für Eigentum, das vor dem 25. Februar 1948, vor der legalen Nachkriegsregierung, beschlagnahmt wurde, erhalten Vertriebene keine Entschädigungen!

Šumava ist seit 1963 auf einer Fläche von 162700 Hektar Naturpark und wurde 1990 am Grenzsaum UNESCO-Biosphärenreservat, wo neben unangetasteten Revieren auch naturnahe Landnutzungsformen erlaubt sind. Den südöstlichen Teil, in den Kreisen Klattau (Klatovi) und Prachatitz (Prachatice), zwischen Markt Eisenstein und Moldau-Stausee, erklärte die damalige ČSFR am 27. März 1991 zum **Nationalpark: Národni park Šumava**, 68520 Hektar. Rund 80 Prozent des Gebietes waren gesperrte Grenzzone. Dadurch hat sich manchenorts im letzten halben Jahrhundert landschaftlich nichts verändert, was sehr wohltuend empfunden wird. Innerhalb von drei Jahren erhielt der Böhmerwald wieder ein vorbildlich markiertes Wegenetz. Es entspricht dem Stand von 1937. Vernünftigerweise blieben einige Hochmoore gesperrt!

Den Landschaftsschutzgedanken verankerte schon 1355 Kaiser Karl IV. im »Majestas Carolina« (Gesetzbuch). Ein Jahrhundert später brachte König Sigmund den Tierschutz ins Gespräch. Angehörige der Familie Schwarzenberg votierten um 1800 gegen die Ausrottung des Bären, konnten sie aber 1856 nicht verhindern. Meister Petz ist verschwunden. Dafür sollen gelegentlich Wölfe streifen. Keine Angst! Wenn überhaupt, bekommt man sie nicht zu Gesicht, wie Luchse, Fischotter, Wildschweine. Rund 400 Birkhühner seien heimisch. Wo die winzigen weißen Blüten der Moorbeere leuchten, flattert der Hochmoorgelbling, ein seltener Schmetterling. Fauna und Flora sind intakter als in der bayerischen Nachbarschaft! Der Böhmerwald sucht seinen eigenen Weg zwischen Aufbruch und Bewahren, maßvoller Zurückhaltung und treibendem Unternehmergeist.

Eines der wenigen noch erhaltenen, typischen Böhmerwaldhäuser. Am Aufstieg der Wanderung 34 aus dem Widratal nach Rehberg.

28 Adalbert Stifters Kosmos

Im Banne des Plöckenstein

Tourencharakter: Unschwierige Rundwanderung. Bei Nässe streckenweise sehr rutschig.
Steigungen: 590 Meter.
Reine Gehzeit: Knapp 4¼ Stunden.
Beste Jahreszeit: Juni bis Herbst.

Lieg in hohes Gras gestrecket
schau sehnend nach der Felswand
Auf diesem Anger, an diesem Wasser
ist der Herzschlag des Waldes

Eingemeißelt im Sockel des Adalbert-Stifter-Denkmals – Empfindungen eines Sensiblen, dem wir auch »drüben« begegnen, im Rosenberger Gut (Tour 2). Sein Geburtshaus steht in Oberplan (Horni Planá), südwestlich, am Moldau-Stausee. Dort erblickte der bedeutendste deutsche Schriftsteller aus Böhmen am 30. Oktober 1805 als Sohn eines Leinenwebers und Flachshändlers das Licht der Welt. Stifters Schaffen prägen poetischer Realismus und Bürgerklassik des 19. Jahrhunderts, es mythisiert die Heimat, verklärt Erinnerungen, beschwört Harmonie, macht Geschichte, Natur und bedrohliche Gewalt ungezügelter Elemente nacherlebbar. Seinerzeit durfte jedermann den »Blöckenstein« besuchen. Im Solnauer Revier mußte 1856 der letzte Bär dran glauben, ein Monstrum, ausgeweidet 230 Pfund schwer. Doch nach dem Zweiten Weltkrieg war das Gebiet 45 lange Jahre militärische Sperrzone an dem mit 20000 Volt geladenen »Eisernen Vorhang«. Östliche wie westliche Sehnsüchte schliefen verdrängt in den Seelen aller Böhmerwaldfreunde – bis Juni 1990. Dann wurde der Plöckenstein regelrecht gestürmt von Tschechen, von Österreichern und Deutschen, vielen Älteren, für die Böhmen einst Heimat war.

»Leichten Gepäcks, doch mit Zentnerlast im Herzen, schloß ich an dem unseligen 6. Juni 1946 das Haus, in dem mein Großonkel Adalbert Stifter geboren wurde, ab, nicht ohne es vorher noch an allen Ecken geküßt

und gesegnet zu haben. Die Schlüssel und ein Säckchen mit Heimaterde nahm ich mit in die ungewisse harte Fremde. Im hintersten Winkel des Herzens schlummert leis' die Hoffnung, daß ich mit Hilfe dieses Schlüssels wieder einmal in das alte, liebe Vaterhaus eintreten kann...« Emma Stifter starb 1951 in Landau an der Isar.

Der Wegverlauf

Vom **Parkplatz** (800 m) auf dem Teersträßchen westwärts mit grünen Farbzeichen, vorbei an einem *Imbißhaus* und einem Wegkreuz von 1876. Im hochstämmigen Tannenwald bergan zum insgesamt 44 Kilometer langen **Schwarzenbergkanal** (Svarcenberský kanál). Dieser Schwemmkanal, gespeist durch den Plöckensteinsee und diverse Triftklausen, entwickelte sich mit kurzen zeitlichen Unterbrechungen von 1789 bis 1822 hauptsächlich unter Leitung des Forstingenieurs und Landmessers Josef Rosenberger (1735–1804) aus der Gegend um Krummau (Český Krumlov). Er hatte Fürst Johann Schwarzenberg, Besitzer der Plöckensteinwälder, für seinen, wie sich herausstellte, genialen Plan erst nach vierzehnjährigen Überredungskünsten gewinnen können. 1000 Mann gingen an die Arbeit. Bereits im April 1791 schwamm das erste Holz auf Zwettlbach, Mühl und Donau in acht Tagen nach Wien. Und schon fünf Jahren später hatten sich die bis dahin investierten 26000 Gulden inklusive Zinsen nicht nur amortisiert, Schwarzenberg erzielte 24000 Gulden Profit. Folglich erreichten nun jährlich 12000 Klafter Brennholz die Habsburger Metropole. Für das reibungslose Funktionieren der Trift

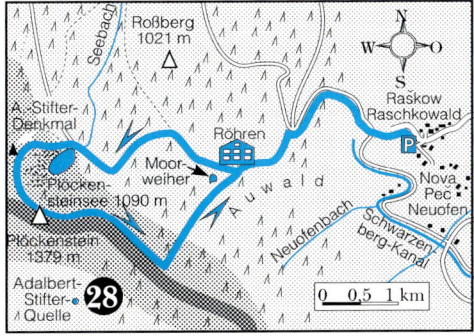

sorgten entlang des Rinnensystems 100 Männer, ausgerüstet mit drei Meter langen, eisenspitzversehenen Stangen, um das Holz in Fluß zu halten. 1837 zweigte ein 3,9 Kilometer langer Kanal zur Moldau unterhalb des heutigen Bahnhofs Nová Pec ab, womit auch diese bedeutende Wasserstraße angeschlossen war. 1892 folgte die Eisenbahn.

Rechts, am Kanal – durchschnittliches Gefälle 2,2 Prozent – in 20 Minuten zu einer Kreuzung. Hier mündet links ein ehemaliger Zufluß. Auch unsere Route schwenkt links ein. Mäßig bergan 10 Minuten zur **Einkehr Röhren** (Řijiště, 890 m). An diesem Platz lag einst die Triftklause Röhren, deren Wasser den Schwarzenbergkanal für fünf Schwemmstunden versorgen konnte.

Rechts weiter auf dem Teersträßchen, jetzt nur mehr ¼ Stunde. Dann wenden sich die grünen Zeichen halblinks in den Wald. Der breite Weg führt in knapp ½ Stunde zum **Steinmeer**, gebildet aus Glimmergranitblöcken. Dazwischen wachsen Latschen, Fichten, Ebereschen, Birken, Farne, Heidelbeeren, Preißelbeeren. Droben am Giebel der Seewand wird das Stifter-Denkmal sichtbar.

Plöckensteinsee (Plešné jezero, 1090 m). Bis zu 18,5 Meter tief unter der Seewand. Auf dem Grund wuchert, einzigartig im Böhmerwald, das Stachelspornige Brachsenkraut (Isoetes echinospora). 1960 suchte man vergeblich nach Kisten mit Nazi-Dokumenten. Das Wasser umspült einen bearbeiteten Felsblock. Er trägt die Initialen JS (Johann von Schwarzenberg) und das Datum 13. August 1868 – Sterbejahr Stifters.

»Ein Gefühl der tiefsten Einsamkeit überkam mich jedesmal unbesieglich, so oft und gern ich zu dem märchenhaften See hinaufstieg. Ein gespanntes Tuch ohne eine einzige Falte liegt es weich zwischen dem harten Geklippe, gesäumt von einem dichten Fichtenbande, dunkel und ernst, daraus manch einzelner Urstamm den ästelosen Schaft emporstreckt, wie eine einzelne altertümliche Säule.«

Jetzt, das heißt am nordöstlichen Ufer (Informationstafeln), übernimmt uns die gelbe Markierung. Steiler als bisher bergan, abwechslungsreich durch den Wald. Nach 35 Minuten staunen wir vor dem 15 Meter hohen **Stifter-Denkmal** (Stifteruv pomnik,

Der Plöckensteinsee, ein Lieblingsaufenthalt Adalbert Stifters, ruht in einem Kessel zu Füßen der felsigen Seewand des Plöckenstein.

1320 m). Errichten ließ es 1876/77 der Deutsche Böhmerwaldbund. Fünf Steinmetze schafften das Granit-Rohmaterial aus 16 Kilometer Entfernung mittels hölzerner Rollen her. Sie werkelten von Sonnenauf- bis Sonnenuntergang, gingen lediglich samstags zwecks Lebensmittel-Ergänzung in ihr Dorf Hirschbergen. Der Obelisk wurde nach 1945 nicht gestürzt. Verneigung vor einem versöhnlichen Geist, dem Nationalismus stets fremd war?

Von der Felskanzel erschaut man den nördlichen Teil des 44 Kilometer langen, bis 13 Kilometer breiten Lipno-Stausees, das »Südböhmische Meer«, in dem die Moldau zu ertrinken scheint. Es dokumentiert eines

der ersten großen technischen Bauwerke des tschechoslowakischen Sozialismus, entstanden von 1950 bis 1959. Am südlichen Ende liegt die Ortschaft Friedberg (Frymburk). Dort verbrachte Stifter, von den Großeltern erzogen, als Student – Jura, Mathematik, Naturwissenschaften in Wien – die Ferien und huldigte seiner ersten und einzigen Liebe: Fanny Greipl. Deren Eltern, wohlhabende Kaufleute, wiesen jedoch den armen Burschen von der Tür. Er ging später eine Vernunftehe ein. Sein liebster Erdenfleck ruht – »regungslos wie eine versteinerte Thräne« zu Füßen des Wanderers.

»Über ihm steht ein Flecken der tiefen, eintönigen Himmelsbläue. Man kann hier tagelang weilen und sinnen, und kein Laut stört die durch das Gemüt sinkenden Gedanken, als etwa der Fall einer Tannenfrucht...«

Weiter bergan, streckenweise Knüppeldämme benutzend. Nach 5 Minuten erneut eine *Aussichtskanzel*. Und schon 10 Minuten später kraxelt man über Felsen – wie durch Zauberhand geschichtet – auf den **Plöckenstein** (Plechý, 1379 m), genau gesagt den **Böhmischen Plöckenstein**, zur Unterscheidung vom Bayerischen Namensvetter (Tour 2) zwei Kilometer Luftlinie westlich. Der »Böhmische« kennzeichnet den fünfthöchsten selbständigen Gipfel des Grenzkamms. Vom Parkplatz 2¼ Stunden.

Ab dem österreichischen *Zollhüttchen* folgen wir der rot markierten Grenzlinie südöstlich, bald über Wurzelstränge und Steine eine ¾ Stunde hinunter zum *Sattel* (1020 m) des *Grenzüberganges* (Fußgänger, Radfahrer), wo hüben und drüben ein meist unbesetztes Wachhäuschen steht.

Links, blau markiert auf dem Teersträßchen. Es präsentiert uns nach 20 Minuten einen traumhaften *Moorweiher*. Wenig später sind wir wieder bei der Einkehr **Röhren.**

Blick beim Stifter-Denkmal an der Seewand auf den 200 Meter tiefer gelegenen Plöckensteinsee.

Nützliche Informationen

Anfahrt: Von der Straße Nr. 163 Wallern (Volary) – Oberplan (Horni Planá) zweigt in Salnau (Želnava) rechts die Zufahrt nach Neuofen (Nová Pec) ab. Vom deutschen Zoll bei Philippsreut 42 Kilometer über Lenora – Volary. Bahnhof (Postamt, Wechselstube) der Strecke Volary – Budweis; Züge auch vom tschechischen Grenzbahnhof bei Haidmühle (Fahrzeit knapp ½ Stunde), morgens gegen 9.30 Uhr, zurück gegen 16.00 Uhr.
Ausgangsort: *Neuofen* (Nová Pec), Streusiedlung am nordwestlichen Ende des Moldau-Stausees.
Ausgangspunkt: *Parkplatz* (800 m) bei den Häusern von Raschkowald (Raškov), 300 Meter von der Bushaltestelle (Verbindungen mit Volary/Wallern), 2,5 Kilometer vom Bahnhof Nová Pec.
Gehzeiten: Insgesamt knapp 4¼ Stunden. Parkplatz – Röhren 40 Minuten. Röhren – Plöckensteinsee eine ¾ Stunde. Plöckensteinsee – Stifter-Denkmal 35 Minuten. Stifter-Denkmal – Plöckenstein ¼ Stunde. Plökkenstein – Röhren 1¼ Stunden. Röhren – Parkplatz 40 Minuten.
Einkehr unterwegs: *Röhren* (Getränke, bewirtschaftet Juni bis Ende September).

Unterkunft/Verpflegung: Beim Bahnhof die *Hotels U Jezera* (empfehlenswert) und *Nová Pec.*
Camping: Am *Stausee* beim Bahnhof.
Sehenswürdigkeiten der Umgebung:
• *Oberplan* (Horni Planá, 12 km). Gedenkstätte im 1991 renovierten Geburtshaus Adalbert Stifters (Památník Adalberta Stiftera); deutsche Führerpublikation, geöffnet Mai bis Oktober Dienstag sowie Donnerstag bis Samstag 9.00 bis 12.00 Uhr, 13.00 bis 17.00 Uhr, Mittwoch bis 18.00 Uhr, Sonntag 9.00 bis 13.00 Uhr. • *Wallern* (Volary, 19 km). Stadtmuseum (Městké Muzeum, Cská ulice 71), u. a. Dokumentation des »Eisernen Vorhanges«, deutschsprachige Führung möglich, geöffnet Mai bis September außer Montag 10.00 bis 17.00 Uhr.
Wanderkarten: Topographische Karte 1:50000, Blatt L 7348. – Podrobná Turistická Mapa 1:50000, Blatt 66 (mit allen markierten Wegen).
Spezialschrifttum: Broschüre (tschechisch/deutsch) über den Plöckensteinsee und die Geschichte des Schwarzenbergkanales in der Einkehr Röhren.
Schöne Literatur: Adalbert Stifter, Der Hochwald. Insel Verlag, Frankfurt/Main–Leipzig 1992. Taschenbuch.

29 Von Tusset zur Tussetkapelle

An der Kalten Moldau

> **Tourencharakter:** Unschwierige Rundwanderung.
> **Steigung:** 220 Meter.
> **Reine Gehzeit:** Etwa 2¼ Stunden.
> **Beste Jahreszeit:** Mai bis Spätherbst.

Stožec, das ehemalige Tusset, ist ein wohltuend verschlafenes Nest abseits der Verkehrswege. Die Straße von Haidmühle darf erfreulicherweise nur von Fußgängern, Rad- und Mopedfahrern benutzt werden, ebenso ihre Fortsetzung entlang der Kalten Moldau. Vor dem Gasthaus stehen ein paar Stühle. An heißen Tagen planschen Kinder im sauberen Moldauwasser. Die Kaserne ist verlassen. Per Auto erreicht man Tusset nur über Böhmisch Röhren (České Žleby). Die Bahn indes verkehrt regelmäßig ab der tschechischen Zollstation Neuthal (Nové Údoli) bei Haidmühle nach Tusset. Ausnahmsweise wurden die Schienen nicht demontiert, denn sie dienen auch dem Holztransport aus den Grenzwäldern ins Landesinnere.

Entstanden ist Tusset während des 16. Jahrhunderts als Station an dem 1528 unter Herzog Ernst von Bayern, Passauer Bistumsadministrator und Förderer des Salzhandels, ausgebauten Haidweg. Diese »neue Straß«, identisch mit einem alten Handelsweg, verließ die Hauptroute des »Goldenen Stiges« in Fürholz bei Waldkirchen und endete in Wallern (Volary). Im Böhmischen Aufstand (Prager Fenstersturz) 1618, dem Auslöser des Dreißigjährigen Krieges, marschierte Militär aus Südböhmen durch das Tal nach Bayern.

Der Wegverlauf

Auf der Straße über die **Kalte Moldau** (Studená Vltava) in Richtung České Zleby. Unsere Markierung – weiß-gelb-weiß – nimmt die erste Rechtsabzweigung und führt, von Birken in Abständen begleitet, am Bächlein entlang durch feuchte Wiesen. Rechter Hand wölbt sich der Tussetberg. Nach ½ Stunde sind wir an der Kreuzung *Rozcesti Pod Sdož-*

Auf dem Weg von Tusset (tschechisch Stožec) zum schwach gewölbten Tussetberg.

cem (805 m) und stoßen auf die blaue Markierung, die links von České Zleby kommt.

Rechts dem Teersträßchen folgen. Im Süden grüßen Dreisesselberg und Plöckensteinkamm. Etwa 20 Minuten auf dem Sträßchen, dann biegt man links ab. Bergan im Wald. Übrigens stehen im Naturschutzgebiet Tusset die ursprünglichsten Mischwälder des Nationalparks. Etwa 1/4 Stunde ist es zur hölzernen **Tussetkapelle** (Stožecká kaple), neben der eine angebliche Heilquelle spärlich Wasser spendet. Ein deutscher Informationsanschlag erzählt die Historie der nach 1946 verfallenen Wallfahrtsstätte böhmischer und bayerischer Pilger. In Philippsreut entstand 1985 eine Kopie. Doch kaum war das kommunistische Regime in der Tschechoslowakei entfernt, erwuchs auch am alten Platz wieder eine Kapelle, Weihe am 25. August 1990. Links an der Kapelle vorbei, man gewinnt den nahen, aussichtsreichen **Tussetfels** (973 m, Stožecká skála).

Hinunter zum Teersträßchen und links, etwa 20 Minuten, bis sich die blauen Zeichen rechts wenden (Holzbohlenstufen). Durch den Wald abwärts in 10 Minuten zum abenteuerlichen, schwankenden Holzsteg über die **Kalte Moldau**. Sie vereint sich fünf Kilometer flußabwärts mit der Warmen Moldau zur eigentlichen Moldau. Auf der Straße (765 m) rechts gehend, sind es 25 Minuten nach Tusset.

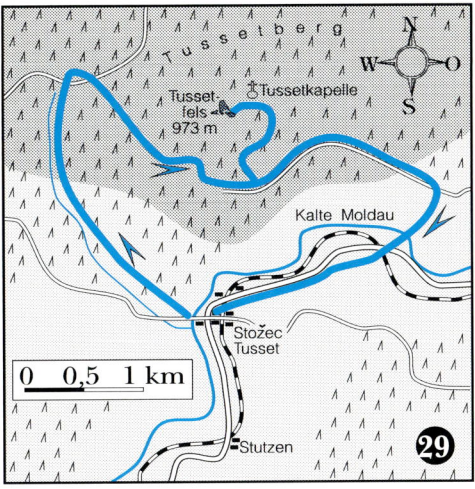

Ausgangsort: Tusset (Stožec, 775 m). Großer gebührenpflichtiger Parkplatz.
Gehzeiten: Insgesamt rund 2 1/4 Stunden. Tusset – Tussetfels 1 1/4 Stunden. Tussetfels – Kalte Moldau 40 Minuten. Kalte Moldau – Tusset 25 Minuten.
Unterkunft/Verpflegung: Café-Imbiß Heller Tag (Jasnýden), auch Zimmer. *Gasthaus* am Parkplatz. *Gasthaus U Supa*, Gartenbetrieb.
Wanderkarten: Topographische Karte 1:50000, Blatt 7148. – Podrobná Turistická Mapa 1:50000, Blatt 66 (mit allen markierten Wegen).

Nützliche Informationen

Anfahrt: Von der Grenze bei Philippsreut 14 Kilometer über České Žleby. Grenzübergang bei Haidmühle geöffnet 8.45 bis 21.00 Uhr für Fußgänger, Radfahrer und Motorräder bis 50 Kubikzentimeter. Erster Zug von Neuthal/Haidmühle gegen 9.30 Uhr, letzter zurück gegen 19.40 Uhr. Bahn- und Busverbindung mit Wallern (Volary).

Ein schwankender Brettersteg führt beim Abstieg von der Tussetkapelle über die Kalte Moldau.

Seit August 1990 erfreut die neue Tussetkapelle Wanderer und Wallfahrer. Links der Kapelle geht es zum Tussetfels.

30 Kuschwarda – Strážný

Zur Burgruine Kunzwarte

Tourencharakter: Unschwierige Rundwanderung. Badegelegenheit.
Steigung: 220 Meter
Reine Gehzeit: 1½ Stunden.
Beste Jahreszeit: Frühling bis Spätherbst.

Mit der Grenzöffnung am 7. September 1971 hing Kuschwarda wieder am europäischen Verkehrsnetz. Doch erst der Sommer 1990, die Liberalisierung des Ostblockes, ermöglichte individuelle, marktwirtschaftliche Aktivitäten. Imbiß- und Verkaufsbuden schossen geradezu aus dem Boden. Offeriert werden Bier, Schnaps, Krimsekt, Zigaretten, Glaswaren, auch Tand zum günstigen Kronenkurs. Tradition scheint gewissermaßen zu verpflichten. Seit jeher rollt der Verkehr durch den 1843 mit Marktrechten begünstigten, lebhaften Grenzort, florierte der Handel. Angefangen hat es mit der Winterberger Route des »Goldenen Steiges«. Und zwar vor 1312,

denn in diesem Jahr wird ein Geleitschutz für Säumer und Kaufleute garantiert. Kaiser Karl IV. nennt in einer Lehensurkunde von 1359 u. a. die böhmische Mautstation Obermoldau mit tschechischem Amtsnamen: Wultawie, heute Horni Vltavice, 8,5 Kilometer nördlich von Kuschwarda. Der Flecken Kuschwarda entstand erst 1672. Sein deutscher Name dürfte eine Verbalhornung von Kunzwarte sein.

Der Wegverlauf

Auf der Straße bergan. Die 1781 geweihte Dreifaltigkeitskirche ist verschwunden. Sie war nach 1945 wie etliche Bürgerhäuser und landwirtschaftliche Anwesen verwaist und 1965 baufällig abgebrochen worden. Nur der Altarstein blieb erhalten – drüben in der Tussetkapelle von Philippsreut.

Nach Haus Nr. 3 links, der weiß-gelb-weißen Markierung gehorchend. Anschließend rechts neben dem Skilift den Wiesenhang hoch in den Waldschatten, wo auf einer Felskanzel die **Marienkapelle** (860 m) steht.

Beim Kreuz vor der Kapelle wenden sich die gelben Farbzeichen rechts. Kurz abwärts.

Badeweiher am Rückweg nach Kuschwarda (tschechisch Strážný) von der Ruine Kunzwarte, die sich auf der bewaldeten Kuppe verbirgt.

Links begleitet uns ein uraltes Trockenmäuer-chen. Wenige Minuten später zeigt links am Felsblock der gelbe Pfeil rechts. Durch die Wiesenmulde auf breitem Weg. Nordwest-lich wölbt sich die Waldkuppe Strážný, auch Na Zámku genannt. Im Wald aufwärts. Un-gefähr 10 Minuten nach der Kapelle, beim Holzlagerplatz (Wildfutterhütte) nehmen wir an der Wegegabel den rechten Ast. Nun 20 Minuten spürbar steiler. Dann führen gelbe Burgsymbole rechts zu der auf mächtigem Felssockel thronenden, 15 Meter hohen Rui-ne **Kunzwarte** (Kunžvart, 1025 m). Rechts um den Turm zum Eingang auf der Nordsei-te. »Kungeslen«, was »Königslehen« heißt, liest man in besagter Kaiserurkunde. Die An-lage, bereits 1547 als »ödes Schlößl« er-wähnt und nach dem Brand 1578 endgültig dem Verfall preisgegeben, deckte den »Gol-denen Steig« Passau – Winterberg bzw. dien-te dem Schutz des Handelsweges. Vom Park-platz eine ¾ Stunde.

Mit dem Pfad zurück. Rechts auf den fla-chen Kammrücken. Abwärts, über eine Blö-ße und durch den Wald zum geteerten Fahr-weg bei einem *Bauernhof* (925 m). Einsam-keit und Stille ringsum. Das war aber nicht immer so. Unweit, nördlich, produzierte zwischen 1755 und 1798 die Röhrenberger Hütte international begehrtes Kreideglas.

Auf dem Sträßchen rechts in ¼ Stunde zu einem **Teich**, dem »Freibad« von Kuschwar-da. Mitte des 16. Jahrhunderts lagerte hier, im sagenumwobenen »Bärenloch«, ein Stau-see, dessen Damm brach und das Land ver-wüstete »bis Prag hinab«, plaudert Hans Watzlik. Der Teichherr sei geflohen, das Roß verkehrt beschlagen, »daß ihn keine Spur verrate«. Trotzdem wurde er gefaßt, »und in Prag schlugen sie ihm den Schädel ab«.

Etwa 5 Minuten später mündet links am *Schlösselbach* der gelb markierte, sechs Kilo-meter lange Weg von Horni Vltavice. An ihm lagen die Weiler Schlösselbach (Kořenný) und Röhrenberg (Žlibky). Gemeinsam nach Kuschwarda.

Nützliche Informationen

Anfahrt: Von der Grenze bei Philippsreut 4 Kilometer auf der Straße Nummer 4. Von Passau 50 Kilometer. Von Winterberg (Vim-

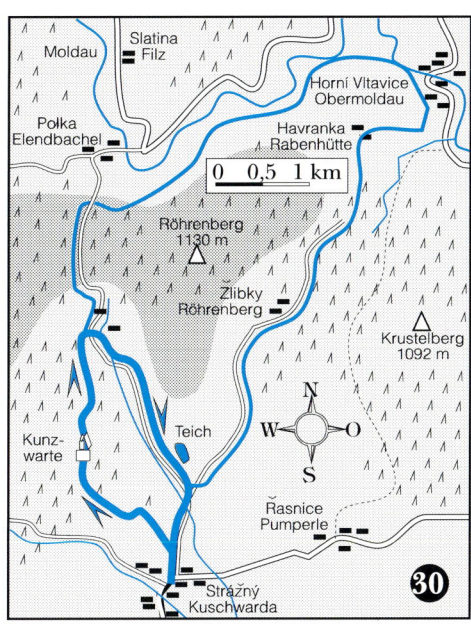

perk) 24 Kilometer. Busverbindungen.
Ausgangsort: *Kuschwarda* (Strážný, 834 m).
Parken: Nördlich der Durchgangsstraße, ge-genüber dem SPAR-Geschäft.
Gehzeiten: Insgesamt 1½ Stunden. Kusch-warda – Marienkapelle 10 Minuten. Marien-kapelle – Kunzwarte 35 Minuten. Kunzwarte – Teich 35 Minuten. Teich – Kuschwarda 10 Minuten.
Unterkunft/Verpflegung: *Gasthaus* rechts an der östlichen Ortsausfahrt. Imbißkioske.
Tourenverlängerung: Nach dem Abstieg von der Kunzwarte auf dem Teersträßchen nicht rechts nach Kuschwarda, sondern links, wei-ter gelb markiert die Anhöhe überschreiten. Jenseits abwärts, nach etwa 10 Minuten rechts in den ebenfalls geteerten, blau mar-kierten Fahrweg. Unmittelbar vor der Straße (Imbißkiosk) bei Horni Vltavice, geht es scharf rechts, ersichtlich gelb bezeichnet. Gegensteigung über das Gelände der ehema-ligen Rabenhütte (Havránka) und durch den Sattel zwischen Röhrenberg (Žlibský vrch) und Krustelberg (Chlustov) nach Kuschwar-da. Gesamtzeit etwa 4 Stunden.
Wanderkarten: Topographische Karte 1:50 000, Blatt 7148. – Podrobná Turistická Mapa 1:50 000, Blatt 66 (mit sämtlichen mar-kierten Wanderwegen).

31 Kubany, 1362 Meter

Ältester Urwald Mitteleuropas

Tourencharakter: Unschwierige Rundwanderung.
Steigung: 550 Meter.
Reine Gehzeit: 3¾ bis 4 Stunden.
Beste Jahreszeit: Juni bis Oktober.

Urwald – »ein weitgehend in unberührtem Zustand und natürlichem Gleichgewicht befindlicher Wald«, definiert das Lexikon. Ergo: Für heutigen Zeitgeist unwirtschaftliche – aber gesunde Forste. Denn nur Waldgemeinschaften, die dem geschlossenen Kreislauf der Natur überlassen sind, bilden vielfältig verflochtene Lebensräume. Selbst das Holz gestürzter bzw. absterbender Bäume erfüllt elementare Aufgaben: Heimstätten für Kleintiere, von denen wiederum größere Tiere leben. Im Urwald entstehen niemals auf Dauer größere Blößen, weil der Wald sich ständig erneuert. Anschaulichstes Muster in Böhmen ist der Urwald im Südhang des Kubany. Schon 1710 wußte man von seiner Existenz, 1858 ließ ihn Fürst Schwarzenberg in weiser Ahnung schützen. Diese Maßnahme schenkte Botanikern, Zoologen und Forstwissenschaftlern einen Lehrsaal unter freiem Himmel, Wanderern einen archaischen Erdenfleck – unbehelligt vom »gerechten« Janecek, dem »Heigl« (siehe Tour 16) des Böhmerwaldes. Der von seiner Nachwelt glorifizierte Räuberhauptmann endete am Galgen zu Pilsen!

Der Wegverlauf

Vom **Parkplatz** auf der Brücke über den *Kapellenbach* (Kaplický potok) und neben dem Bach talein mit geteerter Straße durch die Eisenbahnunterführung zum **Forsthaus Idasäge** (Hojona Ida); Schaukästen. Wenig später stößt man auf einen Querweg. Links, nach 100 Metern rechts, auch weiterhin der grünen Markierung folgen. Sie führt zur **Idaschwelle** (Boubinské jezirko, 960 m), früher auch Kapellenschwelle genannt. Es handelt sich um eine Klause, einen Stausee zum

Die Idaschwelle, ein kleiner Stausee am Rande des Kubany-Urwaldes, diente im 19. Jh. der Holztrift.

Zweck der Holztrift im 19. Jahrhundert. Unmittelbar vor dem Gewässer geht es links durch den felsübersäten Hang ¼ Stunde hoch, am Rande des **Kubany-Urwaldes** (Boubinský prales). Dreihundert- bis vierhundertjährige Baumriesen sind keine Seltenheit, im Unterschied zu Wirtschaftswäldern. Dämmern hängt zwischen den Stämmen. Generationen von Fichten und Buchen kämpfen sich an die Helle magischer Lichtbündel. Fichten sprießen als sogenannte »Stechwurzeln« aus gestürzten Mutterbäumen. Skurrile Wuchsformen, wie Krakenarme, regen die Phantasie an. Grünes Farngefieder. Alpenlattich wächst, Alpenglöckchen, Bärlapp, Waldmeister, Waldhyazinthe. 1970 fiel der »König«, eine mehr als fünf Meter Durchmesser starke, annähernd 500 Jahre alte Fichte. Ältere »Herrn« fällte der Nachtorkan des 26./27. Oktober 1870. Er legte 47 Hektar flach. Seit 1958 stehen in den Kubanywäldern 660 Hektar unter Naturschutz. Die eingezäunte Kernzone umschlingt ein 6,8 Kilometer langer Lehrpfad. Leider sind die Tafeln nur tschechisch beschriftet!

Wir betreten einen Forstfahrweg. Rechts,

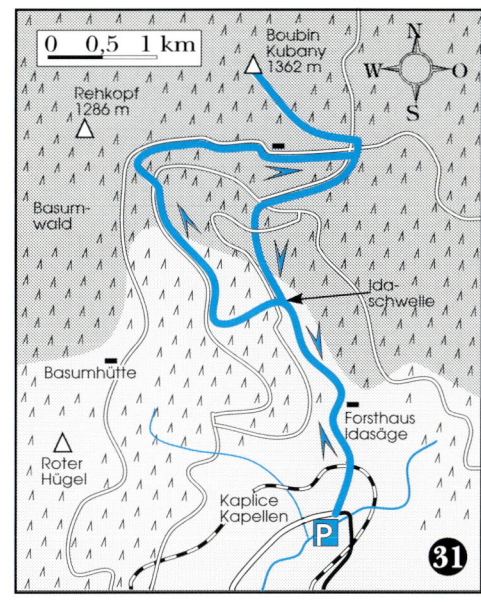

nach ¼ Stunde eine *Unterstandhütte* passieren. Fünf Minuten später achtgeben! Unsere grüne Markierung verläßt nämlich den Fahrweg links (Lehrpfad geradeaus), geht jedoch

Durch ein liebliches Wiesental, vorbei am Forsthaus Idasäge, erfolgt die Annäherung zum Kubany.

Gipfel des Kubany: mit 1362 Meter höchster böhmischer Berg außerhalb des eigentlichen Böhmerwaldes.

10 Minuten später erneut in einen Forstweg über. Abwärts, an der Wegegabel nach 5 Minuten halblinks und wieder bergan zum Platz des ehemaligen schwarzenbergischen Jagdschlößchens Loecky. Jetzt steht hier ein **Holzhaus** (1185 m, Brunnen). Es war nach dem 1968 vom Ostblock niedergeschlagenen »Prager Frühling« eine Fluchtstätte patriotischer Tschechen. Noch gute 5 Minuten auf dem Weg bleiben. Am Treffpunkt mehrerer Wanderrouten vor dem eingezäunten Gehege, spitzwinkelig links, steil bergan, zuletzt über Felsen auf die Haube des **Kubany** (Bou-

bin): höchster böhmischer Gipfel außerhalb der Šumava. Er geizt infolge hohen Baumwuchses mit erhofften Ausblicken. Ein Stein erinnert an Kardinal Friedrich Josef Fürst von Schwarzenberg, dessen 1895 enthülltes Standbild uns im Prager St.-Veits-Dom begegnet. Vom Parkplatz 2¼ Stunden.

In 25 Minuten wieder hinunter zur Wegespinne. Rechts mit dem Teersträßchen. Nach ¼ Stunde am Wegedreieck geradeaus, nun von einem Wanderweg geleitet. Vor dem **Urwald** geht es links mit dem Lehrpfad zur **Idaschwelle**.

Nützliche Informationen

Anfahrt: Vom Grenzübergang Philippsreut über Strázný – Horni Vltavice – Záton 14 Kilometer. Bushaltestelle Záton (3 km), Verbindungen mit Kuschwarda (Strázný) und Winterberg (Vimperk). Bahnhof: Záton zastávka (Züge vom tschechischen Grenzbahnhof Haidmühle), von dort grün markiert ¼ Stunde zum Ausgangspunkt.

Ausgangsort: Gebührenpflichtiger *Wanderparkplatz Kralice* (840 m) am orographisch linken Ufer des Kapellenbachs.

Gehzeiten: Insgesamt 3¾ bis 4 Stunden. Parkplatz – Idaschwelle ½ Stunde. Idaschwelle – Holzhaus 1 Stunde. Holzhaus – Gipfel eine ¾ Stunde. Gipfel – Idaschwelle 1 Stunde. Rückweg ½ Stunde.

Unterkunft/Verpflegung: *Parkplatz-Kiosk*, geöffnet im Sommer 10.00 bis 18.00 Uhr. Nächster *Gasthof* in *Zátoň* (3 km), geöffnet ab 14.00 Uhr, Dienstag Ruhetag; auch Lebensmittelgeschäft. *Privatzimmer* im Haus Nummer 40. In *Lenora* (5 km) *Hotel Chata*; Telefon 03 39/9 88 56.

Camping: Beim *Parkplatz* sowie in *Lenora* (5 km).

Einkehr unterwegs: *Kiosk Idaschwelle* (an Ferien-Wochenenden).

Sehenswürdigkeiten der Umgebung: • *Glasmuseum Eleonorenhain* (Muzeum Lenora) in Lenora im Haus der Gemeindeverwaltung an der Durchgangsstraße; geöffnet Mai bis Oktober Dienstag bis Samstag 9.00 bis 13.00 Uhr, 14.00 bis 16.00 Uhr, Sonntag 9.00 bis 12.00 Uhr. Exponate teilweise deutsch beschriftet. Die *Glashütte* (sowie der Ort) wurde 1834 gegründet und zählte zu den leistungsfähigsten in Böhmen. Heute Staatsbetrieb Český kristál, Produktion geschliffenen Hohlglases; Fabrikverkauf. • *Schloß* der letzten privaten Glasfabrikbesitzer, Alfons und Siegfried Kralik, Betriebserholungsheim. • *Denkmal für Andreas Hartauer* (1839–1915), Dichter und Komponist der schwermütigen Volksweise »Tief drin im Böhmerwald...«; jenseits des Bahndamms auf der Anhöhe, zu Fuß 5 Minuten.

Wanderkarten: Topographische Karte 1:50000, Blatt 7148. – Podrobná Turistická Mapa 1:50000, Blatt 66 (mit sämtlichen markierten Wegen).

32 Außergefild – Kvilda

Moldauquelle und verklungene Hinterglaskunst

> **Tourencharakter:** Unschwierige Wanderung.
> **Steigungen:** Etwa 130 Meter.
> **Reine Gehzeit:** Knapp 3 Stunden.
> **Beste Jahreszeit:** Frühjahr bis Spätherbst.

»Wulda« sprachen die bis 1945 ansässigen Deutschstämmigen in ihrer breiten Mundart den Flußnamen. Für sie sowie für die Tschechen war und ist die 433 Kilometer lange, nördlich von Prag in die Elbe mündende Moldau mehr als nur ein Gewässer – Mutter gewissermaßen, Ernährerin, und zwar schon die Warme Moldau. Deshalb ist der »Waldestochter« Adalbert Stifters unterhalb von Außergefild eine Dankestafel gewidmet. Der Tscheche Bedřich Smetana (1824–1884) schenkte dem Hauptstrom Böhmens eine populäre Tondichtung: murmelnd durch Wälder, vorbei an belebten Ufern – Bauernhochzeit – und Spielplätzen der Nymphen, immer majestätischer anschwellend, im Crescendo schließlich den Höhepunkt zu Füßen der Prager Burg erreichend. Allerdings inspirierte den Komponisten nicht die Moldau. »Die Moldau«, ein Teil des patriotischen sinfonischen Zyklus »Mein Vaterland«, wurde an der Widra (siehe Tour 34) geboren!

Wenn nicht Ferien sind und Urlaubsbetrieb herrscht, scheint Außergefild wie leergefegt. Manchmal ist keine Menschenseele zu sehen. Linienbus und gelegentlich durchzuckelnde Autos sorgen für Abwechslung in Raten. Unvorstellbar, daß an der Mündung des Außergefilder Bachs in die Warme Moldau um 1900 rund 1400 Leute lebten. Dabei war das aus Holzhäusern bestehende Dorf 1889 größernteils abgebrannt, jedoch schon bald wieder, gemauert, der Asche entstiegen, samt neugotischer Kirche, deren Vorgängerin aus dem 15. Jahrhundert stammte. Für den Landschaftsreiz spricht, daß Wilhelm Graf Wurmbrand 1842/43 nach Schweizer Vorbild das zweistöckige hölzerne, von einem prächtigen Park umgebene Schloß Wilhelmswald südöstlich des Ortes (Vilemov) errichten hat lassen, zum Preis von 30 000 Gulden. Es wurde jedoch nach Brandschäden schon 1866 abgerissen. Erhalten sind in Wilhelmswald noch etliche alte Holzfällerhäuser.

Von den Gefilden hört man erstmals 1366 in einer zu Prag gesiegelten Urkunde: Auf Geheiß Kaiser Karls IV. entstand die Handelsroute »von Passau her gen Behem uber das Gewilde« via Bergreichenstein, ein Zweig der »Goldenen Steige«. An der Warmen Moldau kassierten Mautner den Zoll. Goldwäscher suchten ihr Glück. Wäre es nach dem Willen des böhmischen Königs Ladislaus Postumus gegangen, hätte der Säumerpfad ein Teilstück der von ihm Mitte des 15. Jahrhunderts angekündeten aber wegen innenpolischer und kriegerischer Wirren nicht realisierten Fernstraße Prag – Passau – Salzburg – Venedig gebildet. So schlummerten die Gefilde im Dornröschenschlaf, eigentlich bis 1794. In Außergefield nahm eine Glashütte den Betrieb auf. Hundert Jahre später war es das Zentrum der Region mit sechs Wirtshäusern. Vier Müller, drei Bäcker, drei Metzger sorgten für leibliches Wohl; Weber, Gerber, Schneider, Schuster, ein Hutmacher pflegten neben Wagnern, Schmieden, Schlossern, Maurern und Zimmerleuten die anderen Handwerkszweige; es fehlten weder Arzt noch Schule. Das 1878 gegründete Sägewerk lieferte, wie jenes in Mader (Tour 33), begehrte Resonanzböden für Saiteninstrumente und Klaviere. Enormen Stellenwert besaß die Hinterglasmalerei, nicht nur weil sie den Absatz mangelhaften Tafelglases der umliegenden Hütten forcierte. Außergefild galt als böhmische Seele dieser frommen Volkskunst. Paten der »Außergefilder Schule« standen im Ort um 1800 das Brüderpaar Peterhansl und Kaspar Hilgarten aus dem bayerischen Raimundsreut, die dadurch dem böhmischen Zoll ein Schnippchen schlugen. In ihre Fußstapfen trat 1818 der einundzwanzigjährige Johann Verderber, Sohn eines Hausierers. Er hatte in Raimundsreut gelernt und entwickelte »moderne« Fertigungsmethoden. »Einige oder mehrere haben die grüne Farbe auf die Reiterstiefel, einige die auf das Gras und die Bäume, einige die auf die Helmfedern, andere die rote zu den Backen, andere zu den Mänteln, andere zu den blu-

Im Tal der Warmen Moldau bei Außergefild. Durch dieses Tal verläuft der mittlerweile schon klassische, auch als Radtour empfehlenswerte Wanderweg zur Moldauquelle unweit der Grenze.

tenden Wunden« beigetragen, veranschaulichte ein Zeitgenosse 1850 die fließbandähnliche Produktion und detailiert: »einige malen bloß Augen, andere malen bloß Nasenlöcher«, was auch für Finger, Haare, Ohren, Heiligenscheine etc. galt. Nach seinem Tode 1870 übernahm sein Sohn Franz, ne-

benher Wirt, das Gewerbe und führte es mit sechs Helfern – angeblich Krüppel und Schwachsinnige – fort, ehe 1881 ein Brand die Werkstatt und, viel schlimmer, alle Rißzeichnungen vernichtete. Die »Verderbery«, so der Volksmund, überschwemmten die Monarchie. Bezüglich des Ausstoßes kann man sich bedingt an Raimundsreut orientieren. Dort zauberten fünf »Maler« jährlich 30 000 bis 40 000 Bilder.

Wer weiß davon in Kvilda? Durch die Folgen des Zweiten Weltkriegs fiel Außergefild wieder in Lethargie. Es wird nie mehr so, wie es war! Indes ist die Moldauquelle nach 45 Jahren militärischer Schranken wieder Wanderziel Nummer 1.

Der Wegverlauf

Vom **Parkplatz** auf der Durchgangsstraße abwärts, nach 200 Metern halbrechts, am Sägewerk vorbei und bergan auf der Straße, die einst nach Buchwald (Bučina) und Fürstenhut (Knižeci Pláně) führte, böhmische Grenzdörfer, die in den fünfziger Jahren einplaniert wurden (siehe Tour 5).

Wenige Minuten später die Straße halbrechts verlassen. Markierung: weiß-blauweiß. Es folgt die Siedlung **Grafenhütte** (Hraběci Hut). Das liebliche Tal der **Warmen Moldau** (Teplá Vltava) umschmeichelt den Wandersmann. Kühe weiden. Im Rückblick verschwindet Außergefild. Das Sträßchen dringt in den Wald ein. Nach insgesamt etwa 1¼ Stunden passieren wir die Stelle, an welcher der mit 20000 Volt geladene »Eiserne Vorhang« drohte. Hier trennen uns von der **Moldauquelle** (Pramen Vltavy, 1170 m) nur mehr 10 Minuten. Sie ist links des Weges gefaßt. Vor dem verheerenden Oktobersturm 1870 war im Tal schier undurchdringliche Wildnis. Der Mensch verlor sich wie eine Nadel im Heuhaufen. Sonnenbündel schießen durch gelichteten Baumbestand. Farne und Kräuter gedeihen üppig auf moosigem Grund. Dem Ansehen des Fleckens Rechnung tragend, erstellte der Tschechische Touristenverband 1922/23 ein Schutzhaus mit neun Zimmern; es verfiel nach 1953. Sein Aussehen zeigt die Holztafel in der Baumgabel. Über der Idylle lasten schwere Schatten. Ein 1948 enthüllter Stein gedenkt sowjetischer und französischer Kriegsgefangener, die als Zwangsarbeiter im Moor und Wald von Nazis zu Tode geschunden wurden. Keiner überlebte!

Nützliche Informationen

Anfahrt: Von der Grenze bei Philippsreut über Horni Vlatvice – Borová Lada 32 Kilometer. Busverbindungen mit Winterberg (Vimperk), Rehberg (Srni).
Ausgangsort: *Außergefild* (Kvilda, 1075 m) im Nationalpark. Treffpunkt der Straßen 167, 169.
Parken: Vor dem *Gasthof Pohostinstyr*; gebührenpflichtig.

Die Quelle der Moldau, 1170 Meter hoch gelegen. Nach 433 Kilometern mündet der Fluß nördlich von Prag in die Elbe.

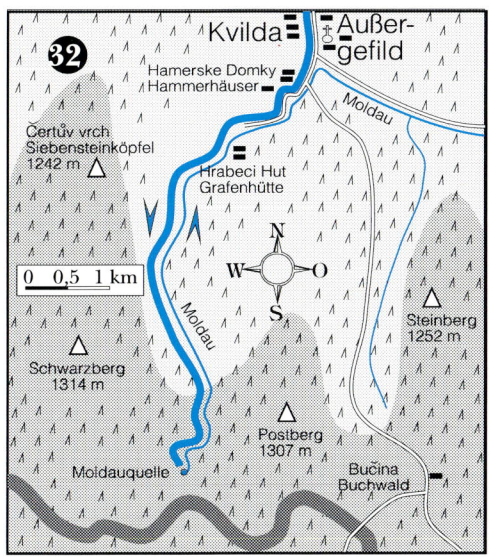

Gehzeiten: Insgesamt knapp 3 Stunden. Au-ßergefild – Moldauquelle 1½ Stunden.
Unterkunft/Verpflegung: *Gasthof Pohostin-styr*, geöffnet 10.00 bis 20.00 Uhr. Nächste Pension (Kavalier, Telefon 03 39 9 61 30) in *Borová Lada*, 7 Kilometer Richtung Horni Vltavice.
Camping: *Zahrádky*, 10 Kilometer Richtung Horni Vltavica. *Antýgl*, 10,5 Kilometer Richtung Rehberg (Srni), siehe Tour 34.
Sehenswürdigkeit der Umgebung: • *See-moor* (Jezerni slatina). Nördlich (3 km) des Ortes, links an der Straße nach Innergefild (Horská Kvilda). Naturschutzgebiet, 103 Hektar. Aussichtsturm. Vom Parkplatz 120 Meter langer Brettersteig bzw. Lehrpfad ins Moor: Deckenstärke zwischen 7,5 und 8 Meter, charakteristische Zwergbirken. Die dich-ten, bis zur Erde reichenden Fichtenzweige (»Frostform«) sind auf die lediglich hundert Tage während Vegetationszeit zurückzu-führen.
Wanderkarten: Fritsch Wanderkarte 1:50 000, Blatt 58. – Podorbná Turistická Mapa 1:50 000, Blatt 65 (mit allen markier-ten Wegen).

33 Mader – Modrava

Zwischen Rachelbach und Dreiseefilz

Tourencharakter: Unschwierige Rund-wanderung.
Steigungen: Etwa 150 Meter.
Reine Gehzeit: 3¾ Stunden.
Beste Jahreszeit: Frühling bis Spätherbst. Zugang ins Dreiseefilz vom 15. Mai bis 15. Oktober erlaubt.

Wo sich Maderbach (Modravský potok), Ra-chelbach (Roklanský potok) und Philippshüt-tener Bach (Filipohutský potok) zur Widra (Vydra) vereinen, träumt die Streusiedlung Mader, umwoben vom herben Zauber einer tundraähnlichen Landschaft. Fischreichtum lockte 1737 zwei Familien in die Einsamkeit der Hochmoore nördlich des Lusen. Eine Siedlung wird 1757 erwähnt. Um 1800 setz-te die Forstnutzung ein und brachte spürbare wirtschaftliche Impulse, basierend auf dem 1799/80 unter Fürst Schwarzenberg von Josef Rosenauer (siehe auch Tour 28) konstruierten Tettauer Schwemmkanal zwei Kilometer flußabwärts von Mader. Er umging nämlich auf einer Strecke von 14 Kilometern die für das Holztriften problematische Widra-schlucht. Das 1826 gegründete Sägewerk spezialisierte sich auf Resonanzbodenholz für Klaviere und Saiteninstrumente und hatte einen europaweiten, ja sogar überseeischen (Amerika) Kundenstamm. Verwendung fan-den im Winter gefällte, sogenannte »Spitz-fichten«. Ihr Holz zeichnete infolge hochla-genbedingtem langsamen Wuchs exquisite Feinheit aus; die Jahresringe waren kaum wahrnehmbar. Als jedoch der Borkenkäfer die zweimal wassergequellten, dann getrock-neten und gebleichten Vorräte heimsuchte, mußte das Werk 1870 schließen. In der »Fo-relle«, einer Schenke zwischen den Mündun-gen von Mader- und Rachelbach, fanden Schmuggler und Wilderer Unterschlupf. Nach dem Einmarsch der Deutschen Wehr-macht, 1939, diente das Gebäude als Flieger-abwehrschule. Die Klostermannhütte, 1924 durch den Tschechischen Touristenklub gegründet und mit einer Kapazität von 79 Betten ausgestattet, beschlagnahmte die Hitlerjugend; heute Erholungsstätte der Škoda-Werke.

Maderer, hauptsächlich Deutschstämmige, erkannten frühzeitig die nahende Götterdämmerung. Sie nahmen 1945/46 den Exodus selbst in die Hände, ohne ihre gesamte Habe zu verlieren. Seit der Demontage des »Eisernen Vorhanges« und dem Abzug der Soldaten im Sommer 1990 ist Mader wieder Ausflugsziel und Erholungsort — aufstrebend wie alle grenznahen Böhmerwalddörfer.

Der Wegverlauf

Vom **Parkplatz** 200 Meter westwärts, dann rechts über den *Rachelbach*. Zwischen dem malerischen, mit Zwiebeltürmchen geziertem Gebäude des ehemaligen Sägewerks und der Pension Arnika bergan. Nach 100 Metern halblinks getreu der Farbzeichen weiß-blau-weiß. Genußvoller Schlendrian im Bilderbuchtal des 12,8 Kilometer langen **Rachelbachs**. Nach ½ Stunde, in der Örtlichkeit *Rybárna* (1000 m), stand früher ein Forsthaus. Die Mäanderschlingen des Bachs durchziehen das **Fischhausmoor** (Rybárenská slatina), den nördlichen Teil des ausgedehnten Moor-Naturschutzgebietes. Ungefähr 1¼ Stunden dauert der erquickliche Spaziergang, dann wird das Tal rechts verlassen. Hier (1030 m) bot einst der im Hegerhof untergebrachte »Auerhahn« Speis und Trank und Bett.

Auf dem Teersträßchen ansteigen, gute 5 Minuten, dann eben weiter etwa 1¼ Stunde. Bei *Pod Oblikem* (1073 m) rechts in das Sträßchen einschwenken. Nach 500 Metern geht es links in das 3,5 Hektar ausgedehnte **Dreiseefilz** (Třijezerni slatina, 1067 m), ein Relikt der Nacheiszeit (Holozän) vor 10000 Jahren. Aus Gründen des Naturschutzes ist nur ein kleiner Teil zugänglich, u. a. zwei dunkle Seenaugen, erschlossen durch einen Bretterweg (200 m), an dem Lehrtafeln in

Gebäude der ehemaligen Sägemühle am Rachelbach bei Mader, dem tschechischen Modrava.

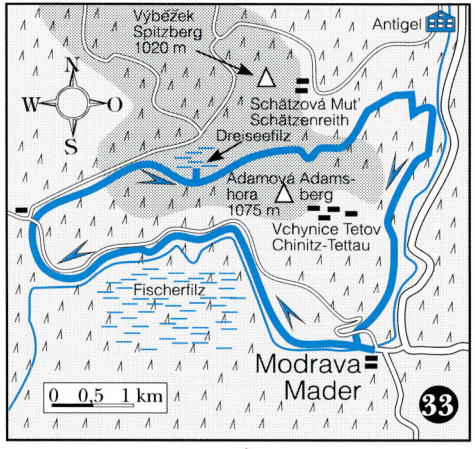

tschechischer Sprache die naturkundlichen Besonderheiten erläutern, das heißt, die spezifische, arktisch beeinflußte Hochmoorvegetation: kniehohes Buschwerk der Zwergbirke, Krüppelkiefern, Moosbeeren, Knabenkraut, Korallenwurz, um nur Beispiele zu nennen.

Mit dem Teersträßchen abwärts, etwa 35 Minuten. Vor einer Lichtung (Haus), wechselt man rechts auf den rot markierten, steinigen Waldweg über. Bergan gute 5 Minuten. An der Waldecke links halten, hinunter zu einem Querweg. Rechts, nun promenadenähnlich durch die Sonnenflanken des Widratales. Rechts oben, an den Hängen des Adamsberges, lag die 1790 im Schlepptau einer Glashütte gegründete Siedlung Chinitz-Tettau. 1910 waren 600 Einwohner registriert, die Kinder hatten ihre Schule, die Erwachsenen den Gasthof Fuchs.

An der Wegegabel nach einem Bach links weiter, mit dem unteren Weg in 10 Minuten zum ersten Haus von Mader.

Nützliche Informationen

Anfahrt: Von der Grenze bei Philippsreut über Außergefild (Tour 32) 40 Kilometer. Von der Grenze Bayerisch Eisenstein über Rehberg (Tour 34) 74 Kilometer. Von Außergefild (Kvilda) 7,5 Kilometer, von Rehberg

Durch das anmutige Tal des Rachelbaches führt die Wanderung zum Dreiseefilz.

34 Rehberg und das Widratal

»Perle unseres Böhmerwaldes«

Tourencharakter: Unschwierige Rundwanderung. Vorsicht bei der Erkletterung der »Schlösser«!
Steigungen: 300 Meter (kurze Route), 450 Meter (längere Route).
Reine Gehzeiten: 3 Stunden (kurze Route). 4 Stunden (längere Route).
Beste Jahreszeit: Frühjahr bis Spätherbst.

»Perle unseres Böhmerwaldes« pries der Schriftsteller Karel Klostermann – er verlebte seine Kindheit und Jugend zeitweise in Schüttenhofen – die waldgesäumte Schlangenlinie der Widra zwischen Antigel und der Vinzenzsäge. Gespeist von den Hochmooren um Lusen und Rachel vereinigen sich bei Mader drei Bäche und fließen als Widra (Vydra, 11,8 km) weiter, östlich von Rehberg streckenweise cañonartig in der sogenannten »Schachtelei«, dem Glanzpunkt des Naturschutzgebietes. Hinter der ehemaligen Säge heißt der Fluß Otava, gleichzeitig Ferienregion, und laut Klostermann, der schon 1910 für den Schutz des Tales plädiert hatte, »des Böhmerwaldes schönster Winkel...«

Erste Siedler in der Gegend waren »Künische«, königliche Freibauern aus Bayern, zwecks Urbarmachung und Grenzwacht – die Tschechen blieben außerhalb des Gebirges – ab 1034 von Böhmenherzog Bretislaw I. ins Land geholt. Er belohnte sie mit reichen, zur Zeit bäuerlicher Leibeigenschaft (bis 1781) anderswo undenkbaren Privilegien: Steuer- und Abgabenfreiheit, Brau-, Brenn-, Holz-, Wald-, Jagd- und Fischrecht, Gerichtsbarkeit – für »ewige Zeiten«, die allerdings 1848 mit der österreichischen Staatsverfassung endeten. Bis dahin lautete ihre Devise: »Niemands Herr und niemands Knecht, das ist künisch Bauernrecht«. Ähnliches galt für die slawischen Choden nördlich, um Domažlice (siehe Tour 38). Antigel, wohin der Abstecher führt, war ein künisches Gut des 18. Jahrhunderts. Es gehörte zu Stadeln (ehemals 6 Kilometer südlich von Hartmanitz/Hartmanice, bis 1946 rund 2000 Ein-

(Srni) 10 Kilometer. Busverbindungen.
Ausgangsort: *Mader* (Modrava, 985 m).
Parken: Orographisch links des Maderbachs, westlich der nach Rehberg (Srni) führenden Straße.
Gehzeiten: Insgesamt 3¾ Stunden. Mader – Dreiseefilz knapp 2 Stunden. Dreiseefilz – Mader knapp 2 Stunden.
Unterkunft/Verpflegung: *Pension Arnika*; Montag geschlossen, Telefon 01 87/9 98 49. *Restaurant Zlatá Stezka* (zeitweise auch Übernachtung möglich). Hotel in *Rehberg* (Srni), siehe Tour 34.
Camping: *Antygl*, 3,5 Kilometer Richtung Rehberg (Srni), siehe Tour 34.
Wanderkarten: Topographische Karte 1:50000, Blatt 6946. – Podrobná Turistická Mapa 1:50000, Blatt 65 (mit sämtlichen markierten Wanderwegen). Erhältlich im Lebensmittelgeschäft Rehberg (Srni).

wohner), einem der acht künischen Freige-
richte. Zwischen 1523 und 1815 stellte eine
Hütte Rosenkranzperlen und Hohlglas her.
Sie besaß nur einen Schmelztiegel, deshalb
der Dialektname »Otiegel« bzw. Antigel.

Der Wegverlauf

In **Rehberg** der Durchgangsstraße nordöstlich folgen. Nach 10 Minuten, am Ansatz der
Linkskurve, halbrechts mit der weißblauen
Bandmarkierung abwärts, rechts am **Ferien-
heim Udoli** (Thalhäuser) des Uranbergbaues
Přibram vorbei, und auch die nächste Kurve
abkürzen. Anschließend wieder auf der Straße zu den Häusern von **Vinzenzsäge** (Čeňko-
va Pila, 627 m), die im 19. Jahrhundert entstand. Sie arbeitete 300 Meter talaus an der
Mündung des Kieslingbachs und trug den
Vorname ihres Gründers Bubeniček. Auf den
Wiesen wurden die Fichten-Flöße für die
1839 gegründete, weltweit exportierende
Streichholzindustrie in Schüttenhofen (Sušice) eingebunden. Für Musikfreunde atmet
die Örtlichkeit sinfonischen Hauch. Dort ent-

stand nämlich – man höre und staune – »die
Idee zu Smetanas herrlicher Tondichtung
»Die Moldau«, bestätigt dessen Freund An-
gerer. Der Erste Geiger am Prager Interims-
Theater hatte Smetana 1867 an die Widra
eingeladen. »Er lauschte dem lieblichen poe-
tischen Gesang der sich vereinenden Wasser … lange saß er dort in Verzückung…«

Das 1936/37 erbaute **Elektrizitätswerk**,
von dem sogar Pilsen profitiert, bezieht seine
Energie aus dem 1799 bis 1801 installierten
Tettauer Schwemmkanal (siehe Tour 33)
bzw. einem Wasserbehälter nördlich von
Rehberg. Da den Kanal die Widra speist, lei-
det ihr Pegel zeitweise.

Jenseits der **Widrabrücke**, an der Bushaltestelle (Informationstafel) wird die Straße
spitzwinkelig rechts verlassen, geleitet von
roten Farbzeichen. Das **Naturschutzgebiet
Widratal** umfängt uns. Die Lehrpfad-Hinwei-
se sind tschechisch, doch verdeutlichen Illu-
strationen die Gegebenheiten, beispielsweise
auf Tafel 5 das Entstehen der »Steinmeere«
an den Hängen und im Flußbett sowie
Tafel 7 die Naturerscheinung der »Felstöpfe«
im Bach, wo Fischotter heimisch sein sollen.

Nach etwa 20 Minuten arbeitete am anderen Ufer vor dem Krieg die Bruckmühle. Am
diesseitigen Hang türmen sich Felsen haushoch. Im Frühjahr, wenn die Arnika gelb
blüht, umtosen gischende Wasser die zahllo-
sen, in Jahrmillionen geschälten Blöcke.
Während des Sommers scheinen sie mit ihnen zu spielen, leise, unruhig murmelnd,
plätschernd, nur Silberkrönchen auf den
Wellenkämmen. Die Sage weiß von einem
Rehberger Fischer, den wunderschöne Nixen
betörten, so daß er Weib und Kind vergaß
und in der Tiefe hundert Jahre lang die Liebe
der Wasserjungfrauen genoß…

Insgesamt vergehen 1½ Stunden, ehe wir
bei der **Turnerhütte** (Turnerova chata, 781 m)
eintreffen. Sie steht an der Stelle einer
1932 abgebrannten Waldwirtschaft, die auch
Schlafstatt bot. Weiter talein, noch etwa
10 Minuten, dann überbrückt ein eiserner
Steg die Widra und vermittelt den kürzesten
Rückweg.

Abstecher: Diesseits in 25 Minuten zur
Brücke an der Straße, 5 Kilometer von Rehberg. Auf der Straße noch 300 Meter im Tal,
dann befindet sich rechts das malerische Ge-

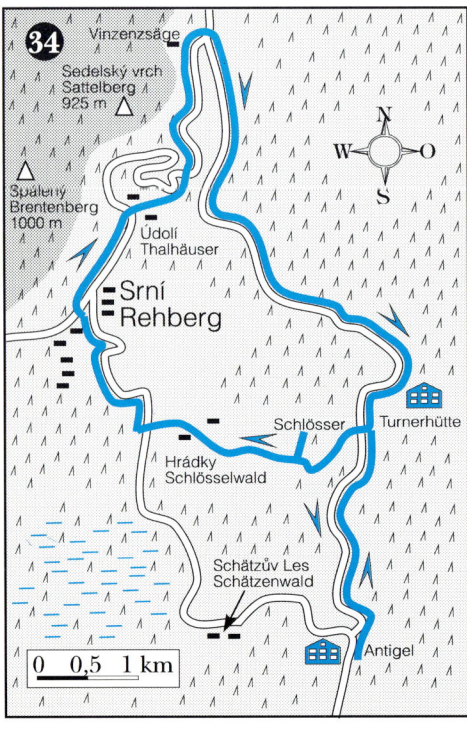

Unterhalb der Ortschaft Rehberg fließt die Widra durch eine Waldschlucht: »Perle des Böhmerwaldes«.

bäudeensemble **Antigel** (Antygl, 910 m). Zurück in ½ Stunde. Auch Busse nach Rehberg; werktags gegen 15.20 und 16.50 Uhr.

Am anderen Ufer, vor der **Hálek-Hütte** (Hálkova Chata, 800 m), links. Die gelben Markierungen bleiben noch 10 Minuten am Wasser. Dann rechts und in ¼ Stunde durch den Wald hoch zum **Wastallhof** (888 m). An der grünen Naturschutzgebiet-Tafel verläßt man den Fahrweg rechts. Entlang des Waldrandes, wenig später mit Pfadspuren rechts in den Wald und zu den Granitformationen der **»Schlösser«**, wie ihr deutsch-böhmischer Sammelname lautet, gegliedert in Jungfrau, Altweib, Mönch, Letzter Zahn. Im höchsten Spitz (960 m), der *Jungfrau* (Skály Panna), steckt als Vermessungszeichen eine kurze Eisenstange. Erstmals bietet sich eine umfassende Rundschau! Schwach nordwestlich Rehberg. Nördlich grüßt der Aussichtsturm auf dem Svatobor bei Schüttenhofen. Östlich erkennt man die hochgelegene Rodungsinsel Zhůři, auf welcher der Holzhauer-Weiler Haidl lag.

Wieder beim Wastallhof, folgt man dem Fahrweg und den gelben Zeichen. An der Gabelung halblinks. Wir passieren die Häuser von **Schlösserwald** (Hrádky). Auf dem Querweg rechts, etwa ¼ Stunde, bis die Markierungen rechts in den Wald zeigen. Nach 5 Minuten wird die Autostraße überquert und eine Schleife abgekürzt. Wieder auf der Straße, den *Wiesengraben* (812 m) überschreitend, sind es noch 20 Minuten nach Rehberg zu der 1805 geweihten Dreifaltigkeitskirche.

Nützliche Informationen

Anfahrt: Von Bayerisch Eisenstein in Richtung Klattau/Klatovy, kurz nach Javorná

rechts ab, über Kunkovice – Petrovice – Hartmanice – Rejštein; 64 Kilometer. Von der Grenze Philippsreut nach Horni Vltavive. Dort links über Boravá Lada – Kvilda – Filipova Hut – Modrava; 50 Kilometer. Von Bergreichenstein (Kašperské Hory) 14 Kilometer. Busverbindungen mit Bergreichenstein und Mader.

Ausgangsort: *Rehberg* (Srni, 855 m), 300 Einwohner. Erholungsort im Herzen des mittleren Böhmerwaldes, urkundlich erstmals 1720 als Holzfällersiedlung erwähnt.

Parken: Bei der *Kirche.*

Gehzeiten: Kurze Route insgesamt 3 Stunden Rehberg – Vinzenzsäge ½ Stunde. Vinzenzsäge – Turnerhütte 55 Minuten. Turnerhütte – Wastallhof 35 Minuten. Wastallhof – Felsen gute 5 Minuten. Felsen – Rehberg knapp 1 Stunde.

Unterkunft/Verpflegung: *Hotel Šumava* (auch empfehlenswertes Restaurant); Telefon 01 87/9 92 22. Lebensmittelgeschäft, geschlossen 12.30 bis 13.00 Uhr. In *Unterreichenstein (Rejštein, 8,5 km) Restaurant-Pension Kizek*, Hausmannskost; Doppelzimmer mit Bad/WC; Telefon 01 87/3 41 93.

Camping: *Antigel* (Antygl), 5,3 km südöstlich an der Straße nach Mader (Modrava). Weitere Campingplätze siehe Tour 35 und 32.

Einkehr unterwegs: *Vinzenzsäge* (Kiosk an Sommer-Wochenenden). *Turnerhütte* (an Sommer-Wochenenden). *Antigel* (Kiosk, von Mai bis September an Wochenenden).

Sehenswürdigkeiten der Umgebung: • *Schüttenhofen* (Sušice), 22 Kilometer. Böhmerwaldmuseum (Muzeum Šumavy); siehe Tour 35.

Wanderkarten: Topographische Karte 1:50000, Blatt L 6946. – Podrubná Turistická Mapa 1:50000, Blatt 65 (mit allen markierten Wegen). Erhältlich u. a. im Lebensmittelgeschäft Rehberg.

Die Turnerhütte im Tal der Widra bietet an Sommer-Wochenenden willkommene Einkehr.

35 Goldstädtchen Bergreichenstein

Im Schutze der Karlsburg

Tourencharakter: Unschwierige Rundwanderung. Am »Ödschlössel« bei Nässe rutschig!
Steigungen: 350 Meter.
Reine Gehzeit: 2¼ Stunden.
Beste Jahreszeit: Mai bis Oktober.

Kašperské Hory ist wieder »Goldstädtchen«. Seit 1990 wird im »Stollen der Hoffnung« (Štola Naděje), 2,5 Kilometer südöstlich am Goldbach (Zlatý potok), das Edelmetall zu 5 Gramm aus einer Tonne Fels gewonnen. Eine andere ehemalige Grube, der »Christina-Stollen« (Stolle Critina), dient als seismische Meßstation.

Gold hatte im 14. Jahrhundert den großen Aufschwung am Hang des Zoller- und Loschnitzbachs gebracht. »Pergreichenstain«, laut einem Straßenplan des 16. Jahrhunderts, zählte zu den bedeutenden mitteleuropäischen Edelmetallzentren. Das Revier umfaßte eine Fläche von 14 Quadratkilometern. Anfang des 15. Jahrhunderts registriert ein Verzeichnis 37 Gruben mit 300 Stollen. Diese »goldene Epoche« währte bis ins 18. Jahrhundert; 1777 wurde die Goldgewinnung vorerst eingestellt.

König und Kaiser verliehen dem Ort insgesamt 44 Privilegien – Übernachtungspflicht für Fuhrleute, Stapelrecht, Märkte etc. –, beweist das Stadtarchiv. Gekoppelt mit den Annehmlichkeiten waren aber auch Pflichten, beispielsweise der Ausbau und die Instandhaltung einer Seitenlinie des »Goldenen Steiges« von Freyung, sozusagen das »zweite Bein« des Wohlstandes. Wie bei Tour 4 gesagt, verlief die wichtige Handelsroute über Mauth und die Gefilde (Kvilda) nach Bergreichenstein. Eine diesbezügliche Urkunde Kaiser Karls IV., ausgestellt 1356 in Prag, bewahrt das Museum. Außerdem mündete eine illegale Route ab Grafenau, nördlich am Lusen vorbei. Als urbanes Gründungsjahr gilt 1330, zumindest wurde 1930 die 600-Jahr-Feier mit der 46. Hauptversammlung des Deutschen Böhmerwaldbun-

Am Marktplatz von Bergreichenstein präsentiert das 1579 erbaute Rathaus seine restaurierte Renaissancefront.

des begangen. Er richtete seine Geschäftsstelle nach dem Krieg in Stuttgart ein. Unterreichenstein, das heutige Rejštein, und Oberreichenstein bzw. Bergreichenstein (seit 1614 tschechisch Kašperské Hory), hatten sich im 13. Jahrhundert entwickelt. Während die Glashütte in dem 1337 urkundlich erwähnten Unterreichenstein von 1878 bis 1947 weltweit exportierte, spielte die Glasindustrie in Bergreichenstein eine untergeordnete Rolle; sie verschwand 1891. Auch die Zündholzproduktion erreichte nie die Geltung Schüttenhofens (Sušice). Ganz anders das nach dem Niedergang des Bergbaues 1699 gegründete Papierwerk, damals zweitgrößtes Böhmens. Industrien unserer Tage sind bäuerliche Genossenschaften, eine Hartfaserplattenfabrik und eine Brillenfirma.

Der Wegverlauf

Am **Marktplatz**, östlich der Kirche, gegenüber der Tankstelle, rechts neben der empfehlenswerten *Metzgerei-Gaststätte U Vrhelů*, durch das Gäßchen (Karlova Ulice), vor-

bei an Privatpensionen. Markierung: weiß-grün-weiß. An der Gabelung halblinks mit dem unteren Weg. Westlich erkennt man die Friedhofskirche St. Nikolaus; nordöstlich erscheinen die charakteristischen zwei Türme der Karlsburg. Ins Tal des *Oppelitzer Bachs* (Opolenský potok, 676 m). Jenseits zeigen die Farbzeichen in den Wald und weisen den Anstieg, 1/4 Stunde zu einem Querweg. Er führt rechts zur **Karlsburg** (Státni Hrad Kašperk, 886 m): höchstgelegene Veste Böhmens.

Die geländebedingt ungewöhnlich schmale, langgestreckte und mächtige Anlage erwuchs innerhalb sechs Jahren – 1356 bis 1361 – unter dem böhmischen König Kaiser Karl IV. zum Schutze des »Goldenen Steiges« sowie Bergreichensteins und hieß zu Ehren des Herrschers Karlsberg (Kašperk). Sie wurde nie erobert, blieb sogar von den Hussiten verschont, denn der Burgherr war Protestant. 1434 resignierten Nürnberger Truppen nach 20 Tagen Belagerung. Philippine Welser (1527–1580) lebte hier eine Zeitlang bei ihrem Onkel, dem böhmischen Vizekanzler. Die hübsche Augsburger Patriziertochter –

sie heiratete 1557 Erzherzog Ferdinand von Tirol – gewährte verfolgten »Böhmischen Brüdern«, Anhängern einer hussitisch orientierten Glaubensgemeinschaft, bereitwillig Unterschlupf. Das 17. Jahrhundert brachte den substantiellen Verfall. 1993 waren die Rekonstruktions- und Renovierungsarbeiten größtenteils abgeschlossen. Die während der Sommermonate ab 1. Juli halbstündlichen Führungen (deutsche Informationsmappe) beginnen am Kiosk, Eintrittskarten im 1. Stockwerk; Montag geschlossen. Von Bergreichenstein 50 Minuten.

Aus dem **Sattel** (870 m) vor der Burg weiter aufwärts, noch immer gelb markiert. Wegweiser: P. Hrádek. Der Steig schlängelt sich durch felsiges Terrain und erklimmt nach 10 Minuten die Aussichtswarte mit kargen Mauerresten des **»Ödschlössel«** (924 m). Pustý Hrádek (Öde Burg). Sie existierte schon beim Bau der Karlsburg und dürfte deren strategische Vorgängerin gewesen sein.

Die gelben Zeichen liefern uns 10 Minuten später im Weiler **Rindlau** (Žlibek, 880 m) ab. Das 1820 geweihte Kapellchen harrt seiner Verschönerung. Nochmals 10 Minuten, und wir sind beim **Parkplatz**. Rechts führt die Teerstraße hinunter nach Bergreichenstein.

Nützliche Informationen:

Anfahrt: Vom Grenzübergang Philippsreut über Vimperk (Winterberg) 50 Kilometer. Von Bayerisch Eisenstein 54 Kilometer (siehe Anfahrt Tour 34). Von Rehberg (Srni) 14 Kilometer. Gute Busverbindungen u. a. mit Schüttenhofen (Sušice, 16 km, nächster Bahnhof) Rehberg (Srni), Winterberg (Vimperk).

Ausgangsort: *Bergreichenstein* (Kašperské Hory, 739 m). 1700 Einwohner. Am Nordostrand des Nationalparkes Šumava.

Parken: *Marktplatz* (Náměstí), vor dem Hotel Kašperk.

Gehzeiten: Insgesamt 2¼ Stunden. Bergreichenstein – Oppelitzer Bach 20 Minuten. Bach – Karlsburg ½ Stunde. Karlsburg – Ödschlössel knapp ¼ Stunde. Ödschlössel – Rindlau 10 Minuten. Rindlau – Bergreichenstein 1 Stunde.

Einkehr unterwegs: *Karlsburg* (Kiosk).

Unterkunft/Verpflegung: Zwei Hotels am

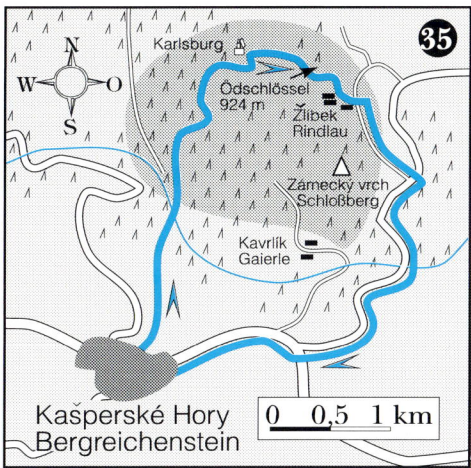

Marktplatz: *Bilá Růže*, Telefon 01 87/92 22 23; *Kašperk*, Telefon 01 87/92 22 90. Pensionen in der Karlova Ulice. *Mini-Penzion Panorama* (Hausnummer 159, etwas außerhalb, Telefon 01 87/92 24 44).

Camping: Nächste Plätze in *Annin* (7 km), links der Straße Richtung Sušice; auch Bungalows. *Sušice (16 km)*. Antygl *(20 km)*, siehe *Tour 34*.

Sehenswürdigkeiten: • *Böhmerwaldmuseum* (Muzeum Šumavy), u. a. Hausformen, Hinterglasbilder, Krippen, größte Böhmerwaldglas-Sammlung in der Tschechischen Republik. Deutsches Informationsblatt. Öffnungszeiten Mai bis Oktober Dienstag bis Samstag 9.00 bis 17.00 Uhr, Sonntag 9.00 bis 12.00 Uhr. • *Renaissance-Rathaus* (1579), die drei Barockgiebel mit Landes- und Stadtwappen (rechts) wurden 1698 aufgesetzt. • Am Marktplatz auch die gotische, barockisierte dreischiffige *Kirche St. Margarethe* (ursprünglich St. Linhart). An der äußeren Chormauer ein 1990 restauriertes Kreuz in »Arma Christi«, d. h. mit den Werkzeugen, deren Benützung den Sonn- und Feiertag entheiligten. Steine mit beckenförmigen Vertiefungen für die Golderz-Vertrümmerung.

• *Friedhofskirche St. Nikolaus* (Mikuláše, 1,5 km westlich des Zentrums), geweiht um 1330, dreischiffig, gotische Fresken, einer der bedeutendsten frühmittelalterlichen Sakralbauten in Südwestböhmen; geschlossen. Auf dem Friedhof die Gräber vertriebener Deutschstämmiger und Tschechen. • Am

Die Karlsburg, höchstgelegene Veste Böhmens, ist die Attraktion der Wanderung vom Goldstädtchen Bergreichenstein.

südlichen Ortsrand steht wie vergessen die neuromanische *Wallfahrtskirche Maria Schnee* (1850–1867, geschlossen) mit heilkräftigem »Grandlbrünnlein«; Wallfahrt am 5. August, an dem es einmal geschneit habe. • Mitte Juli *Historisches Fest* zur Erinnerung an Kaiser Karl IV.

Sehenswürdigkeiten der Umgebung: • *Schüttenhofen* (Sušice). Böhmerwaldmuseum (Muzeum Šumava) mit Zündholzmuseum im spätgotischen, ehemaligen Dekanatsgebäude (Náměsti Svobody 2); deutsche Informationsblätter, geöffnet Mai bis Oktober Dienstag bis Samstag 8.00 bis 17.00 Uhr, Sonntag 8.00 bis 12.00 Uhr. Eindrucksvolles Stadtbild, rund 50 denkmalgeschützte, meist ursprünglich gotische Bürgerhäuser (z. B. am langgestreckten Marktplatz).

Wanderkarten: Topographische Karte 1:50000, Blatt 6946. – Podrobná Turistická Mapa 1:50000, Blatt 65 (mit sämtlichen markierten Wegen).

36 Von Markt Eisenstein auf den Panzer

Aussichtsturm des Böhmerwaldes

Tourencharakter: Unschwierige Rundwanderung.
Steigungen: 530 Meter.
Reine Gehzeit: 4 Stunden.
Beste Jahreszeit: Pfingsten bis Allerheiligen.

Kanzler Helmut Kohl war persönlich beim illustren Waldbahnfest am 2. Juli 1991 anwesend, als die Wiederinbetriebnahme der Eisenbahnverbindung München – Plattling – Klattau – Pilsen gefeiert wurde. Fast gleichzeitig kursierten Stillegungs-Gerüchte! Unterdessen erstickt Bayerisch Eisenstein zeitweise – abends und an Wochenenden – im Transitstau. Der Bürgermeister überlegt, Prämien für Pendler auszuloben, die den Zug nehmen.

Erste Haltestelle jenseits der Grenze ist wieder Markt Eisenstein, in der Tradition zwischen 1887 und 1953. »Böhmisch Eisenstein«, so der Staatsvertrag von 1764 zur Unterscheidung von Bayerisch Eisenstein, hat seine verkehrsmäßige Tragweite zurückgewonnen. Sie hat ihren Ursprung in der 1256 genannten »Via Beomorum« (Böhmweg). Die Trasse entstand während der Merowingerzeit im 6. Jahrhundert. Neu geschaffen habe ihn der heilige Gunther aus Rinchnach im 11. Jahrhundert, durch dessen Initiativen die Rodung im »Nortuualt«, dem Gebiet nördlich von Passau, erfolgte. Der Handelsweg ging von Deggendorf aus, über Bischofsmais – Weißenstein – Zwiesel – Ludwigsthal zum Zwiesler Waldhaus. Anschließend überschritt er die böhmische Grenze nach Ferdinandsthal (Ferdinandovo údoli) und zog durch Deffernik (Debrnik), wo Mitte des 18. Jahrhunderts der »Industrielle« Johann Georg Hafenbrädl Glashütten gründete, in dem 1569 erstmals erwähnten Markt Eisenstein. Wein, Südfrüchte, Gewürze, Tabak, Seide, Farbe, Edelmetalle sowie Salz wurden nach Böhmen transportiert, das Hopfen, Malz, Honig, Häute, Wolle, Tuch usw. lieferte. Nach dem Grenzschluß 1840 bei Ferdi-

nandsthal verlegte man den Böhmweg über Bayerisch Eisenstein, genau gesagt auf die 1850 eröffnete Straße entlang des Regen. Damit sind wir bei der aktuellen Situation, das heißt, bei der Böhmweg-Wanderroute, eingeweiht 1990, durchgehend markiert (Planwagen) von Deggendorf über rund 65 Kilometer zur Grenze. Die Fortführung getreu der Historie bis Schüttenhofen (Sušice) ist geplant.

Wirtschaftlich hinkt Markt Eisenstein hinterher. Abgesehen von der unproduktiven kommunistischen Ära, 1946 bis 1989, hatte es schon 1877 durch den Niedergang des Glashüttenwesens an Geltung verloren. Bis dahin existierten im Umkreis elf Produktionsstätten, in Elisenthal (Alžbětin) die größte des Böhmerwaldes. Allesamt Hab und Gut der aus Pilsen zugezogenen, 1783 geadelten Familie Hafenbrädl, ehe sie ihr »Imperium« 1852 um 228 000 Gulden an das Fürstenhaus Sigmaringen-Hohenzollern veräußerte.

Der Wegverlauf

Etwa 100 Meter westlich der **Marienkirche** geht es an der Kreuzung beim Wegweiser nordwärts bergan. Der blau-weiß-blauen Markierung folgen; etwa 50 Meter nach der *Gaststätte Zur roten Kugel* (U Záhořů) zeigt ein blauer Pfeil rechts. Über eine Wiese hinauf in den Wald und von den Steinmarterln eines *Kreuzweges* begleitet weiter zu dem für den Wintersport erschlossenen **Belvedér** (880 m) am *Hüttenberg* (Stráž), wo bereits in den dreißiger Jahren ein Hotel über den Markt Eisenstein schaute. Jetzt bildet er einen Bestandteil des Wintersportzentrums, das mit insgesamt 20 Skiliften aufwartet.

Geradeaus. Knapp $\frac{1}{2}$ Stunde später lichtet sich der Wald und macht den Blick frei auf die Höhen des Panzer. Etwa 5 Minuten eben dahin, dann darf die Linksabzweigung nicht übersehen werden! Kurz danach links auf dem breiten Querweg zur Rückseite des **Hotels Horizont** (Horský Hotel, 1060 m) an Stelle des ehemaligen Hofmannshofes (Hofmanky); Straße vom Spitzbergsattel. Erstmals zeigt sich der Arber – unverkennbar an den militärischen Radaranlagen.

Vor der Sessellift-Mittelstation geht es rechts, ungefähr 5 Minuten neben dem Lift, dann halbrechts und durch den Wald in

10 Minuten zu einem Teersträßchen (vom Spitzbergsattel, Fahrverbot, Markierung weiß-rot-weiß). Plötzlich öffnen sich Ausblicke nordwestlich zu den Ossergipfeln, von den Tschechen »Prsa mátky Boží« – Brüste der Muttergottes – genannt. Das Sträßchen endet auf dem Gipfel des **Panzer** (Panciř, 1214 m). Der Berggasthof entstand 1923 durch den Tschechischen Touristenklub. Während der deutschen Annektion von 1939 bis 1945 war hierher die Wetterstation vom Großen Falkenstein verlegt worden. Der aufgesetzte Turm vermittelt die prächtigsten Panoramablicke in diesem Teil des Waldgebirges. Ein Höhenzug reiht sich an den anderen, schwärmte der tschechische, einer deutschstämmigen Arztfamilie entstammende Schriftsteller Karel Klostermann (1848 bis 1923), dessen Lebenswerk 25 Bände umfaßt. Böhmerwald – »tief und zottig«, charakterisierte sein jüngerer Zeitgenosse und Kollege

Karel Čapek. Von Markt Eisenstein etwas mehr als 1¼ Stunden.

Wir sind auf dem Rücken des rund 15 Kilometer langen Kamms, der sich als Ausläufer des Hauptzuges zwischen Markt Eisenstein und Olschowitz (Děpoltice) erstreckt. Die Richtung beibehaltend, erreicht man wenig später einen weitläufigen Kahlschlag, über den sich die roten Farbzeichen halblinks zu einem breiten Weg senken. Er führt rechts zum **Tomandlkreuz** (Tomandlův křiž, 1150 m). Geradeaus, zusätzlich gelbes Zeichen, das sich aber wenig später links wendet, während wir auf Rot bleiben und im Westhang des Hochgefild (Habr) wandern. Dann mündet links die blaue Farbe, wichtig für den Rückweg.

Etwa 20 Minuten sind es noch zum **Brükkelberg** (Můstek, 1234 m), der höchsten Erhebung des langen Waldkamms. Von einem Gipfel kann keine Rede sein, eher von einer flachen Kuppe bzw. einer Lichtung, die nur nach Westen ein schmales, unattraktives »Fenster« öffnet. Aufschlußreicher wäre die Schau vom Turm der Chata na Můstku, doch das einstige Eisenbahner-Betriebserholungsheim bleibt vorerst geschlossen. Von Markt Eisenstein 2 Stunden.

Zurück, etwa ¼ Stunde, und an der Gabelung halbrechts getreu der weiß-blau-weißen Bandmarkierung. Nach 5 Minuten eine Kreuzung überschreiten und zu einem Forstfahrweg. Er bringt uns links in ½ Stunde zum **Spitzbergsattel** (Špičácké sedlo, 997 m), einem Straßenpaß; siehe auch Tour 37. Vom Brückelberg 1 Stunde.

Links etwa 150 Meter mit der Straße. Dann links, über eine Wiese in den Wald, das heißt die Straße abkürzen, die wenig später etwas unterhalb des Hotels Rixi gekreuzt wird. Jenseits gleich links (rechts Gelbmarkierung zum Teufelssee, 40 Minuten; Tour 37), in 10 Minuten hinab an die Talstation eines Skilifts. Rechts zur Informationstafel über den 1748 Meter langen *Spitzberg-Eisenbahntunnel* – längster Böhmens –, der von 1874 bis 1877 durch den Fels getrieben wurde, als erster seiner Art in der österreichisch-ungarischen Monarchie. Habsburg hatte ihn schon 1866 geplant. Der verlorene Krieg gegen Preußen verzögerte das Projekt, an dem mehr als 700 Männer schufteten, überwiegend Italiener,

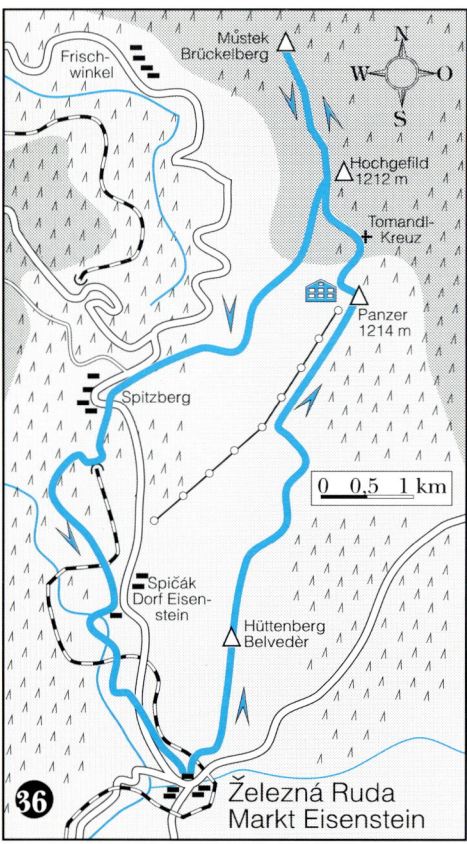

Im Zentrum von Böhmisch bzw. Markt Eisenstein steht die barocke, durch Zwiebeltürme charakterisierte Kirche Mariahilf vom Stern.

von denen viele durch die unmenschlichen Arbeitsbedingungen starben. Der zweispurige Schienenstrang ruhe auf Menschenknochen, munkelte man.

Ab der Tafel auf dem Teersträßchen nur einige Meter abwärts, dann rechts, oberhalb des südlichen Tunnelmundes kurz an einem Bächlein entlang, das man rechts überschreitet. Die niedrige Böschung (Steinstufen) hoch und auf der Skipiste etwa 50 Meter ansteigen, bis die grünen Markierungen links einschwenken. Vor dem nächsten Haus links, wieder auf breitem Weg zwischen Ferienhäusern. Wir kommen zu einer Wiese. Zunächst an ihrem oberen Rand, ehe sich der Weg linkshaltend senkt und von einem Fahrweg abgelöst wird. Hinter der Eisenbahn-Unterführung, bei den Häusern der Streusiedlung **Dorf Eisenstein** (Špičák, 800 m) nicht links über den Eisenbach, sondern etwa 100 Meter vorher rechts halten, ab- und aufwärts,

der Teerstraße folgend, und erst ¼ Stunde später die *Autostraße* betreten. Rechts folgt eine kleine, einst barock ausgestattete **Kapelle** (Totenbretter). Es handelt sich um das Kirchlein der italienischen Arbeiter am Spitzbergtunnel, die hier auch einen kleinen Friedhof hatten. Fünf Minuten danach läuft man geradeaus nach Markt Eisenstein und gelangt direkt zum Ausgangspunkt.

Nützliche Informationen

Anfahrt: Von Bayerisch Eisenstein 3 Kilometer. Bahnhof am nördlichen Ortsrand, rechts oberhalb der Straße zum Spitzbergsattel, Verbindung mit Bayerisch Eisenstein.
Ausgangsort: *Markt Eisenstein* (Železná Ruda, 754 m). 818 Einwohner. In einem Talkessel an der Mündung von Regen (Řezná) und Eisenbach (Železny potok) am Nordwestrand des Nationalparks.

Auf dem Höhenweg vom Panzer zum Brückelberg.

Parken: Nur auf ausgewiesenen Plätzen. Oder vor dem Hotel Javor.

Gehzeiten: Insgesamt 4 Stunden. Markt Eisenstein – Belvedér ¼ Stunde. Belvedér – Panzer 65 Minuten. Panzer – Brückelberg 40 Minuten. Brückelberg – Spitzbergsattel 1 Stunde. Spitzbergsattel – Dorf Eisenstein ½ Stunde. Dorf Eisenstein – Markt Eisenstein ½ Stunde.

Unterkunft/Verpflegung: Hotels, Privatzimmer, Gasthöfe. Mährische Faßweine in der *Vinárna (Weinstube) U hamru.* Gegenüber der Zimmervermittlung, am Beginn der Wanderung, werden im Kiosk manchmal frische »Langosch«, ein Schmalzgebäck, verkauft. – Hotels, Gasthöfe etc. sowie *Jugendherberge* in *Bayerisch Eisenstein.*

Einkehr unterwegs: *Berghotel Horizont, Espreso Hofmanky. Panzer* (Sessellift-Bergstation, Betriebszeiten 8.00 bis 16.00 Uhr. *Spitzbergsattel. Hotel Rixi* (etwas abseits), Taverna geöffnet 8.00 bis 11.00 Uhr, 16.00 bis 23.00 Uhr).

Sehenswürdigkeiten: • Zwiebeltürmige, barocke Kirche *Mariahilf vom Stern*; deutschsprachiger Informationsanschlag. • *Böhmerwaldmuseum* (Muzeum Šumavy) im ehemaligen, 1877 erbauten Wohnhaus (Originalinventar) des Eisensteiner Galshüttenbesitzers Georg Christoph Abele, der 1826 in Lud-wigsthal die erste Fabrik Bayerns gegründet hatte, die an der Pfeife geblasene und gewalzte Weißglasspiegel herstellte. Möbel, Glas, Porzellan, Hinterglasbilder, Hammerschmiede-Ausstattung; deutschsprachige Führung und Beschriftung. In diesem Haus soll Karel Klostermann seinen realitätsbezogenen Roman »Die Glasmacher« geschrieben haben. Besichtigung: Montag bis Samstag 9.00 bis 12.00 Uhr, 12.45 bis 17.00 Uhr, Sonntag 9.00 bis 12.00 Uhr.

Andere Wanderung: Von *Elisenthal* (Alžbětin), zwischen Markt Eisenstein und Grenze, mit der Rotmarkierung ostwärts über Deffernik (Debrnik) und durch den Schloßwald (Zámecký les) zum *Lackasee* (Jezero laka), dem höchstgelegenen (1085 m) See im Böhmerwald; Wasserfläche 2,53 Hektar, Tiefe bis 4 Meter, schwimmende Inseln. Obwohl der See seit Auflösung des Truppenübungsplatzes 1992 wieder zugänglich ist, darf er aus Gründen des Naturschutzes nur vom 15. Juni bis 31. Oktober besucht werden. Hin- und Rückweg etwa 5 Stunden.

Auskunft: ČS-34004 Železná Ruda, Zimmernachweis/Wechselstube (bei der Marienkirche), geöffnet 7.30 bis 17.30 Uhr.

Wanderkarten: Podrobná Turistická Mapa 1:50000, Blatt 64. Erhältlich im Zimmernachweis, siehe Auskunft.

37 Teufelssee und Schwarzer See

Vom Spitzbergsattel

Tourencharakter: Unschwierige Rundwanderung.
Steigungen: 200 Meter.
Reine Gehzeit: 2½ Stunden.
Beste Jahreszeit: Juli bis November.

Špicácké sedlo, der Spitzbergsattel, war nach der Jahrhundertwende eine Idylle, wie Postkarten beweisen. Da sieht man einen Pferdewagen bei der Pension Prokop vorfahren, und auch im »Rixi« nahmen Touristen gerne Herberge. Allein das »Rixi« erfuhr wieder seinen ursprünglichen Zweck, während das »Prokop« vorerst Armee-Erholungsheim bleibt. Beide offenbaren typische sozialistische, schmucklose architektonische Zweckmäßigkeit! Der Sattel, europäische Wasserscheide zwischen Ostsee–Nordsee und Schwarzem Meer, ist ein wichtiger Paß aus dem Markt Eisensteiner Kessel nach Nordwestböhmen. Der Zug untertunnelt (1,7 km) die Höhe 150 Meter tiefer als der Straßenscheitel.

Nach Aufhebung (1990) der militärischen Sperrzonen strömen die Touristen wie früher, zumindest an den Schwarzen See, der bei unserer Rundtour den krönenden Abschluß darstellt. Respektieren Sie die Grenzen des Naturschutzgebietes!

Wir sind im Künischen Gebirge (Královský Hvozd), dem aus Glimmerschiefer bestehenden Kamm von Markt Eisenstein über rund 30 Kilometer Luftlinie bis Neumarkt (Všeruby), zu dem auch der Osser (Ostrý) gehört.

Der Wegverlauf

Auf der Straße in Richtung Markt Eisenstein 150 Meter, dann links ab, über die Wiese und durch den Wald wieder zur Straße. Jenseits, unterhalb des Hotels Rixi, folgt man den gelben Farbzeichen (links Richtung Markt Eisenstein, Tour 36). Der Weg durch die Südflanke des Spitzberges (Špičák) kreuzt Liftschneisen. Er führt, zuletzt neben dem *Teufelsbach* (Jezerni potok), direkt an den in einem Gletscherkar ruhenden **Teufelssee** (Čertovo jezero, 1030 m): Fläche 10,33 Hektar, zweitgrößter See des Böhmerwaldes, bis 37 Meter tief. Konstante Wassertemperaturen von 4 bis 5 Grad sorgen ständig für angenehme Kühle. Mit Ausnahme der östlichen Uferecke stehen die Gestade unter Naturschutz, und das seit 1922, als der damalige Eigner, das Fürstenhaus Hohenzollern-Sigmaringen, diese weitsichtige Maßnahme für das 152 Hektar einschließende Areal um Teufelssee und Schwarzem See veranlaßte.

Nordwestlich schwingt sich die Seewand (Jezerni hora) auf: höchste Erhebung im Künischen Gebirge. Urwaldflanken tragen zum düsteren Szenarium bei, in dem unheimliche Geschichten stets Nährboden fanden, sogar noch in jüngerer Zeit. Auf dem Grund des Sees, in dem angeblich nur Molche leben, soll ein Troß deutscher Soldaten samt Pferden und Wagen wie marschbereit stehen, zwar ertrunken, aber nicht verwest, die Augen schrecklich aufgerissen... In der Tat fanden hier während des Frühjahrs 1945 heftige Kämpfe statt, gefunden wurde im See aber nur Sprengstoff. Vom Ausgangspunkt eine ³/₄ Stunde.

Auf dem Herweg knapp 5 Minuten zurück. Dann links halten, nun mit roten Farbzeichen. Über ein verblocktes Bachbett. Die Spur verliert sich streckenweise im Hochwald, doch das Weiß-Rot-Weiß an den Bäumen hilft der Orientierung. Etwa ¼ Stunde nach dem See schwenken die Markierungen links in Nordwestrichtung ein und führen auf einen Kahlschlag. Weiter zum Treffpunkt mehrerer Wege bei einem roten Antennenmast im Sattel **Roudná** (1159 m), nordöstlich der Seewand. Vom Teufelssee ½ Stunde.

Die rote Markierung setzt sich nordwestlich fort. Nach 200 Metern steht rechts ein *Holzhäuschen*, das notdürftig Unterstand gewährt. Hier links (gerade kürzester Rückweg zum Spitzbergsattel), durch eine Schneise am Saum des **Naturschutzgebietes** in ¼ Stunde an den östlichen Zipfel des **Schwarzen Sees** (Černé jezero, 1007 m) absteigen. Vom Spitzbergsattel 1½ Stunden.

Läuft man noch 5 Minuten am Nordufer, ungeachtet der halbrechts abzweigenden roten Markierung zum Osser, wird ein köstlicher Rastplatz entdeckt, und zwar an der

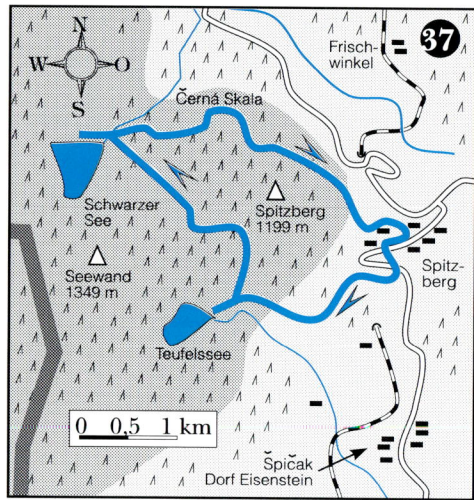

Erinnerung lichter als den Teufelssee. Seine Ufer messen fast 500 Meter mehr: größtes und tiefstes – bis 40 Meter – Böhmerwaldgewässer, Relikt der letzten Eiszeit (Würmeiszeit), die vor 70 000 Jahren einsetzte und 60 000 Jahre später endete, als innerhalb von 100 bis 200 Jahren der Gletscher schmolz und den Kessel hinterließ. Die Sage indes erzählt, der See sei dort entstanden, wo ein dritter Ossergipfel durch Gottes Fluch versank.

Auch den Schwarzen See beschirmt eine Seewand, felsstarrende Abstürze 250 Meter über dem in der Nachmittagssonne schwarzgrün, silbern glitzernden Wasserspiegel. 1964 fanden Taucher mehrere Kisten mit Unterlagen aus Archiven des Hitler-Regimes. Die im See versenkte Urne mit der Asche des Skilaufpioniers Julius Polák blieb unberührt. Früher durfte man um das Ufer spazieren, wo das Habichtskraut seine nördlichste Verbreitung in Europa hat. Petrusjünger schwärmen von kiloschweren Lachsforellen. Und der 1945 eingekerkerte, anschließend vertriebene Böhmerwalddichter Hans Watzlik (1897–1948) schwärmte auf seine Art, nach-

Stelle der 1910 vom Tschechischen Touristenklub erbauten hölzernen, pavillonartigen Gaststätte, aus der eine zweistöckige Pension entstand. Sie mußte nach dem letzten Weltkrieg als Truppenunterkunft herhalten und fiel einem Brand zum Opfer.

Den Schwarzen See behält man in der

Der bis zu 37 Meter tiefe Teufelssee bildet den Auftakt der Rundtour vom Spitzbergsattel.

Rast an dem unter Naturschutz stehenden Schwarzen See, dem größten und tiefsten Gewässer des Böhmerwaldes.

zulesen im Buch »Grenzwaldheimat« des Lehrers Franz Xaver Siebzehnriebl, der Watzliks Text vertonte.

Das kleine Schleusenwerk am Abfluß des Schwarzen Bachs (Černý potok) schufen die Tschechen 1929, im Rahmen einer Hochdruck-Wasserkraftanlage, die durch ihre 300 Meter Gefällehöhe drunten im Tal des Angelbachs (Uhlavske údoli) ab 1937 Strom erzeugt. Südlich des Seeabflusses nimmt man die gelb markierte Asphaltstraße. Nach ¼ Stunde wird der von einem Holzkreuz gekrönte **Schwarze Fels** (Černá skála, 974 m) passiert. Und ¼ Stunde später öffnen sich Blicke über das Angelbachtal zum großen Landwirtschaftsbetrieb Frischwinkel (Brčálnik), zum Můstek und Pancíř (rechts). Nach 5 Minuten liegen links am Sträßchen die Stammteile des 36 Meter hohen, 1983 gefällten Komárek-Baumes, zur Erinnerung an Universitätsprofessor Julius Komárek, der bereits 1946 die Schaffung eines Nationalparks Böhmerwald forderte. Hier trennt uns nur mehr ¼ Stunde vom Spitzbergsattel.

Nützliche Informationen:

Anfahrt: Von Markt Eisenstein (Železná Ruda) am westlichen Ortsrand nordwärts 4,5 km zum Spitzbergsattel (Špicácké sedlo). Regelmäßig Busse von Markt Eisenstein sowie vom dortigen Bahnhof (Zugverbindung mit Bayerisch Eisenstein.)

Ausgangspunkt: *Spitzbergsattel* (Špicácké sedlo, 997 m), nördlich von Markt Eisenstein.

Parken: Am Straßensattel.

Gehzeiten: Insgesamt 2½ Stunden. Spitzbergsattel – Teufelssee eine ¾ Stunde. Teufelssee – Schwarzer See 50 Minuten. Schwarzer See – Spitzbergsattel 50 Minuten.

Unterkunft/Verpflegung: *Hotel Rixi* (400 m südwestlich des Spitzbergsattels an der Straße); Telefon 01 86/9 73 86 oder 9 72 71. Auf der Paßhöhe ein Buffet und Kiosk. Weitere Unterkünfte in Markt Eisenstein, Tour 36.

Auskunft: Siehe Tour 36.

Wanderkarte: Podrobná Turistická Mapa 1:50 000, Blatt 66. Erhältlich in Markt Eisenstein, im Geschäft des Zimmernachweises.

38 Domažlice – Taus

Herzkammer des Chodenlandes

Tourencharakter: Unschwierige Rundwanderung. Badegelegenheit in Mlýneček, Mrákov.
Steigungen: Etwa 500 Meter.
Reine Gehzeit: Etwa 6 Stunden.
Beste Jahreszeit: Frühling bis Spätherbst.

Das Chodenland – tschechisch Chodsko – bildet eine ethnographische und kulturelle Insel im Hügelkranz zwischen Böhmen und Bayern. Ähnlich den »künischen« Freibauern (siehe Tour 34), erhielten die um 1040 angesiedelten slawischen Choden besondere landesherrliche Privilegien mit der Pflicht, die Böden zu kultivieren, einen 20 Kilometer langen Grenzstrich zu schützen und die Further Völkerpforte bzw. den Handelsweg Regensburg – Prag zu sichern. Choden leitet sich vom tschechischen »chodit« ab. Es bedeutet »gehen«, wahrscheinlich das Patrouillieren der Grenzwächter, die von großen Hunden begleitet wurden. Ein Hundekopf, übernommen aus dem Amtssiegel des Chodenrichters, ist Symbol am Zuberbach, weshalb die Choden früher von ihren bayerischen Nachbarn »Hundsköpfler« geschimpft wurden. Im Laufe der Zeit waren elf Freidörfer entstanden sowie das im 10. Jahrhundert gegründete, 1262 zur Zollstation und königlichen Freistadt erhobene Domažlice: Selbstverwaltungszentrum, Gerichtssitz, Hort der die Privilegien garantierenden Majestätsbriefe im Chodenschloß.

Die Choden seien »ein duldsames, friedliebendes, sehr religiöses Volk«, charakterisiert August Sieghardt. Deshalb wohl kuschten sie unter Herzog Ludwig von Bayern, dem sein Schwiegervater, König Johann von Böhmen, Anfang des 14. Jahrhunderts das Chodenland überließ. In den Hussitenkriegen standen die Choden auf Seiten der Reformierten, stellten sich in der Schlacht bei Domažlice am 14. August 1431 dem katholischen Kreuzritterheer, das jedoch schon vor Beginn der Kämpfe flüchtete. Die Ereignisse bzw. das Leben der Grenzbevölkerung damals sind eingebunden im »Further Drachenstich« (Tour 20). Nach der Schlacht am Weißen Berg bei Prag, als die Habsburger 1620 die Herrschaft über Böhmen gewonnen hatten und es gewaltsam rekatholisierten, ging die Choden-Herrlichkeit zwar unter, es rührte sich aber Widerstand. Die bayerischen Freiherrn von Lamingen erwarben 1671 den Chodengau. Wolf Maximilian von Lamingen residierte, Chodenrechte mit Füßen tretend, im Schloß zu Trhanov. Eine Rebellion (1693) wurde rücksichtslos niedergeschlagen. Den Anführer Jan Sladký, genannt »Kozina«, ließ der Despot 1695 in Pilsen am Galgen hinrichten. Nachfolger der Lamingen wurde 1697 das aus Graubünden stammende habsburgische Adelsgeschlecht von Stadion.

Sladký ist Freiheitsheld der Region. Sie bewahrte trotz habsburgischer Germanisierung im 17. und 18. Jahrhundert ihre slawischen Wesensmerkmale und Mundart. Man pflegt das kulturelle Erbe: Bräuche, farbenfrohe Trachten, Stickereien, Keramik, Schnitzen, Lieder und Instrumentalmusik auf der Basis von Geige, Klarinette und – Dudelsack. Volkskünstler vereinigt die Chodiva-Genossenschaft. Božena Němcová (1821–1862), an deren Sterbehaus unser Prag-Spaziergang (Tour 40) innehält, schildert in »Bilder aus der Domžlicer Gegend« chodisches Leben und Brauchtum.

Der Wegverlauf

An der Südseite der **Parkplätze** geht es halbrechts in die **Ulice Jiráskova** bzw. Richtung Tlumačov. Markierung: weiß-gelb-weiß. Jenseits des Bahnübergangs rechts halten zum Eingang des Sportplatzes. Dort wird die Teerstraße links verlassen. Nach 50 Metern halbrechts den schmalen Weg durch ein verwildertes Trockentälchen nehmen, bis man wieder auf die Straße muß. Etwa ¼ Stunde später bleibt die gelb bezeichnete Rechtsabzweigung unbeachtet. Wir laufen mit der Straße zu dem 1755 erbauten, barocken **Wallfahrtskirchlein St. Laurentius** (Vavřinec). Gegenüber das *Hotel-Restaurant Vavřinečku*.

Das Sträßchen führt auf den höchsten Punkt des Hügels **Veselá hora** (582 m) und senkt sich nach **Stráz** (500 m), eines der elf chodischen Freidörfer, wie das südöstlich

Bürgerstolz spiegeln die vom Rundturm der Kirche Maria Geburt beherrschten Häuserfronten am langgestreckten Marktplatz von Domažlice (deutsch Taus); rechts das Untere Tor.

gelegene Tlumačov. Hier und dort bröckelt der Putz und die Dächer sind desolat. Das alte Gesicht Böhmens, gebeugt und gedrückt, doch voller Hoffnungen! Nach Feierabend wird am Häuschen gearbeitet. Jeder einzelne versucht mutig, an der Zukunft zu basteln.

Beim *Krieger-Ehrenmal* rechts, vor der *Kapelle* halblinks. Mit der Straße bergan durch eine Allee verwachsener Apfelbäume. Auf der Höhe (540 m) angelangt, erscheinen nun schwach nordwestlich die Radaranlagen des Schwarzkopf (Čerchov). Die Straße führt nach **Pasečnice** (510 m). Es besteht aus zwei Ortsteilen, die der Fischweiher trennt. Man weiß von einer mittelalterlichen Propstei des Benediktinerklosters Kladrau (Kladruby). Sie ist verschwunden. Erst im späten 18. Jahrhundert entstand eine neue Siedlung. Von Domažlice 1¾ Stunden.

Bei der *Gefallenen-Gedenkstätte* geht es rechts, vorbei an einer vierhundertjährigen *Linde*. Grüne Zeichen leiten uns sicher, auch an der Linksabzweigung etwa 10 Minuten

nach dem Ort. Die Spur dringt in den Wald ein. Am schattigen Weg ist nach 400 Metern erneut eine Linksabzweigung markiert. Wie ein Riesenmaul gähnt der dunkle Schlund des wassergefüllten **Bergwerkstollens**. Ab dem 17. Jahrhundert wurde Schiefer abgebaut und im nahen Stará Hut bearbeitet. Im 18. Jahrhundert flutete Grundwasser den Stollen, wobei etliche Knappen ertranken.

Scharf rechts, die Böschung hoch, jenseits der Anhöhe abwärts zu einem Querweg. Rechts weiter. Linker Hand zeigen sich die Häuser von Pelechen (Pelechy). Wir passieren ein 1862 errichtetes Flurkreuz. Jetzt noch 5 Minuten entlang dem Waldrand zu einer Waldecke; vom Stollen ¼ Stunde.

Links, erneut am Waldrand, ungefähr 500 Meter. Dann halbrechts in den Wald: Die weiß-rot-weißen Farbbänder leiten uns in 35 Minuten zum Wirtshaus in **Philippsberg** (Filipova Hora, 575 m). Philipp Johann Graf von Stadion (1652–1741), Staatsmann und Herr im Chodenland, hatte hier einen Herrenhof errichtet, der wohl 1780 abbrannte, aber die

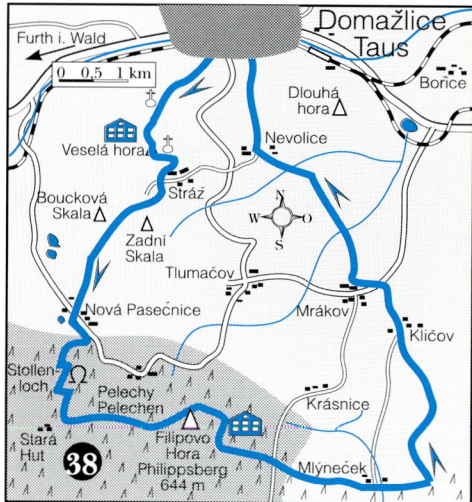

Keimzelle für das Dorf gewesen war. Von Domažlice knapp 3 Stunden.

Eine Tafel zeigt uns den Weg nach **Mlýneček** (470 m): mit der Straße ostwärts 40 Minuten. Bei der Dorfglocke geradeaus, vorbei am Dorfweiher und der Straße folgen. Etwa ¼ Stunde nach Mlýneček geht es links. Durch **Stitovsky** und **Nový Kličov** bringt uns die kaum befahrene Straße nach **Kličov**. Das kleine Gotteshaus trägt die Jahreszahl 1863. Daneben steht noch eines der alten Chodenhäuser, denn Klicov war Freidorf; auch **Mrákov**, wohin uns die Farbzeichen bringen. Von Domažlice knapp 5 Stunden.

Vor der Kirche rechts halten, den *Friedhof* passieren. Hernach auf einem Wiesenweg in die Senke. Gegensteigung zum weiß-blauen Markierungstäfelchen. Abwärts ins Tal des Nevolický potok. Nach dem Bach bringt uns ein Teersträßchen links nach **Nevolice**. Am Dorfplatz, vor der 1993 restaurierten Kapelle, halbrechts bergan. Beim Flurkreuz geradeaus, ab- und aufwärts nach Domažlice.

Nützliche Informationen

Anfahrt: Vom Grenzübergang Furth im Wald 13 Kilometer, von Klattau (Klatovy) 33 Kilometer. Bahnhof und Busbahnhof am südöstlichen Stadtrand, an der Straße nach Klattau.
Ausgangsort: *Domažlice* (Taus, 430 m). 11 461 Einwohner. Kreisstadt und Verkehrsknotenpunkt nördlich von Furth im Wald.

Parken: Gebührenpflichtige Plätze unterhalb des Schlosses an der Kreuzung Ulice Havličova – Ulice Jiráskova.
Gehzeiten: Insgesamt etwa 6 Stunden. Domažlice – St. Laurentius eine ¾ Stunde. St. Laurentius – Pasečnice 1 Stunde. Pasečnice – Philippsberg 1 Stunde. Philippsberg – Mrákov 2 Stunden. Mrákov – Nevolice eine ¾ Stunde. Nevolice – Domažlice ½ Stunde.
Unterkunft/Verpflegung: U. a. *Hotel Vinco*, Marktplatz 49; dazu gehört das empfehlenswerte *Restaurace U Kreslu. Hotel Slavie. Hotel Koruna. Penzion Psohlavec.*
Camping: *Babylon* (auch Hotels und Bungalows), halbwegs zwischen Grenze und Domazlice.
Einkehr unterwegs: *Vavřinečku* (St. Laurentius, auch Zimmer). *Philippsberg* (10.00 bis 14.00 Uhr, Dienstag 18.00 bis 20.00 Uhr).
Sehenswürdigkeiten: • Langgestreckter *Marktplatz*, gesäumt von repräsentativen Häuserfronten und Laubengängen, östlich abgeschlossen durch das gotische Untere Tor der ehemaligen Stadtbefestigung. In den Häusern vielfach im Erdgeschoß ein gewölbter Raum, das sogenannte »Lustgemach«. • Am Platz die im ausklingenden 13. Jahrhundert zweischiffig (ohne Chor) errichtete, von 1751 bis 1756 nach einem Brand möglicherweise unter Mitwirkung von Kilian Ignaz Dientzenhofer barock umgebaute und freskierte (Marienleben, hl. Cäcilie) *Kirche Maria Geburt*. Nördlicher Seiteneingang mit vier Gewölben, zwei Kapellen. Im Süden dreiachsige barocke Vorhalle mit Statuen der hll. Michael, Peter und Paul von 1764. Hochaltar in Illusionsarchitektur; Madonnenstatue von 1876. Fassade Neubarock. Angebaut der 59 Meter hohe, 56 Zentimeter aus dem Lot gehende gotische *Rundturm*; Besteigung (194 Stufen) 8.00 bis 12.00 Uhr, 12.30 bis 16.00 Uhr. • *Museum des Chodenlandes* (Vlastivědné Muzeum Chodska) in dem nach einem Brand (1592) erneuerten, 1727 barockisierten Chodenschloß; rund 70 000 Exponate. U. a. Gedenksaal des Dichters Jaroslav Vrchlicky (1853–1912), der in Domažlice starb. Geöffnet (deutsches Informationsblatt) außer Montag 8.00 bis 12.00 Uhr, 13.00 bis 16.00 Uhr. • *Hinterglasbilder Museum* (Muzeum Jindřicha Jindřicha), Náměsti Svobody 61, untere Vorstadt.

Bedeutende Privatsammlung (Exponate aus Böhmen, Bayern, Österreich) des Komponisten und Volkskundlers Jindřich Jindřich (1876–1967) in dessen Wohnhaus, heute Schule. Öffnungszeiten (deutschsprachiges Informationsblatt) außer Montag 8.00 bis 12.00 Uhr und 13.00 bis 16.00 Uhr. • *Landkreis-Archiv* (Náměsti Republiky 10), geöffnet Montag bis Freitag 7.00 bis 15.30 Uhr. • *Chodenfest*, 2. Augustsonntag. **Sehenswürdigkeit der Umgebung:** • Westlich (4,5 km) im Dorf *Újezd* das *Museum Chodenbauernhof* mit einer Gedenkstätte (Pamětni Siň Jana Sladkého Koziny) des hier geborenen Freiheitskämpfers Jan Sladký; geöffnet Mai bis 15. Oktober Dienstag bis Sonntag 9.00 bis 16.30 Uhr. **Wanderkarten:** Fritsch Wanderkarte 1:50000, Blatt 56. – Podrobná Turistická Mapa 1:50000, Blatt 63 (mit allen markierten Wanderwegen); erhältlich im Geschäft am Marktplatz Nr. 21.

Die Dorfglocke der Ortschaft Mlýneček an der Rundwanderung im Chodenland.

39 Schwarzkopf (Čerchov), 1042 m

Der wiederentdeckte Weg

Tourencharakter: Unschwierige Rundwanderung. Von Böhmisch Kubitzen Busverbindung mit Vollmau.
Steigungen: 700 Meter.
Reine Gehzeit: 4½ Stunden.
Beste Jahreszeit: Mai bis Oktober.

Der Mann, den ich am Böhmischen Brunnen treffe, ist traurig. Er kommt aus Prag und wollte einen der Wege seiner Jugend nachvollziehen, denn das Gebiet war 45 Jahre für Wanderer verboten. Hanova cesta – Hanaweg – heißt die klassische, 1901 trassierte Route von Vollmau auf den Schwarzkopf. Er sei sie oft gegangen, mit Freunden, auch mit hübschen Freundinnen, wirft er augenzwinkernd ein, sommers wie winters. Schließlich besaß der Schwarzkopf Bedeutung: höchster Berg des Böhmischen bzw. Tschechischen Waldes (Český les) und Landschaftssymbol der Gegend um Domažlice. Jetzt sei dieser Weg hinter dem Brunnen, den auch vor dem Krieg ein hölzerner Pavillon beschirmte, unauffindbar. Suchen wir ihn doch gemeinsam, schlage ich vor. Ach nein! Vielleicht ist es gar nicht mehr so schön wie früher, meint der Alte resignierend. Man könne halt das Rad nicht zurückdrehen. Sch… Kommunismus! Ich mach mich allein auf die Suche. Zunächst vergeblich. Waldstraßen, teilweise geteert, haben das Bild gründlich verändert. Nirgendwo ein Hinweis. Doch dann glückt mir der »Fund«. Das müßte er sein, der Hanaweg. Und da stoße ich auch auf die ersten Plattenstufen, von denen der Mann sprach. Anschließend ein herrlicher, abwechslungsreicher Streifzug über den langen Rücken. Schade, daß er nicht dabeisein konnte. Oder gut so, denn vom Gipfel wäre er sicher maßlos enttäuscht gewesen!

Der Wegverlauf

In **Vollmau**, am westlichen Ortseingang, gegenüber der Bushaltestelle, auf dem Sträßchen gelb markiert hinunter zur *Warmen Pa-*

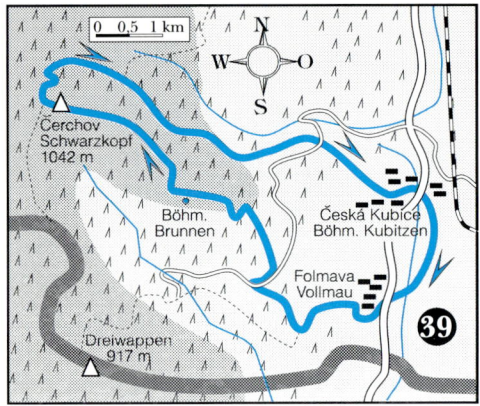

stritz (Teplá Bystřice, 450 m), wo früher eine Mühle stand. Der Anstieg beginnt. Nach 5 Minuten (Haus) links halten, mit geschottertem Fahrweg. Südwestlich zeigt sich der Hohe Bogen. Bei der Wegeteilung (566 m) rechts. Etwa 10 Minuten später an der Gabelung halblinks dem Teersträßchen folgen, ungefähr ¼ Stunde. Dann (Containerhütte) mit dem Quersträßchen rechts, aber nur 5 Minuten, worauf die weiß-gelbe Bandmarkierung halblinks in den Wald leitet. Am Zenit des Pfades geht es links zum nahen **Böhmischen Brunnen** (Česká studánka, 772 m). Service: Becher und Trinkglas!

Rechts der Hütte etliche Holzbohlenstufen hoch. Auf dem Querweg links 5 Minuten zu einem Teersträßchen. Rechts, nach ¼ Stunde den Querweg schräg rechts kreuzen in den Waldschatten. Damit sind wir auf dem **Hanaweg**. Steiler bergan, jedoch nur 10 Minuten. Dann folgt der Bummel am und auf dem felsgespickten Kamm. Tote Fichten recken anklagend ihre hellgrauen Leiber. Urwald ringsum! Spinnennetze voll funkelnder Tauperlen überspannen das Weglein. Hier und dort vom Specht zerhackte, schwammbesetzte Baumleichen. Die Spur kann nicht verfehlt werden. Immer wieder Plattenstufen unter modrigem Laub. Zum Schluß hin entdecke ich zwei verblaßte weiß-rote Farbzeichen. Schlagartig eine andere Welt: Radaranlagen hinter hohen Zäunen, Gebäude und Türme. So sieht der **Schwarzkopf** (Čerchov, 1042 m) heute aus. Militärische Sicherheitszone! 1894 hatte der Tschechische Touristenklub auf den Gipfelfelsen einen hölzernen Aus-

sichtsturm postiert, den 1905 der 25 Meter hohe Kurzturm ablöste. Dazu gehörte ein Gasthaus: »Dunkle Balken, im Winkel die Jungfrau Maria und über ihr der gekreuzigte Heiland, eine Eisenstange über dem Kamin, Möbel, gemaltes Geschirr in einem Regal…«, wie in einem »Chodenzimmer« (siehe Tour 38) entsinnt sich ein Zeitgenosse. Härter könnten die Kontraste von jetzt zu früher nicht sein!

Spuren führen links durch Blockwerk am Zaun entlang. Das Auge schweift westlich und nordwestlich über die Höhen des Oberpfälzer Waldes. Dem Zaun folgend, stößt man auf die Straße. Links abwärts 20 Minuten zu einem **Rastplatz**. Rechts mit dem rot markierten Teersträßchen. Die Tafel verrät: 6,5 Kilometer bis Česká Kubice. Vorbei an der **Emerichquelle**. Nur einmal öffnet sich ein Blick östlich über den Chodengau.

Böhmisch Kubitzen (Česká Kubice, 540 m), 1697 erstmals erwähnt, mauserte sich um die Jahrhundertwende zu einem populären Luftkurort, der jedoch nach dem Zweiten Weltkrieg in Belanglosigkeit sank, aus der man sich allmählich löst.

Die Durchgangsstraße schräg rechts überqueren. Wir vertrauen uns den weiß-blauweißen Farbzeichen an. Hübsche Einfamilienhäuser säumen das Sträßchen. Rast im Garten des *Atelier K & K* (Einkehr). Anschließend noch 10 Minuten mit dem Sträßchen. Daraufhin halbrechts weiter. Das 1750 gegründete Deutsch Kubitzen (Nová Kiubice) bleibt links liegen. Im Wald an der Gabelung halbrechts abwärts, Und schon dringt wieder Lkw-Lärm ans Ohr. Vollmau entstand um 1700 und ist seitdem Grenzstation, bis 1766 bayerisch, dann böhmisch. Funde reichen in die Bronzezeit zurück – rund 4000 Jahre. Im Oberdorf, 500 Meter südöstlich der Durchgangsstraße, die spätbarocke, 1797 dem heiligen Antonius von Padua geweihte, 1992/93 renovierte Kirche; unter Bäumen eine Nepomukstatue.

Nützliche Informationen

Anfahrt: Von Furth im Wald 15 Kilometer, von der Grenze 1 Kilometer. Busverbindungen mit Domažlice.
Ausgangsort: *Vollmau* (Folmava, 558 m).

Auf dem klassischen Hanaweg von Vollmau Richtung Schwarzkopf im Böhmischen Wald (Český les).

Parken: Westlicher Ortseingang, gegenüber der Bushaltestelle.

Gehzeiten: Insgesamt 4¹/₂ Stunden. Vollmau – Böhmischer Brunnen 65 Minuten. Böhmischer Brunnen – Schwarzkopf 1¹/₄ Stunden. Schwarzkopf – Böhmisch Kubitzen 1³/₄ Stunden. B. Kubitzen – Vollmau ¹/₂ Stunde.

Unterkunft/Verpflegung: *Restaurant* in Vollmau. In *Česká Kubice* die *Pension Krásno*

horská, Telefon 01 89/9 31 04. Hotels in Babylon und Domažlice (siehe Tour 38).

Einkehr unterwegs: *Česká Kubice.* Atelier K & K, geöffnet Juni bis Mitte September 10.00 bis 21.00 Uhr.

Wanderkarten: Fritsch Wanderkarte 1:50 000, Blatt 56 – Podrobná Turistická Mapa 1:50 000, Blatt 63 (mit allen Wanderwegen).

40 Prag

Goldene Stadt?

Stadtspaziergang: Wenzelsplatz – Nationalstraße – Grabenstraße – Zeltnergasse – Altstädter Ring – Karlsbrücke – Kleinseitner Ring – Loretokirche – Neue Welt – Hradschin – Judenstadt.
Gehzeit: Mindestens 1 Tag. Museen montags geschlossen!
Beste Jahreszeit: Frühling (ohne Ostern und Pfingsten), Herbst, Winter; sonst starker Touristenrummel!

Ein deutscher Dichter der Romantik, Clemens Brentano (1778–1842), war es, der Prag erstmals als »Goldene Stadt« pries. Es verging ein Jahrhundert, ehe das Prädikat auch im Tschechischen auftaucht: Zlatá Praha – Goldenes Prag.

Wie alle geschichts-, kultur- und kunstträchtigen Metropolen hat auch die »Goldene«, die »Hunderttürmige«, »Schatztruhe Europas« verblaßtes Couleur sowie ihren meist ungeprüft, bedenkenlos übernommenen Ruhm und Ruf aus besseren Tagen. Eine »der verehrungswürdigsten Städte«, kleidete der französische Bildhauer Auguste Rodin seine Pathetik in Worte. Und Richard Wagner schwärmte: »unvergeßlich«. Jan Neruda legt dem Mond das Lob, »daß keine Stadt Prag an Schönheit gleiche« in den Mund. Späterhin hört man auch kritische Töne. Eine »polemische Stadt«, so der 1939 emigrierte Jude Max Brod, Freund und Nachlaßverwalter Kafkas, der empfand, das »Mütterchen hat Krallen« und dennoch beteuerte, »Prag läßt nicht los…«

Prag wurde ein Mythos und »ist nicht nur golden«, wirft Stanislav Cech im »Prager Wochenblatt« (15. März 1991) ein, womit wir permanente Aktualität hören. Der Journalist spielt auf die nächtlichen Verhältnisse an. Polizisten seien »machtlos gegen Dutzende Dealer, die gestohlene oder von Raubüberfällen stammende Waren und Gegenstände verkaufen«. Die Ordnungskräfte resignieren, was jeder Betroffene spürt, wenn er eine Anzeige erstattet. Außerdem verloren sie Autori-

tät, denn das Volk hat nicht vergessen, daß die Polizei ein höriges Instrument des früheren Systems war. Obschon im Hinblick auf die »katastrophal angestiegene Kriminalität« (Prager Wochenblatt) der Bezirk 1 zusätzlich Hilfspolizisten beim amerikanischen Detektivbüro Pinkerton ausbilden ließ und sie stockbewehrt auf Streife schickt, konnte das Übel nicht einmal gelindert werden. Prag dürfte, was Taschen- und Trickdiebstähle, Raub, Autoaufbrüche sowie Prostitution betrifft, eines der heißesten Pflaster Europas sein! Man schätzt mehrere Tausend Prostituierte, haupt- und nebenberufliche; keine steht unter medizinischer Kontrolle. Wie viele Sextouristen – wegen der niedrigen »Honorare« – wurden schon betäubt und bestohlen? Kehrseite errungener Freiheiten! Trotz alledem muß man Prag einfach erlebt haben! Angesichts mannigfaltiger Literatur über die Sehenswürdigkeiten setze ich hintergründige, kaum bekannte Akzente: Prag einmal anders!

Wenzelsplatz (Václavské náměsti)

Hauptschlagader! Spontan, quirlig und laut, intellektuell und zwielichtig, intensiv polizeikontrolliert, und doch irgendwie sympathisch, an Sommerabenden vollgestopft von Flanierenden: Mittelpunkt der 1348 unter Kaiser Karl IV. angelegten Neustadt (Nové Město). Aus dem 740 Meter langen Roßmarkt ist ein Boulevard mit regionalem und internationalem Flair geworden. Seit 1913 beobachten der heilige Wenzel als Reiterstandbild sowie die beigestellten Landespatrone Ludmilla und Agnes, Adalbert und Prokop, das Geschehen. Jan Palách, ein Philosophiestudent, übergoß sich am 16. Januar 1969 aus Protest gegen die sowjetische Okkupation mit Benzin und verbrannte. Ihm wurde im Rahmen der Straßenumbenennungen 1989 der vormalige Platz der Rotarmisten an der Philosophischen Fakultät der Karls-Universität gewidmet. 1989 war das Jahr der »samtenen Revolution«. Sie führte zum Generalstreik bzw. beschwor die Konstitutionierung eines demokratischen Mehrparteiensystems. Der neue Staatsname lautete Tschechische und Slowakische Föderative Republik (ČSFR). Sie geriet bereits 1991 in Zweifel. Es ertönte der Ruf nach einer souveränen Slowakei. Aber-

Blick vom Letná-Hügel (Letenské sady), einem beliebten Aussichtsplatz, auf die Prager Moldaubrücken. Die zweite Brücke ist die Karlsbrücke.

mals wurde der Bauch Prags politischer Seismograph: Ende November 1991 votierten Zehntausende, samt Staatspräsident Václav Havel, für eine Volksabstimmung. 1992 löste sich die Slowakei (ohne Volksabstimmung) und ist seit 1993 selbständige Republik. Am oberen Ende des Wenzelsplatzes feierte das Nationalmuseum (Národni muzeum), ein dominierender Neurenaissancebau, 1991 hundertjähriges Bestehen. Links des Museums das moderne Gebäude der Nationalversammlung.

»Goldenes Kreuz« (Zlatá křiž)

Den unteren Teil des Wenzelsplatzes bildet der geschäftige Querbalken – einst Stadtgraben – des »Goldenen Kreuzes«: Straße 28. Oktober (Třida 28. řijna) und Nationalstraße sowie Grabenstraße. Vor dem Krieg promenierten in der einen die Tschechen, in der anderen die Deutschen.

Die **Nationalstraße** (Národni třida) vermittelt Kulturleben, das sich sehen lassen kann, qualitativ wie quantitativ. In Prag spielen rund 30 Bühnen jährlich vor drei Millionen.

Auf 40000 Einwohner kommt ein Theater, in Paris beispielsweise auf 90000. Am Anfang der Nationalstraße (Nr. 40, Palais Adria) das einstige Gebäude der weltberühmten, ins 16. Jahrhundert zurückreichenden **Laterna magica**. Es wird seit 1991 von dem nicht minder anspruchsvollen »Theater hinter dem Tor II« (Divadlo za Branou II) unter Leitung von Otomar Krejcas bespielt, während die Laterna Magica einige Hausnummern weiter in die »Neue Szene« umsiedelte. Die **Smichover Bierstube** (Smichovsky sklipek, Nr. 33), eine urige Kellerkneipe, zapft zwölfgradiges, helles »Staropramen«. Hausnummer 22 bietet im Konzertsaal *Reduta* den fetzigsten Jazzklub Prags. Gegenüber, in der Metro-Passage, wartet auf Freunde der Pantomime und Groteske das *Studio GAG* von Boris Hybner. Auf der linken Straßenseite folgt der Laubengang eines Barockhauses: Mahnmal der niedergeknüppelten Demonstration am 17. November 1989. An die barocke ehemalige Ursulinerinnen-Klosterkirche *St. Ursula* schließt sich die noble *Klosterweinstube* an. Nummer 7 zeigt eine beachtenswerte Jugendstilfassade; im Haus pflegt das *Viola* alternierend Poesi, Chanson, Kammermusik, Jazz. Es war Mitte der sechziger Jahre Treffpunkt des Dramatikers (später Präsidenten) Václav Havel mit anderen »Verfemten«, wie sich Pavel Kohout ausdrückt. Die kubischen Glasbauelemente (1977–1983) des Komplexes der *Neuen Szene* (Nová scéna) stechen ins Auge. Schließlich das **Nationaltheater** (Národni divadlo), Ausdruck tschechischen Selbstbewußtseins im 19. Jahrhundert, eines der renommiertesten, aber auch volkstümlichsten europäischen Opernhäuser. Noch immer ist Smetanas »Verkaufte Braut« feste Ingredienz des Repertoires. Gegenüber vermittelt das **Café Slavia** beschwingte Schau über die Moldau auf die Burg, was Rainer Maria Rilke (1875–1926) zum »Laren-Opfer« inspirierte, eine poetische Liebeserklärung an seine Geburtsstadt. Ähnlich dichtete ein anderer Gast, der 1986 im Alter von 85 Jahren verstorbene Literatur-Nobelpreisträger Jaroslav Seifert: »...Prag lächle mir entgegen, und ich erzittere wie ein Verliebter, der seine Liebe erblickt und ihre Umarmung nicht erwarten kann...«

Beim Rückweg schwenkt man vor dem Wenzelsplatz halbrechts in den *Jungmann-Platz* (Jungmannovo náměsti) ein. Das Standbild zeigt den Linguist und Schriftsteller Josef Jungmann (1773–1874): Vater der modernen tschechischen Literatursprache. Dahinter ragt **Maria Schnee** (Maria Sněžné) empor. Die 1347 von Karl IV. gestiftete Kirche sollte größer werden als der Veitsdom. Doch wie bei St. Veit unterbrach auch in der Marienkirche die Hussitenrevolution (1419–1436) den Ausbau. Als Franziskaner – sie leiten heute die »Fröhliche Schule« – das vormalige Karmeliterkloster im 17. Jahrhundert wieder belebten, erwuchs der eingestürzte Chor neu. Gewaltig! Wie das Original 35 Meter hoch! In solche Dimension paßt Prags monumentalster Schnitzaltar, ein fast an die Decke stoßendes Barockwerk. In der Michaelskapelle (rechts) ruht der 1422 auf dem Altstädter Ring exekutierte Prämonstratenser und Hussitenprediger Jan Želivský. Maria Schnee war die Keimzelle eines radikalen, nationaltschechisch orientierten, sozialreformerischen, von den Armen getragenen Hussitenflügels (Taboriten). Von dort zog Želivský mit Gefährten zum Neustädter Rathaus, wo Gleich-

gesinnte im Kerker schmachteten. Als der katholische Richter die Freilassung verweigerte, wurden er, drei Ratsherren und mehrere Bürger, zusammen 13 Personen, von den Aufgebrachten aus dem Raum geworfen und massakriert. Dieser 1. Prager Fenstersturz entfesselte den Glaubenskonflikt zu offenem Krieg, geschürt und zum »Kreuzzug« hochstilisiert von Papst Martin V. In einem Gäßchen am Platz (Nr. 15) liegt das **»U Pinkasů«**, das schon 1843 »Pilsener« ausschenkte.

An der *Ecke Wenzelsplatz/Graben* birgt der Gründerstil-Palast **Koruna** ein üppig sortiertes Schnell-Restaurant, übrigens das erste (1913) Europas. Der Wallgraben wurde 1781 zugeschüttet, wodurch die **Grabenstraße** (Národni přikopě) entstand. *»Dům elegance«* (Nr. 4) ist das älteste Kaufhaus der Stadt. Kilian Ignaz Dientzenhofer (1689–1751), fähigster Meister des böhmischen Spätbarock, entwarf den *Palast Sylva-Tarouca* (Nr. 10). Nummer 12 ziert am Balkon eine Rose: *U černé růže – Schwarze Rose*, im Jahr 1411 Treffpunkt der aus Deutschland vertriebenen Hussiten. 1930 wurde das *Staatsbank-Gebäude* (Nr. 14) errichtet. In dem dafür abgerissenen Haus starb 1862 zweiundvierzigjährig die bedeutendste tschechische Literatin des 19. Jahrhunderts: Božena Němcová (Büste). Ihr Dorfroman »Großmutter«, 1924 deutsch erschienen, zählt zu den besten Leistungen tschechischer Prosa. Überdies setzte sie den Choden (siehe Tour 38) ein Denkmal auf ihre Art. Die Klassizismuskirche *Heilig Kreuz* gehörte dem Piaristenorden, der sich 1752 niedergelassen hatte. Neo-Renaissancebau Nummer 18: Filiale des staatlichen *Čedok-Büros*. Das klassizistische *Slowakische Haus* (Slowanský dům, Nr. 22) hieß 1875 bis 1945 Deutsches Haus und war gesellschaftliches Zentrum des insularen Deutschtumes: 7 Prozent 1910; 1991 laut Volkszählung 0,1 Prozent (1273). Rilke las aus seinen Werken. Gräfin Kinský, Autorin des Buches »Die Waffen nieder«, referierte 1895 zum Thema Friedensliteratur. Als sie zwei böhmische Dichter rezitierte, kam Mißstimmung auf. »In aller Unschuld hatte ich gar keine Ahnung davon, daß es in dem von nationalen Kämpfen zerrissenen Prag eine Ungehörigkeit war, im Deutschen Haus tschechische Geister zu rühmen«, klagte sie

Neben dem Pulverturm, der Pforte in die Zeltnergasse, präsentiert sich das Gemeindehaus im Jugendstil. Links des Pulverturmes die Turmspitzen der Teynkirche.

in ihren Memoiren (Bremen 1965). Eckpfeiler des »Graben« ist der plastisch reichverzierte **Pulverturm**. Er wurde nach Beschießung 1757 durch die Preußen im späten 19. Jahrhundert neugotisch ausgebessert.

Königsweg und Altstädter Ring

Der **Königsweg**, auf dem die Krönungszüge der böhmischen Herrscher via Zeltnergasse – Altstädter Ring – Karlsbrücke zum Veitsdom zogen, begann am **Pulverturm** (Prašná brána), ab 1475 Osttor der Altstadt (Staré Město). Benachbart war der von Wenzel IV. gegründete Königshof, die Stadtresidenz (1380–1547), an der Stelle des 1911 im Jugendstil entstandenen **Gemeindehauses** (Obecni dům, Restaurant), wo am 28. Oktober 1918 die erste freie Tschechoslowakische Republik, ein Vielvölkerstaat, ausgerufen wurde. Obwohl es nicht vollständig glückte, nationale Spannungen abzubauen, reifte die Epoche bis 1939 zur Blüte des Landes. Es gehörte zu den zehn europäischen Wirtschaftsmächten. Nirgendwo gab es eine freizügigere Asylpraxis. Prag bot nach 1933 Tausenden politisch und rassistisch verfolgter Deutscher rettenden Hort. Namhafte Beispiele: Oskar Maria Graf, Oskar Kokoschka, Pe-

ter Weiß. In der **Zeltnergasse** (Celetná), durch die noch nach 1945 die Straßenbahn rumpelte, umgarnt uns Altstadtatmosphäre. Zeltner – Bäcker, hatten hier ihre Läden, bis sie von Ratsherren und Beamten verdrängt wurden. Die teils im Mittelalter fundierten, von barocken Elementen geschmückten Häuser tragen phantasievolle Namen, geziert mit Emblemen alter urbaner Kultur: »Zum Doppeladler« (Nr. 29). U Pavouka heißt »Zur Spinne« (Nr. 17) und hat im Hinterhaus ein Café, im Keller eine Weinstube. Der »Geier« (U supa, Nr. 22) bietet preisgünstige Speisen; als Trank helles, vierzehngradiges Faßbier aus Bránik. In den gotischen Gewölben »Zum Goldenen Hirsch« (U zlatého jelena, Nr. 13) genießt man an schweren Eichentischen zum Essen mährische Weine. Haus Nummer 2 kaufte 1622 jener Philipp Fabritius, der beim 2. Prager Fenstersturz aus der Burg geworfen wurde. Kaiser Ferdinand II. adelte ihn mit dem Titel »von Hohenfall«. Im Erdgeschoß erinnert das feine »Kisch« (Kavárna e Kische) an Egon Erwin Kisch (1885–1948), einen Stammgast. Kisch verhalf der Reportage zu literarischem Rang. In »Marktplatz der Sensationen« schildert er das Vorkriegsmilieu in den Altstadtgäßchen.

Auf dem **Altstädter Ring** (Staroměstská náměstí) – Christkindlmarkt (Růžička) während der Vorweihnachtszeit – irrt das Auge anfangs unschlüssig über die Parade der Sehenswürdigkeiten rundum, ehe es stockend die prominentesten fixiert. Der Platz – 9000 Quadratmeter – ist die Gute Stube der Kapitale, sein Boden blutgetränkt. 1437 endeten 57 hussitische Soldaten durch den Strick. 1621 befahl König Ferdinand II. Folter und Strafjustiz an 27 Repräsentanten der am Weißen Berg bei Prag besiegten Stände – tschechische und deutsche Protestanten –, die durch den 2. Fenstersturz 1618 um Religionsfreiheit rebelliert und den Calvinisten Friedrich V. von der Pfalz zum Gegenkönig erkoren hatten. Scharfrichter Hermann von Czernin vollstreckte innerhalb zwei Stunden 24 Urteile eigenhändig mit dem Schwert, sogar das des leiblichen Bruders; drei Männer starben am Galgen. Zwölf Köpfe nagelte man zur Abschreckung an den Altstädter Brükkenturm; sie wurden 1631 in der Teynkirche heimlich beigesetzt. Majestät beschlagnahmte durch die Vertreibung von rund 150 000 Protestanten, darunter Böhmens geistige Elite, riesige Vermögen, die dem loyalen neuen Adel – Waldstein, Czernin, Fürstenberg etc. – und der katholischen Kirche zugute kamen. In Memoriam sind zu Füßen des 60 Meter hohen **Rathausturmes** in das Pflaster 27 weiße Kreuzzeichen eingelassen sowie am Turm eine Tafel mit den Namen angebracht. Links unterhalb des prächtigen gotischen Erkers erinnert eine Bronzebüste an Jan Želivský. Das **Altstädter Rathaus** (Staroměstská radnice) entstand im 14. Jahrhundert und erhielt als letzte Zier 1410 die astronomische Uhr: »Orloj« besteht aus einer Kalenderscheibe (unten) und einer Uhrenscheibe. Oberhalb erscheinen jede volle Stunde die Apostel zum Defilee, sechs aus dem rechten, sechs aus dem linken Türchen. Führungen im Sommer zwischen 9.00 und 17.00 Uhr, sonst bis 16.00 Uhr. Nord- und Ostflügel des Rathauses wurden am 8. Mai 1945 durch Granaten deutscher Panzer zerstört, die einen Tag vorher den Volksaufstand gebrochen hatten. Anfang Mai 1945 war die Lage äußerst dramatisch gewesen. Auf der Linie Pilsen – Budweis stoppte die 16. US-Panzerdivision ihren Vormarsch, gemäß einer Abma-

chung mit dem sowjetischen Generalstabschef Antonow. Deshalb waren die Prager chancenlos gegen die schwerbewaffnete SS-Division Wallenstein. Vier Tage später »befreite«, wie es die Tafel am Rathausturm interpretiert, die Rote Armee Prag vom Nazi-Terror. Allerdings taumelte das Land von einer Diktatur in die andere, nämlich die der Kommunistischen Partei und stalinistischer »Säuberungen«.

Gleichfalls verheddert mit Mord und Totschlag, wenn auch nur indirekt, ist das monströse **Hus-Denkmal.** Jan Hus, um 1370 im südböhmischen Husice geboren, Priester und Rektor der Universität, huldigte der Lehre des englischen Theologen John Wyclife (1326–1384). Wyclife vertrat und verbreitete, um es kurz zu umreißen, einen strengen, christlichen Realismus, forderte die Rückkehr zum apostolischem Armutsideal. Die Amtskirche fürchtete Einheit und Lehre gefährdet. Sie berief Hus, mit dem verlogenen Versprechen freien Geleites, 1415 zum Konstanzer Konzil: Tod auf dem Scheiterhaufen, am 6. Juli, weil er seine Thesen nicht widerrief. Das Schandurteil löste in Böhmen ungeheuere religiöse sowie nationale Emotionen aus und brachte letztendlich die schrecklichen Hussitenkriege, die auf den Bayerischen Wald und andere östliche Grenzräume Deutschlands überschwappten. Der Reformator schaut nicht zufällig auf die **Teynkirche** (Týnský chrám). Sie war Mittelpunkt der Utraquisten, gemäßigter Hussiten, und verkörpert am Altstädterring die mächtigste Architektur: 80 Meter hohe, unterschiedlich starke, spitzbehelmte Türme. Obwohl der Kirchenbau 1370 begann, dauerte seine Fertigstellung, bedingt durch die Kriegswirren, bis 1511. Die Marienstatue in der Giebelnische zwischen den Türmen ist aus eingeschmolzenem Goldblech, mit dem der 400 Liter fassende steinerne Kelch gefaßt war, der vor der Rekatholisierung als Symbol des hussitischen Glaubens dort strahlte. Das Innere (Besichtigung Montag bis Freitag 14.00 bis 16.00 Uhr, Sonntag 10.00 bis 13.00, 20.30 bis 22.00 Uhr) entspricht teilweise der Barockisierung 1679 nach einem Brand. Mit dem Hauptaltarbild »Maria Himmelfahrt« begegnet uns der erste große böhmische Barockmaler, Karel Skréta. Am vordersten rech-

Altstädter Ring. Hinter dem Hus-Denkmal steht links der Palais Kinský. Rechts davon das turmähnliche Haus zur steinernen Glocke; beherrschend die Teynkirche.

ten Pfeiler die bräunlichrote Marmorgrabplatte des Dänen Tycho Brahe (1546–1601), Astronom Kaiser Rudolfs II. Brahe lieferte seinem Gehilfen Johannes Kepler die empirischen Grundlagen für dessen Arbeiten über die Planetenbewegung. Der trinkfrohe Gelehrte habe, laut Tradition, bei einer Wirtshausrauferei die Nasenspitze eingebüßt und sie durch eine silberne ersetzt. Ihr Berühren soll Glück bringen… Kaum jemand achtet auf das Fenster in der ersten, rechten Seitenschiffarkade. Es gehörte zur Wohnung der Familie Kafka. Hinter diesem Fenster schuf Franz Kafka seinen »Prozeß«. Kafkas Vater betrieb in der Südwestseite des breitgelagerten **Palais Kinský** ein Geschäft mit »Galanteriewaren en gros«. Der spätbarocke Palast wurde von Anselmo Lurago nach Plänen seines verstorbenen Schwagers Kilian Ignaz Dientzenhofer für Johann Ernst Graf von Golz erbaut. 1786 erwarb ihn die alteingesessene gräfliche, später gefürstete Familie Kinský, Eigentümer bis 1945. Es ist das Geburtshaus der Bertha Sophia Felicita Gräfin Kinský (1843–1914), bekannter unter dem Namen Bertha von Suttner, nach ihrem Gatten, dem österreichischen Baron Arthur von Suttner. Die »Friedensgräfin« engagierte sich für ein

harmonisches Zusammenleben von Deutschen und Tschechen. Dafür erhielt sie 1905 als erste Frau den Friedensnobelpreis. Rechts neben dem Palais Kinský, zurückversetzt, bestechen am **Haus zur steinernen Glocke** (U kamenného zvonu) sechs elegante Maßwerkfenster, die mit anderen gotischen Elementen 1986 unter einer frühbarocken Hülle hervorkamen. Das Turmpalais (2. Hälfte 13. Jh.) sucht in Mitteleuropa seinesgleichen!

Die **Nikolauskirche** (Kostel svatého Mikuláše), ein Projekt Kilian Ignaz Dientzenhofers im Auftrag des Benediktinerordens, brilliert mit einer bewegten Fassade. Meisterhand verrät auch der Kuppelraum über kreuzförmigem Grundriß auf kleiner Fläche. Der im Schiff hängende Lüster aus der böhmischen Glashütte Harrachow im Riesengebirge zeugt von der russisch-orthodoxen Vergangenheit (1870–1914) der Kirche. Seit 1920 hält hier die tschechisch-hussitische Glaubensgemeinschaft ihre Gottesdienste.

Auf den Hradschin (Hradčany)

Hradschin ist eigentlich der 1320 als Ortschaft gegründete Stadtteil zwischen Burg und Kloster Strahov, doch üblicherweise wird damit nur das Burgareal gemeint.

Die Karlsbrücke über die Moldau verbindet die Kleinseite (Aufnahmestandpunkt) mit der Altstadt, welche durch den Altstädter Brückenturm betreten wird. Links die doppeltürmige Teynkirche.

Links am *Altstädter Rathaus* vorbei zum dreieckigen **Kleinen Ring** (Malé náměsti), dem früheren Obstmarkt. Abgesehen von gotischen Lauben säumen den Platz malerische Fassaden. Von hier läuft der *Königsweg* in Form der winkeligen **Karlsgasse** (Karlova) zur Karlsbrücke. Treibendes Gedränge! Auf Schritt und Tritt ambulante Händler. Mancher Gutgläubige fand nach dem Kauf »original« russischen Kaviars in der Dose nur Marmelade!

Tip für einen interessanten Umweg: halblinks haltend über die Bethlehemskapelle, wobei man im *»U Vejrodu«* eine typische Wirtschaft findet. Das Heiligtum **Bethlehemskapelle** (Betlémská kaple), unverkennbar an den beiden Satteldächern, ist eine 3000 Personen fassende Halle. Ihr Stifter 1391, ein Kaufmann, bestimmte, es dürfe nur tschechisch gepredigt werden. Das lag auch im Sinne von Jan Hus, der hier von 1402 bis 1413 wirkte. Ausstellung über die Hussitenbewegung. Geöffnet April bis September 9.00 bis 18.00 Uhr.

Rechtshaltend erreicht man die **Karlsgasse**. An ihrem Ende steht rechts das ehemalige Jesuitenkollegium **Clementinum**. Es ist nach der Burg der größte Gebäudekomplex Prags: ab 1556 ideologisches Bollwerk wider hussitischen Gedankengut.

Vor dem Brückenturm sitzt **Karl IV.** (1316–1378) auf einem Sockel, in seiner Hand die Gründungsbulle der ersten Universität Mitteleuropas. Er hatte nach der Erblindung seines Vaters Johann de facto die Regierung Böhmens übernommen, wurde 1346 in Bonn zum deutschen König, Ostern 1355 in Rom zum Kaiser des Heiligen Römischen Reiches Deutscher Nation gekrönt. Karl IV. zeichnete verantwortlich für grausame Pogrome. Straffe Hausmacht, gepaart mit familiärer Thronsicherung, stärkte das Königreich Böhmen als Fundament des Kaisertums. Seine Heiratspolitik – vier Frauen – brachten Verschwägerung mit tonangebenden Häusern nebst territorialem Zuwachs. Prag – Nabel Mitteleuropas! Er holte Dichter und Wissenschaftler, Künstler und Handwerker. Peter Parler (1330–1399) aus Schwäbisch Gmünd begann 1357 mit dem Bau des **Altstädter Brückenturms** (Staroměstská mostecká věž), einem der großartigsten spätgotischen Wehrtürme. Er behütet den bis 1836 einzigen Moldauübergang, die 520 Meter lange **Karlsbrücke** (Karluv most). Ihren Saum bilden 30 Podeste, deren Skulpturen während 250 Jahren entstanden. Älteste (1683): Johannes Nepomuk, rechtsseitig, etwa in der Mitte. Der um 1340 in Südböhmen geborene, 1729 Heiliggesprochene, diente nach seiner Promotion (Kirchenrecht 1387 zu Padua) dem Erzbischof im Rang eines Generalvikars. Dabei geriet Johannes, den Standpunkt des Bischofs vertretend, in kirchenpolitischen Streit mit dem jähzornigen König Wenzel IV. Dieser ließ ihn foltern und am 20. März 1393 in die Moldau werfen. Die Legende, Nepomuk habe dem König das Beichtgeheimnis seiner Gemahlin verschwiegen und sei deswegen

ertränkt worden, verbreitete sich erst später. Das Standbild ist Prototyp aller Nepomuk-Darstellungen, wobei die fünf Sterne um das Haupt jene fünf Sterne symbolisieren, die in dem Moment, da Johannes versank, an der Wasseroberfläche geblinkt haben…

Unzählige sind über den Fluß geschritten seit der ersten, 1118 erwähnten Holzbrücke, die das Hochwasser 1157 mitriß, ebenso wie 1342 die Steinbrücke (Judithbrücke), der ein Provisorium folgte, ehe Karl IV. die Bauleitung »seiner« Brücke in die Hände Parlers legte. Noch 1965 rollten Autos und Straßenbahn. Nun ist sie der »Montmartre« Prags, illustres Brückentheater, belebt fast rund um die Uhr.

Am anderen Ufer empfängt uns der Stadtteil **Kleinseite** (Malá Strana). Brüderlich wachen die **Kleinseitner Brückentürme** (Malostanská mostecká věž). Der linke, romanische, ist ein Relikt der Judithbrücke, der rechte spätgotisch.

Gerade auf dem **Kleinseitner Ring** (Malos-

transké námesti), an dem die Nikolauskirche dominiert. Davor führt links die Straße *Karmelitská* zur Barockkirche **St. Maria de Victoria** (Chrám Panny Marie Vitězné). Sie erfährt trotz Abseitslage regen Besuch, genau gesagt das wundertätige **»Prager Jesulein«**, eine 45 Zentimeter große Wachsplastik, rechts im mittleren Seitenaltar. »Poražské Jezulátko« besitzt nicht nur wertvollen Schmuck, sondern auch 39 Gewänder, die es an jedem kirchlichen Feiertag anders kleiden; eines, grün und golddurchwirkt, habe Kaiserin Maria Theresia gestickt.

Wieder auf dem **Kleinseitner Ring**, passiert man die Nikolauskirche links. *U mecenáse* (Hausnummer 10) gilt bei Weintrinkern seit 1626 als vorzügliche Adresse. **St. Nikolaus** (Kostel swatého Mikuláše, geöffnet jahreszeitlich verschiedenen 9.00 bis 16.00 bzw. 18.00 Uhr) »präsentiert« die oberbayerische Architektenfamilie Dientzenhofer: Christoph ab 1704; sein Sohn Kilian Ignaz ergänzte das Presbyterium und setzte die Kuppel auf. Dessen Schwager Anselmo Lurago erstellte den Glockenturm: 79 Meter. Pompöser Hochbarock überlädt_das Innere. Für das Deckenfresko »Apothese des heiligen Nikolaus« (1760/ 61) standen dem Wiener Johann Lukas Krakker 1500 Quadratmeter Fläche zur Verfügung. Am Spätnachmittag verleiht Sonnenlicht dem Hauptaltar goldenen Glanz, beleuchtet die Statue des Patrons. 1791 erklang das erste Requiem zum Tode Mozarts, der sich in Prag – 1787 Don-Giovanni-Weltpremiere-Ort – wohler gefühlt habe als in Salzburg oder Wien. Dementsprechend beging die Stadt das Mozartjahr 1991.

Nordwestlich am Kirchplatz geht es in die **Nerudagasse** (Nerudova ulice). Wie in der Zeltnergasse sehen wir auch hier Hausembleme: »Zu den drei Geigen« (Nr. 12), »Zum goldenen Pokal« (16). Am Spätrenaissancebau »Zum goldenen Löwen« (32), erinnert eine Büste an den Kunsthistoriker Václav Vilém (1885–1974). Der heilige Wenzel zu Pferd, von dem ein Bein behuft ist, bildet das Hauszeichen Nummer 24: »Zum goldenen Hufeisen«. St. Nikolaus schmückt die Front des Barockgebäudes Nummer 33. Im Salon lernte Mozart 1787 seinen ersten Biographen, Franz Xaver Němeček kennen, und parlierte mit Casanova. Im Haus »Zu den zwei Sonnen« (47) wurde Jan Neruda geboren (1834–1891), der richtungweisende tschechische Prosadichter des Realismus. »Kleinseitner Geschichten« spiegeln die Idylle im Schatten der Burg. Mit einem anderen Werk setzte Neruda den gequälten Eisenbahnarbeitern des Spitzbergtunnels bei Markt Eisenstein (siehe Tour 36) ein Denkmal. Vom kleinen Platz geht es rechts, zu Füßen des 1563 für Burggraf Johann von Lobkowitz erbauten Schwarzenberg-Palais direkt zum Hradschiner Platz. Aufschlußreicher ist der Umweg links über die Steinstiege empor zum frühbarocken **Palais Toskana**. Erneut links, erreicht man den **Loretoplatz** (Loretánská námesti). Links, im Haus Nummer 9, ein unverfälschtes Lokal: *U černého vola*. Das süffige, fünf Prozent starke Bier – Stammwürze 12 Grad – trägt den für Nichtslawen zungenbrecherischen Namen »Velkopopovický kozel« (Groß-Popowitz Ziegenbock). Bestellen Sie »jedna pivo«, das genügt sprachlich für ein Glas!

Der kolossale **Czerninpalast** protzt mit 150 Meter langer Schaufassade. Humprecht Jan Graf Czernin, kaiserlicher Botschafter in Venedig, leistete sich im späten 17. Jahrhundert den Mehrflügelkomplex – aus Geltungssucht, weil seine Familie nicht dem Reichsfürstenstand angehörte. Ja, er übertrumpfte sogar den Königspalast. Das Palais erlangte als Sitz des hitlerschen Protektorates Böhmen und Mähren (1939–1945) übelsten Ruf. 1948, nach dem kommunistischen Putsch, fand man unter einem Fenster den demokratisch gesinnten, integeren Diplomaten Jan Masaryk, Sohn des 1935 zurückgetretenen Staatspräsidenten Tomas Masaryk, tot auf. Dritter Prager Fenstersturz?

Einen anmutigen Kontrast zur Masse des Palastes stellt die **Loretokirche** dar. Zelle ist die Casa Santa: meistbesuchte Wallfahrt Prags. Eine Lobkowitz stiftete 1620 nach dem Sieg der Katholischen Liga am Weißen Berg die originalgetreue Kopie des italienischen Marienheiligtumes bei Ancona, von wo der Kult im 15. Jahrhundert nach Mitteleuropa gelangt war. Allein in Böhmen existierten 50 derartige Pilgerstätten. Im Westflügel bewahrt die Schatzkammer eine mit 6222 Diamanten besetzte Monstranz aus vergoldetem Silber. Die Weihnachtskrippe ist die älteste erhaltene Böhmens, geschaffen 1780 von zwei italienischen Kapuzinern. Ungewöhnlich für das Land: die Figur der heiligen Kümmernis. Sie trägt einen Bart, den ihr Gott hat wachsen lassen, um die Keusche vor Nachstellungen der Männer zu bewahren... Das Loreto-Heiligtum säumt seit Mitte des 17. Jahrhunderts eine Arkadenanlage mit sieben Kapellen. Schließlich (1721–1724) gestalteten Christoph und Kilian Ignaz Dientzenhofer die grandiose Barockfassade. Vom frühbarocken Turm läutet das Glockenspiel stündlich das tschechische Lied »Tausendmal grüßen wir dich Maria«. Geöffnet außer Montag 9.00 bis 12.15 Uhr, 13.00 bis 16.30 Uhr.

Am unteren Platzrand, links des 1601 gegründeten *Kapuzinerklosters*, dessen Brüder Maria Loreto betreuen, in die **Neue Welt** (Nový svět), ehemals Armenviertel. Franz Werfel (1890–1945) läßt den entsprungenen Seminaristen im Roman »Der veruntreute Himmel« in das Elendsquartier flüchten.

Häusergewinkel der Kleinseite. Links die Kuppel der Kirche St. Nikolaus, rechts der Hradschin.

Heute, höre ich, sei die Wohnungsnachfrage größer als das Angebot. Vor der schmucken *Pension* schwenkt man rechts ins Gäßchen ein. Nummer 19 ist Atelier des avantgardistischen Malers Miloš Kurovsky, der beteuert, seinen »Irrealismus« verstünden nur Amerikaner! »Zur blauen Traube« (Nr. 15), das Eckhaus mit dem Erker, den ein roter Fisch stützt, war Weinlokal. Es wurde abgelöst von der »*Goldenen Birne*« (Nr. 3). Im »Goldenen Greif« soll der Astronom Brahe gewohnt haben.

Mit der Straße, linkshaltend am *Palais Martinez* vorbei auf den **Hradschiner Platz** (Hradčanské náměsti). Hinter dem Rokokogitter liegt auf dem **Hradschin** (Hradčany) die **Prager Burg** (Pražský hrad). Veitsdom, Georgsbasilika, Königspalast sind täglich, außer montags, zwischen 9.00 und 16.00 Uhr, bzw. den Jahreszeiten entsprechend bis 17.00 oder 18.00 Uhr, die Museen von 10.00 bis 18.00 Uhr geöffnet.

Schlag 12.00 Uhr findet im *Ersten Burghof* die *Große Wachablösung* für den Regierungspalast statt. Das *Matthiastor*, ursprünglich freistehend nach dem Vorbild römischer

Triumphbogen, war das erste (1611–1619) frühbarocke Bauwerk Prags. Auftraggeber: König Matthias. Durch das Tor in den *Zweiten Burghof*. Rechts, in der Heilig-Kreuz-Kapelle, können Nachbildungen antiker Gegenstände preiswert erworben werden.

Dritter Burghof. Mit einem Schlag stehen wir vor der Fassade den **Veitsdoms** (Katedralá svatého Vita). Sie scheint den Betrachter zu erdrücken. Ihre Rosette hat einen Durchmesser von 10,4 Metern und besteht aus 26740 Scheibchen (Motive alttestamentarischer Szenen). Karl IV., der 1344 den Grundstein gesetzt hatte, wünschte eine Kathedrale nach dem Vorbild französischer Hochgotik, weshalb er Matthias von Arras als Meister bestimmte. Nach dessen Tod 1352 führten die Parler das Werk fort. Hussitenkriege! Schließlich, nach 500 Jahren Unterbrechungen, erfuhr St. Veit am 28. September 1929 die Weihe. Enorme Ausmaße: 124 Meter lang, das Querschiff 60 Meter breit, Gewölbehöhe 34 Meter. Kostbarste der 21 Kapellen ist die *Wenzelskapelle* rechts, nach dem Querarm. Wenzel, Böhmens Nationalheiliger, geboren im Jahr 903, war Sohn des Herzogs Wratislaw I. und dessen Gemahlin Drahomira. Um 920 übernahm er nach Vaters Tod die Regierung, wurde aber schon 929 von Knechten seines jüngeren, unter verderblichem mütterlichen Einfluß stehenden Bruders Boleslaw – »der Grausame« – erschlagen. Rom erhob ihn zum Märtyrer! Die Wenzelskapelle, Heiligtum der Böhmen, erfuhr gebührende Ausstattung. Am Sockel glitzern rund 1300 Halbedelsteine. Freskierte Wände. Die Tumba ist eine Kopie; das Original schändeten Hussiten in der Burg Karlstein, wo es ausgelagert war. Die folgende *Heilig-Kreuz-Kapelle* erlaubt den Einstieg in die *Königsgruft*. Neun Sarkophage, mittendrin Kaiser Karl IV., bergen die sterblichen Reste böhmischen Königstums.

Vor dem neugotischen Hauptaltar prunkt das *Renaissance-Mausoleum* des Kaisers und Gegenreformators Ferdinand I. († 1564). Seine Heirat (1526) hievte Habsburg auf den böhmisch-ungarischen Thron. Neben ihm liegen Gemahlin Anna von Böhmen († 1547) und Sohn Maximilian II. († 1576), Erbe ab 1564. An der rechten Schiffsseite ziert naturalistisches Astwerk die spätgotische, vom alten Königspalast zugängliche Königsloge (Wladislaw-Oratorium). Anschließend im Chorumgang das monströse *Johannes-Nepomuk-Hochgrab* (1733–1736) aus reinem Silber: 37 Zentner schwer. Kostbarster Schatz von St. Veit sind die böhmischen Krönungskleinodien, welche die Kirche seit 1791 endgültig hütet. Die Reichsinsignien werden zu ganz besonderen Feierlichkeiten ausgestellt, letztmals vom 29. Januar bis 7. Februar 1993 im Königspalast anläßlich der Institutionierung des tschechischen Parlamentes.

Den Dom verlassen. Links zur dreiteiligen Bogenhalle des *Südportals*, der »Goldenen Pforte«, dem Festeingang. Das 1370/71 von Venezianern im Auftrag Kaiser Karls IV. geschaffene Stirnmosaik »Jüngstes Gericht« (84 m^2) wird derzeit (1993–1996) mit Hilfe amerikanischer Experten restauriert. Die Gewölbemosaiken sind neueren Datums.

Südlich des Domchores erwartet uns der **Königspalast**. Staunen im *Wladislawsaal*: größter Saal (62 x 16 m) der deutschen Spätgotik, Huldigungs- und Thronsaal, Wahlstätte des Republik-Präsidenten. König Wladislaw II. (1471–1516) hatte drei ältere Säle ver-

eint. Unter den schwingenden Gewölberippen hielten Václav Havel und Richard von Weizsäcker 1990 historische Versöhnungsreden. Havel, damals Staatspräsident der Tschechoslowakei, am 26. Januar 1993 abermals gewählt, mit 109 von 200 Stimmen für fünf Jahre, diesmal zum ersten Präsidenten der Tschechischen Republik, leistete vor dem hier tagenden Abgeordnetenhaus das Amtsgelöbnis.

Rechts geht es ebenerdig in den *Statthaltersaal* im Ludwigsflügel (nach König Ludwig II., Sohn Wladislaws). Dort geschah am 23. Mai 1616 der 2. Prager Fenstersturz. Ein Dutzend Vertreter der böhmischen Stände warfen die habsburgischen Statthalter Vilém Graf Slawate und Jaroslav Graf Martinetz sowie den Geheimschreiber Fabritius aus dem Ostfenster – 17 Meter tief in den Graben. Sie überlebten schwerverletzt. Vorangegangen waren Gewaltmaßnahmen Kaiser Matthias' gegen protestantische Kirchen. Der Fenstersturz entzündete das Feuer des Dreißigjährigen Krieges.

Aus dem Wladislawsaal führt links die berühmte *Reiterstiege*. Linkshaltend abwärts – ins 11. Jahrhundert, in den alten, romanischen Palast. Gegen Ende des Weltkrieges ließ der Protektor für Böhmen und Mähren, SS-Obergruppenführer Karl Hermann Frank, die Reichsinsignien einmauern, gab dann allerdings bei einem der ersten Verhöre die Stelle bekannt. Steinkugeln aus Katapulten liegen herum. Vier Modelle veranschaulichen die Entwicklungsphasen der Burg.

Östlich des Domes steht **St. Georg** (Bazilika swatého Jiři), die älteste Kirche Böhmens, gegründet 921 von Wratislaw I., Sohn der heiligen Ludmilla. Die Gebeine des Fürsten ruhen in der bemalten Holztumba (15. Jahrhundert). Seine Mutter liegt rechts des Hochchores, in der *Ludmillakapelle*. Ludmilla, aus slawischem Fürstengeschlecht, wird als erste böhmische Märtyrerin und Landespatronin angebetet. Sie war Gattin des ersten christlichen Herzogs in Böhmen, Boriwoj I. († um 894). Das Paar hatte 874 vom griechischen »Slawenapostel« Methodius die Taufe empfangen. Die Großmutter und Erzieherin des heiligen Wenzel »tat durch gutes Beispiel, fromme Werke und reine Nächstenliebe ihr Möglichstes zur Verbreitung der göttlichen

Das Meer der Grabsteine auf dem Alten Judenfriedhof, der bis 1787 seine Aufgabe erfüllte.

Lehren«, heißt es in der Vita. Beliebtheit im Volke rief bei ihrer Schwiegertochter Drahomira bohrenden Neid hervor. Zerfressen von Eifersucht, ließ sie Ludmilla am 15. September 921 erdrosseln. Neben der Kirche stiftete Boleslaw II. – der Fromme – 973 das erste Kloster Böhmens. Heute Zweigmuseum der Nationalgalerie.

Das **Goldene Gäßchen** (Zlatá ulička) gehört zum Muß eines Hradschin-Bummels. In den Bögen der Nordmauer ducken sich 18 bunte, pittoreske Miniaturhäuser aus der Mitte des 16. Jahrhunderts. Darin lebten Bogenschützen der Burgwache, und nicht, wie verbreitet, Alchimisten bzw. »Goldmacher« Kaiser Rudolfs II. Etliche Goldschmiede zogen später ein. Die Sackgasse war bis 1945 bewohnt. Im dritten, graublauen Häuschen schrieb Franz Kafka 1916/17 abends und nachts Erzählungen für den Band »Der Landarzt«. In Nummer 14 wirkte die Seherin »Madame de Thébes«, bürgerlich Matylda Prosová. Als sie den Untergang des Hitler-Regimes orakelte, wurde sie von der Gestapo (Geheime Staatspolizei) beim Verhör erschlagen.

Die *Georgsgasse* senkt sich zum unteren Burgtor. Rechts ist im **Palais Lobkowitz**, 1651 Frühbarock umgestaltet, eine Außenstelle

des **Nationalmuseums** untergebracht: etwa 100 Exponate vom Einzug der Slawen bis 1848. Am **Schwarzen Turm** – früher Schuldnergefängnis – verläßt man den Burgbereich. Rechter Hand eine Aussichtsterrasse. Händlerstände füllen die *Alte Schloßstiege*. Sie bringt uns wieder an das Moldauufer. Rechts zur Brücke *Mánesův most*. Jenseits breitet sich die **Josefstadt** (Josefov) aus, das ehemalige Ghetto.

Synagogen, Friedhof etc. bilden das **Staatliche Jüdische Museum**. Besichtigung täglich außer Sabbat (Samstag) 9.00 bis 17.00 Uhr, November bis März bis 16.30 Uhr; in der Altneusynagoge freitags bis 14.00 Uhr. Gemeinsame Eintrittskarte. Wegen starkem Andrang sowie räumlicher Enge empfiehlt sich der Besuch gleich nach Öffnung!

Die Judenstadt (Židovské město)

Prags jüdische Tradition reicht ins frühe 10. Jahrhundert zurück. Um 1100 erwuchs das mauerummantelte Ghetto als eine der größten jüdischen Zentren Europas: 7000 Einwohner Anfang des 17. Jahrhunderts. Die Judenstadt erblühte unter Bürgermeister Mordechaj Maisl (1528–1601), einem kinderlosen Bankier. Der »jüdische Fugger« finanzierte den Türkenkrieg Kaiser Ferdinands I., gab Darlehen an Kaiser Rudolf II., der gegenüber den Juden ebenso tolerant war wie sein Vorgänger Maximilian II. Maisl sorgte für Straßenpflaster, Synagogen, Spitäler, Bäder. Stete Einwanderung west- und osteuropäischer Juden führte jedoch zu Raumnot. Im 19. Jahrhundert drohte das Ghetto aus allen Nähten zu platzen. Unerträgliche hygienische Verhältnisse lösten Typhus und Cholera aus. Das zwang 1893 zum Abriß der alten Substanzen und zur Errichtung von Neubauten sowie der vom Jugendstil geprägten Pariser Straße (Pařižská). Nur sechs der 17 Synagogen verschonte die Sanierung. Vorher waren bereits zahlreiche Juden in andere Stadtteile umgezogen, was Kaiser Joseph II. erlaubt hatte. Ihren Platz erhielten Christen mangels besserer Behausung.

Ehe die Deutschen 1939 einmarschierten, lebten in Prag ungefähr 40000 Juden – 36000 wurden in Konzentrationslagern ermordet, aus den 157 jüdischen Gemeinden des Protektorates Böhmen und Mähren insgesamt 77297. Ihre Namen füllen in schier endloser alphabetischer Reihenfolge die kahlen Wände der **Pinkassynagoge**. Das Vorhandensein zahlreicher jüdischer Kunstwerke, Kultgegenständen, Dokumentationen etc. hat den grauenhaften Hintergrund, daß Hitler die Güter raubte, um sie nach dem »Endsieg« in Prag zu präsentieren, im »Exotischen Museum einer ausgestorbenen Rasse«! Das demokratische Prag unserer Tage kennt kaum Grabschändungen wie in Deutschland, weder auf dem Alten noch auf dem Neuen Judenfriedhof (Židovský hřbitov) im Stadtteil Žižkov (Metro-Linie A). Dort liegt Dr. jur. Franz Kafka, 1924 an Tuberkulose gestorben, in der Familiengruft (Abteilung 21, Reihe 14, Nummer 33). Ihm blieb das Schicksal seiner Schwester und deren Angehörigen erspart, die von Nazi-Schergen umgebracht wurden.

Zeremonienhalle, ein neuromanischer Bau (1908) der Begräbnisbruderschaft. Ich schäme mich nicht meiner Tränen beim Anblick der Kinderzeichnungen aus dem KZ Theresienstadt! Daneben trauert der **Alte Judenfriedhof**: ältester erhaltener Europas. Im 15. Jahrhundert angelegt, erfüllte er seine Aufgabe bis 1787 (jüngster Grabstein), dann verbot Joseph II. Bestattungen in Wohngebie-

ten. Schätzungen sprechen von rund 200000 Beisetzungen. Da der Friedhof nicht erweitert werden durfte und es Juden verwehrt blieb, sich außerhalb des Ghettos beerdigen zu lassen, liegen bis zu neun Gräber übereinander. Etwa 12000 Grabdenkmäler. Steinbeschwerte Zettelchen äußern Wünsche und Hoffnungen, praktisch in Anlehnung jüdischen Brauches, Steinchen statt Blumen aufs Grab zu legen. Kleine Steine und Papierschnipsel überhäufen die Renaissancegruft (eingemeißelter Löwe) des Oberrabbiners Jehuda Löw de Bezalel († 1609). Rabbi Löw war Gelehrter, Begründer der Prager Rabbinerschule und Vertrauter Kaiser Rudolfs II.

Die an den Friedhof grenzende **Klausensynagoge** vermittelt anschaulich religiöses Familienleben. Östlich, ein Stück entfernt, die **Altneusynagoge**: älteste erhaltene, zweckdienliche Synagoge Europas. Gegenüber die **Rathaussynagoge**, ein 1686 vollendeter Renaissancebau. Sie gehört zum **Jüdischen Rathaus**. Achten Sie am Seitengiebel des hölzernen Turmes auf die Uhr: ihre Zeiger kreisen links herum, wie auch die hebräische Schrift nach links läuft. Das Rathaus ist Sitz der etwa 1000 Gläubige zählenden israelitischen Gemeinde sowie des Oberrabbiners der Tschechischen Republik. Im Erdgeschoß kocht ein Restaurant koschere – u. a. schweinefleischlose – Speisen, pflichtgetreu der Thora, dem jüdischen Gesetzbuch.

Ich kaufe am Straßenrand Kieselsteine aus der Moldau, auch für meine zwei Kinder. Ein Judenstern ist mit Goldbronze aufgemalt; rückseitig die jeweiligen Vornamen sowie »Praha – 1992«.

Nützliche Informationen

Prag: Hauptstadt der Tschechischen Republik, Erzbischofssitz, 1212010 Einwohner (Volkszählung 1991) in Prag-Stadt, Prag-Land 187122.

Anfahrt: Von Waidhaus 163 Kilometer, von Bayerisch Eisenstein 174 Kilometer, von Philippsreut 167 Kilometer, von Berlin 343 Kilometer, von Dresden 149 Kilometer, von Linz 252 Kilometer. Hauptbahnhof (Hlavni nádraži), ab München, Berlin oder Wien 5 (Intercity) bis 7 Stunden. Flugzeit ab München 1 Stunde, Frankfurt 70 Minuten, Berlin 50 Minuten; Flughafen Ruzyně 17 Kilometer vom Zentrum, Zubringerbus.

Parken: Aus Sicherheitsgründen nur auf bewachten Plätzen, am besten außerhalb des Zentrums (Verbindung durch öffentliche Verkehrsmittel). Falschparker werden von marktwirtschaftlich orientierten Firmen kostenpflichtig abgeschleppt, ohne Hinweis der Polizei, deutsche Pkw sogar gezielt, wie die renommierte Tageszeitung »Svobodné slovo« und das »Prager Wochenblatt« berichten.

Übernachtung: Hotels in sämtlichen Preisklassen; Bezahlung in West-Währung, was auch Privatvermieter (Doppelzimmer ca. 50 Mark) fordern. Der Autor nächtigte mehrmals zufrieden im Drei-Sterne-Hotel *Atlantic* (Na poříčí 9, 5 Minuten von der Altstadt); Parkplätze. Doppelzimmer mit einfachem Frühstück 130 bis 150 Mark. Telefon 2 31 85 12. Drei-Sterne-Hotel *Karl-Inn* (Stadtteil Karlin; 200 Meter von der Metro-Station Křižikova, Linie B, 5 Minuten zum Wenzelsplatz), Tiefgarage. Drei-Sterne-Hotel *Pyramida* (Bělohorská 24, 500 m von der Prager Burg), eigene Parkplätze; Telefon 3 11 32 41. *Admiral* (Moldau-Botel, Hořejši nábřeži), kleine Zwei-Bett-Kajüten, Dusche/WC), 80 Mark; Telefon 54 86 85, 54 74 45. *U Tri Pštrosů* (Kleinseite, direkt an der Karlsbrücke, Doppelzimmer 180 Mark; Telefon 53 61 51. − *Ave-Unterkunftsvermittlung* (Wilsonova 80, Hauptbahnhof); Telefon 2 36 25 60. *Hello Unterkunftsvermittlung* (Gorkého Senovázné námešti 3, unweit Pulverturm bzw. Bahnhof); Telefon 22 42 83.

Jugendherbergen: Information über *KMC Club of Young Travellers* (Žitná ulice 12, östlich des Karlsplatzes/Karlovo náměsti), Montag bis Freitag 8.00 bis 16.30 Uhr; Telefon 29 99 41. Gleichzeitig Juniorhotel; Telefon 29 29 84, 2 36 38 77.

Camping: *Sportcamp* (südöstlicher Stadtteil Sliwenec), Bushaltestelle 50 Meter entfernt; Telefon 52 84 66. Zwei Plätze in *Motol* (Prag 5, westlicher Stadtrand). *Bušek* (Březiněves Parku 6, 10 km nördlich des Zentrums an der Europastraße 55 nach Teplice und Dresden), auch Pension und Bungalows, Gaststätte, Schnellimbiß. Telefon 22 36 17.

Verpflegung: Restaurants aller Güteklassen; Bezahlung in Kronen, deshalb billig. Auch in Weinstuben erhält man Speisen. Lokale Tips für Abseits: Traditionelles *Restaurant Starý synagóga* (Alte Synagoge), Pařižká 17. Daneben (Hausnummer 19) *U Barona*, deutsche Speisenkarte. *Restaurant Obora* (Vitězné náměsti, Stadtteil Dejvice nördlich des Hradschin; Metro-Linie A bis Endstation Dejvikká). Spezialität: Wild- und Fischgerichte, böhmische und mährische Weine.

Bierlokale: Populärstes bei Touristen ist »*U Fleku*« (Křemencova ulice 11), 900 Plätze, 13gradiges Dunkelbier aus eigener Brauerei; abends häufig überfüllt. Ähnliches gilt für »*U Kalicha*« (Na bojišti 12), das die Erinnerung an den »braven Soldaten Schwejk« krampfhaft zu konservieren versucht, seit 1993 geführt von den Brüdern Thomas, ehemalige Schauspieler, und dem gelernten Gastronomen Paul Töpfer; hauptsächlich Reisegruppen. Gleichfalls auf Pauschalisten-Gruppen eingestellt das »*U Tomáse*« (Letenská ulice 12). Etliche unverfälschte Lokale sind im Text erwähnt.

Trinkgeld: Bei Dienstleistungen üblich etwa 10 Prozent.

Öffentliche Verkehrsmittel: Metro, Straßenbahn (tramvaj), Bus. Fahrscheine (Jizdenky) vor Benutzung erwerben (Kleingeld für Tikket-Automaten!) bzw. entwerten. Strenge Kontrolleure; sie erhalten nämlich 25 Prozent der Strafgelder.

Taxi: Tarife wie in Deutschland. Telefonnummern 20 29 51, 20 39 41 bis 49.

Hauptpostamt (Budova Hlavni pošty): *Jindřiká ulice 14* (unweit des mittleren Wenzelsplatzes), 24 Stunden geöffnet.

Erste Hilfe: Telefon 155.

Polizei-Notruf: Telefon 158.

Auskunft: *Čedok*, Na přikopě 18 (Grabenstraße, zwischen Wenzelsplatz und Pulverturm); geöffnet Montag bis Freitag 8.15 bis 16.00 Uhr, Samstag bis 12.00 Uhr. In Deutschland: Čedok-Reisebüro, Kaiserstraße 54, 60329 Frankfurt; Telefon 0 69/27 40 17−0.

Spezialliteratur: Kurzgefaßt, übersichtlich und prägnant ist der *Polyglott-Führer*. Ausführlicher, für mich die fundierteste deutschsprachige Publikation: *Prag*, von Johanna Baronin Herzogenberg, Prestel-Verlag, München 1990. Deutschsprachiges Schrifttum in Prag u. a. in der Buchhandlung Orbis (Wenzelsplatz).

Anhang

Weitwanderwege im Bayerischen Wald

Böhmweg
Deggendorf – Bayerisch Eisenstein. Uralter Handelsweg. Als Wanderroute 1990 eröffnet. Etwa 65 Kilometer. Verlängerung nach Böhmen geplant; siehe Tour 36. Auskunft: Verkehrsamt, Oberer Stadtplatz, 94469 Deggendorf. Telefon 0991/380169.

Europäischer Fernwanderweg 6 (Ostsee – Wachau – Adria)
Identisch mit dem Nördlichen Hauptwanderweg.

Europäischer Fernwanderweg 8 (Nordsee – Karpaten)
Ab Gotteszell (Tour 24) bis Passau (85 km) wie die beschriebene »Weitwanderung im Vorwald«.

Hauptwanderwege im Bayerischen Wald
Die beiden Hauptwanderwege – Markierung grüner Keil bzw. grünes Dreieck – durchmessen den Bayerischen Wald von Nordwest nach Südost. Verlauf in den Wanderkarten (Fritsch, Kompass).

Nördlicher Hauptwanderweg
Waldmünchen – Dreisessel. Länge 182 Kilometer. Streckenweise identisch mit dem Europäischen Fernwanderweg 6.

Südlicher Hauptwanderweg
Ab Laichstätt (Tour 21) gleichlaufend mit dem Main-Donau-Weg bzw. der beschriebenen »Weitwanderung im Vorwald«. Bis Passau etwa 140 Kilometer.

Hauptwanderweg Nationalpark Bayerischer Wald
Klingenbrunn – Finsterau. Erschließt die typischen Landschaftsformen des Nationalparkes. Markie-rung: Baumgruppe. 40 Kilometer, 10 bis 11 Stunden. Faltblatt mit Höhenprofil und Zeitangaben: Nationalparkverwaltung, Freyunger Straße 2, 94481 Grafenau.

Ilzwanderweg
Ungefähr gleichlaufend wie Tour 25 (ab Schneidermühle), 26, 27 bis Passau; etwa 30 Kilometer.

Kötztinger Weg
Wörth/Donau – Kötzting. Markierung grünes Dreieck, 58 Kilometer. Ersichtlich: Fritsch Wanderkarte, Blatt 57.

Main-Donau-Weg (Ostlinie)
Identisch mit der beschriebenen »Weitwanderung im Vorwald« (Tour 21, 22, 23, 24, 25, 26, 27).

Pandurensteig
Passau – Waldmünchen. Ungefähr jene Route, die Oberst Trenck mit seinen Panduren bei den Plünderungen 1742 nahm. Zeichen: schwarzer Krummsäbel auf rotem Feld; etwa 160 Kilometer. Auf den Wanderkarten (Fritsch, Kompass) eingezeichnet.

Pfahl-Wanderweg
Thierlstein (s. Tour 21) – Burgruine Weißenstein. Markierung grünes Dreieck, etwa 60 Kilometer. Ersichtlich: Fritsch Wanderkarte, Blätter 56, 57.

Rund-Weitwanderweg
Eröffnet 1989 im Naturpark Oberer Bayerischer Wald, erweitert 1991 nach Böhmen. Insgesamt 205 Kilometer. Auskunft: Fremdenverkehrsamt, Postfach, 93476 Blaibach. Telefon 0 99 41/83 21.

Museen

(Soweit nicht bei den Touren behandelt)

Bayerischer Wald

Attenberg: *Modellbahn-Museum*, 40 m^2 Schauanlage. Dienstag bis Freitag 9.30 bis 11.30 Uhr, 14.00 bis 17.00 Uhr, Samstag 9.30 bis 11.30 Uhr.

Bogenberg (bei Bogen): *Kreis- und Heimatmuseum* im Pfarrhof neben der Kirche. 15. April bis 15. Oktober Mittwoch und Samstag 14.00 bis 16.00 Uhr, Sonntag 10.00 bis 12.00 Uhr, 14.00 bis 16.00 Uhr.

Breitenberg: *Weberei Museum* in einem Bauernhaus des 18. Jahrhunderts. Juni bis September 14.00 bis 16.30 Uhr; April, Mai, Oktober nur Mittwoch, Samstag, Sonntag 14.00 bis 16.30 Uhr.

Daxstein: *Museum Heimatliche Sammlungen.* Ca. 25 000 Exponate der verschiedenen Epochen aus Bayern, Württemberg und dem Sudetenland; bäuerliche Werkzeuge, Haus- und Küchengeräte, religiöse Volkskunst. Täglich geöffnet, im Nebenhaus (Nr. 34) läuten.

Deggendorf: *Stadtmuseum* (Östlicher Stadtgraben 28). Außer Montag 10.00 bis 16.00 Uhr, Donnerstag bis 20.00 Uhr.

Eschlkam: *Waldschmidt-Museum* (Gasthaus zur Post, Waldschmidtstraße 14) für Maximilian Schmidt. Sonntag 14.00 bis 16.00 Uhr.

Falkenstein: *Jagdmuseum* in der aus dem 11. Jahrhundert stammenden Burg. Mittwoch, Freitag, Samstag 14.00 bis 16.00 Uhr, Sonntag 10.00 bis 12.00 Uhr, 14.00 bis 17.00 Uhr.

Fronau: *Schulmuseum des Landkreises Cham* nahe der Kirche, in einem Waldlerhaus des 18. Jahrhunderts, das bis 1850 als Schule diente. April bis Oktober Sonntag 14.00 bis 17.00 Uhr.

Grafenau: *Bauernmöbelmuseum* (Kurpark-Westeingang), bestehend aus zwei Bauernhäusern, einer Wagenremise und einem Getreidekasten. Mitte Dezember bis 1. November 14.00 bis 17.00 Uhr. – *Schnupftabakmuseum* (Spitalstraße), im ehemaligen Armenspital. »Schnupfer-Bar« mit mehr als 50 Sorten zur Auswahl. Im gleichen Gebäude das *Heimatmuseum*. Öffnungszeiten wie Bauernmöbelmuseum.

Habischried: (nordwestlich von Bischofsmais): *Ski-Sammlung* in der Pension Schäffler.

Hauzenberg-Jahrdorf: *Bayerisches Schnaps-Museum* (Brennerei Penninger, Industriestraße 18). Im Probierstüberl kostenlos Schnaps-Spezialitäten. Mai bis September Montag bis Freitag 9.00 bis 18.00 Uhr, Samstag 9.00 bis 12.00 Uhr; Oktober bis April bis 17.00 Uhr, Samstag bis 11.00 Uhr.

Kropfmühl (südöstlich von Hauzenberg): Einziges *Graphitbergwerk* in der EG; Besichtigung eines stillgelegten Stollens bzw. der 4. Sohle in 42 Meter Tiefe. Dienstag bis Sonntag 9.30 bis 16.00 Uhr; November geschlossen. Angegliedert ein Museum sowie ein geologischer Lehrpfad (4,5 km, 30 Hinweistafeln).

Lambach: *Märchen- und Gespensterschloß* in der Jugendstil-Villa eines ehemaligen Glashütten-Herren, 20 Zimmer mit je einer Märchenszene bzw. lebensgroßen Figuren. 9.00 bis 18.00 Uhr.

Mitterfels: *Heimatmuseum* in der Burg aus dem 12. Jahrhundert bzw. im ehemaligen Gefängnistrakt des Land- und Amtsgerichtes. Januar bis September 15.00 bis 18.00 Uhr, Sonntag 14.00 bis 17.00 Uhr.

Neukirchen beim Heiligen Blut: *Wallfahrtsmuseum* im ehemaligen Schloß am Marktplatz. Dienstag bis Freitag 9.00 bis 12.00 Uhr, 13.00 bis 17.00 Uhr; Samstag/Sonntag 10.00 bis 12.00 Uhr, 13.00 bis 16.00 Uhr.

Nindorf (bei Deggendorf): *Landwirtschaftsmuseum*. Geräte ab dem 19. Jahrhundert. Samstag 14.00 bis 17.00 Uhr.

Regenhütte: *Tiermuseum Pfeifer*. 5000 präparierte Tiere aller Kontinente, u. a. ein vor etwa 40 000 Jahren lebendes Mammutbaby aus Sibirien. 9.00 bis 17.00 Uhr.

Rhanwalting (bei Cham): *Babl's Uhrensammlung*. Eine der umfangreichsten (400 Exponate) Sammlungen des Bayerwaldes und der Oberpfalz. 10.00 bis 17.00 Uhr.

Roding: *Feuerwehr-Museum*. Freitag 18.00 bis 20.00 Uhr.

Röhrnbach: *Kaltenbacher Heimatmuseum* der ehemaligen Böhmerwaldgemeinde. Montag bis Freitag 8.00 bis 12.00 Uhr, 13.00 bis 17.00 Uhr.

Straubing: *Gäubodenmuseum* (Frauenhoferstr. 9). Außer Montag 10.00 bis 16.00 Uhr.

Stritzling (westlich von Lalling): *Fahrzeug + Kunst Museum*, u. a. weltgrößte Sammlung von Modellautos H0 (= Maßstab 1:87). K. Klepsch Glaskunstsammlung. Über 60 Automobile und Motorräder von einst und jetzt. März bis Oktober, 15. Dezember bis 15. Januar Freitag, Samstag, Sonntag 13.00 bis 18.00 Uhr.

Tittling: *Museumsdorf Bayerischer Wald* am Dreiburgensee, westlich von Tittling. Bauformen vom 15. bis 19. Jahrhundert, 50 bäuerliche Anwesen mit über 100 Objekten, 38 000 Sammelstücke bäuerlicher Kultur. Ganzjährig geöffnet, zwischen Allerheiligen und Ostern Münzautomat für Eintritt. Gasthaus Mühlhiasl geöffnet von Ostern bis 1. November.

Vorderdietzberg (2 km nordöstlich Ruhmannsfelden): *Bauernhof-Museum Krausenhof*, ganzjährig geöffnet, Schlüssel im Nachbarhaus.

Walderbach: *Museum des Landkreises Cham* im ehemaligen, 1803 säkularisierten Zisterzienserkloster. April bis September Mittwoch, Samstag, Sonntag 14.00 bis 17.00 Uhr.

Waldkirchen: *Museum Goldener Steig* (Büchl 22). Dokumentation des Salzhandelsweges. Dienstag bis Sonntag 14.00 bis 16.00 Uhr.

Böhmerwald

(Weitere Museen, sofern nicht bei den Touren erwähnt, siehe bei Literatur Böhmerwald: Haller, Jörg)

Klattau (Klatovy). *Jesuitenkirche*, barock, in den Katakomben (Katakomby) mumifizierte Körper hier bestatteter Mönche und Adeliger. Mai bis September (außer Montag) 9.00 bis 12.00, 13.00 bis 17.00 Uhr, Oktober Samstag/Sonntag 9.00 bis 12.00, 13.00 bis 15.00 Uhr. Deutschsprachige Lautsprecherinformation. – Ehemalige *Kloster-*

apotheke »Zum Weißen Einhorn«, barock, auf der Westseite des Stadtplatzes (Náměsti Miru) im Haus Nr. 149. Dienstag bis Sonntag 9.00 bis 12.00, 13.00 bis 17.00 Uhr. Deutsches Informationsblatt. – *Kreismuseum* (Okresni Muzeum, Hostašova 1), Neueröffnung 1993.

Klenau (Klenová). *Burgruine* 10 km südwestlich von Klattau (Klatovy), oberhalb der gleichnamigen Ortschaft; Parkplatz. Erste schriftliche Erwähnung der frühgotischen Anlage 1291. Ausbau (Mitte 15. Jahrhundert) mit Artilleriebastionen. Eckturm in Prismaform, 60 Meter tiefer Brunnen; im 10 Meter tiefen Verlies sollen zwei Dominikaner verhungert sein. Ab 1553 Errichtung des Renaissanceflügels unter Jiři Harant von Polžice; sein zweiter Sohn Kryštof wurde 1621 in Prag vor dem Altstädter Rathaus hingerichtet. Danach verfiel die Anlage und war 1737 Ruine. 1832 bis 1838 durch die Grafen von Stadion neugotische Gestaltung des »Harant-Flügels«: Restaurant, Kiosk; Außenstelle des Klatauer Museums bzw. *Galerie zeitgenössischer tschechischer Kunst.* Burgbesichtigung Mai bis Oktober 9.00 bis 12.00 Uhr, 12.45 bis 17.00 Uhr, Montag geschlossen.
An der Auffahrt von Klenau die *Galerie und Gedenkstätte* für die hier 1905 geborene, in Prag lebende Malerin Vilma Vrbová-Kotrbová sowie ihren Mann Frantisek Kotroba (1907–1972), einem Restaurator mittelalterlicher Kunst.

Krummau (Český Krumlov). *Schloß* (Zámek), nach der Prager Burg größte Anlage Böhmens, 1250 gegründet, wesentliche Umbauten im Barock und Rokoko. 1302 bis 1602 Stammsitz der Familie Rosenberger, 1719 bis 1947 Besitz der Fürsten Schwarzenberg. Deutschsprachige Führungen, Mai bis August täglich (außer Montag) 8.00 bis 12.00 Uhr, 13.00 bis 17.00 Uhr; September ab 9.00 Uhr, Oktober nur bis 16.00 Uhr. *Bezirksmuseum* (Okresni vlastivědné Muzeum, Horni ulice 152) im ehemaligen, Mitte des 17. Jahrhunderts erbauten, 1945 geschlossenen Jesuitengymnasium; deutsches Informationsblatt. Mai bis September Montag bis Freitag 10.00 bis 12.30 Uhr, 13.00 bis 18.00 Uhr, Samstag/Sonntag 11.00 bis 18.00 Uhr.

Raby (Rabi). *Burgruine.* Mächtige, um 1300 errichtete Anlage. Laut Chronist (1750) Pater Gregor Pusch soll dort nach 1040 der hl. Gunther (siehe Tour 10) als Eremit gehaust haben. April bis Oktober (außer Montag) 9.00 bis 12.00 Uhr, 13.00 bis 17.00 Uhr. Deutschsprachige Information.

Welhartitz (Velhartice). *Burgruine,* imposante vierjochige Brücke zwischen Palas und Bergfried. Im Renaissanceflügel (1628–1633) das Heimatmuseum. Mai bis September (außer Montag) 9.00 bis 12.00 Uhr, 13.00 bis 17.00 Uhr, Oktober bis 16.00 Uhr. Deutsches Informationsblatt.

Nützliche Informationen für die Tschechische Republik

(Stand: Juni 1993)

Alkohol: Am Steuer 0,0 Promille. Verstoß etwa 830 DM Strafe.

Arzt (Lékař): Keine privaten Arztpraxen. Barzahlung medizinischer Leistungen. Der Patient kann die Klinik (Klinika) oder Poliklinik wählen, wenn er sich behandeln lassen möchte. In der Regel ist dort ein Arzt mit der Abwicklung von Ausländerkontakten beauftragt. Der Patient erhält eine Rechnung (Účet), die er seiner Krankenversicherung vorlegen kann.

Autobahn (Dálnice): Gebührenfrei. Benützung nur mit Fahrzeugen von mehr als 50 km/h. Abschleppen ist bis zur nächsten Ausfahrt zulässig. Siehe auch bei Geschwindigkeit.
Auf Rastplätzen, vor allem nach Einbruch der Dunkelheit, Belästigung (Prostitution, Handlesen usw.) u. a. durch Sinti und Roma.

Banken (Banka): Montag bis Freitag 9.00 bis 14.00 Uhr.

Benzin: Ohne Gutscheine. Kraftstoff in Kanistern bei der Einreise zollfrei, darf jedoch nicht ausge-

führt werden. Versorgung flächendeckend, auch mit bleifreiem Benzin (benzin olova).

Botschaft (Poselstvi): Bundesrepublik. Malá Strana, Vlašská 19, Prag/Praha 1; Tel. 53 23 51–56.

Camping/Caravaning: Erlaubt nur auf dafür bestimmten Plätzen.

Gasthäuser (Hostinec): Verglichen mit westlichen Preisen sehr billig, indes häufig, vor allem in kleinen Dörfern, auf den ersten Blick nicht gerade einladend und ohne größere Speiseauswahl.

Geldwechsel (Výměna): In Banken oder Wechselstuben. Der etwas niedrigere Kurs gleicht das mit »Schwarzwechseln« verbundene Risiko (z. B. in Prag) des Trickbetruges aus; nur Scheine von höchstens 500 Kronen nehmen, da 1000- und 5000-Kronen-Scheine wegen Fälschungsgefahr oftmals beim Bezahlen abgelehnt werden. Ein- und Ausfuhr von mehr als 100 Kronen verboten.

Geschwindigkeit: In km/h. Geschlossene Ortschaften 60, Überlandstraßen 90 (Motorräder 80), Autobahn 110 (90); Pkw mit Anhänger 80. Vor Bahnübergängen 30. Übertretung bis 400 Mark Strafe.

Grüne Versicherungskarte: Wird bei Schadensfällen verlangt!

Hotels: In den großen Städten (z. B. Prag) Preise mit internationalem Niveau; Bezahlung in Devisen. Im Böhmerwald erheblich billiger: 1993: Doppelzimmer mit WC/Dusche 35 bis 50 Mark.

Konsumgüter. Billig, verglichen mit westlichen Preisen.

Krankenhaus (Nemocnice): Siehe Arzt.

Notruf: Polizei (Policie) 158; Krankenwagen (Sanitka) 155.
Vom 1. Juni bis 30. September deutschsprachiger Notrufdienst von Montag bis Samstag 9 bis 17 Uhr; Prag (02) 2 36 88 82.

Paß: Reisepaß oder Personalausweis.

Privatzimmer: Preisgünstige Alternative zu Hotels; vielfach einfach ausgestattet.

Telefon: Vorwahl in die Tschechische Republik 00 42 (Prag 0 04 22). Aus der Tschechischen Republik nach Deutschland 00 49, Österreich 00 43, Schweiz 00 41. Stadtvorwahl jeweils ohne erste 0. Bezeichnung internationaler Telefonzellen: mezinárodni.

Unfall (Úraz): Heranziehung der Polizei. Am Unfallort nichts verändern. Kfz mit sichtbarem Karosserieschaden dürfen nur mit polizeilicher Schadensbestätigung das Land verlassen.

Wanderkarten: Obwohl die beschriebenen Gebiete größtenteils von Blättern der Topographischen Karte 1:50 000 des Bayerischen Landesvermessungsamtes München abgedeckt werden, empfiehlt sich der Kauf der vom Tschechischen Touristenklub (Klubu Český Turistů) auf der Grundlage militärischen topographischen Materials 1991 herausgegebenen Wanderkarten 1:50 000 (Podrobná Turistická Mapa), da sie dem aktuellen Stand entsprechen und alle markierten Wege berücksichtigen. Erhältlich meist in grenznahen Lebensmittel- und Gemischtwarengeschäften.

Zusatzbremsleuchten: Müssen abgedeckt oder außer Betrieb gesetzt werden.

Weiterführende Literatur

Bayerischer Wald

Böckl, Manfred: Räuber Heigl. Neue Presse Verlags-GmbH, Passau 1990.
– Mühlhiasl. Neue Presse-GmbH, Passau 1991.
Cording, Burkhard: Museumsführer Bayerischer Wald. Morsak Verlag, Grafenau 1992.
Fastner, Herbert: Bauernmöbel des Bayerischen Waldes. Morsak Verlag, Grafenau 1991.
Feldmann, Christian: U offene Tür für Christ unseren Herrn (Adventsbrauchtum). Zeitschrift »Schöner Bayerischer Wald«. November/Dezember 1992, S. 12–14.
Friedl, Paul: Wildschützen, Räuber und Schwärzer im Waldgebirg. Morsak Verlag, Grafenau 1992.
Froidl, Hermann: Topoführer Bayerischer Wald. Klettertouren vom I. zum X. Schwierigkeitsgrad. Hermann Froidl, Landsberger Straße 485, 81241 München.
Flurl, Matthias: Beschreibung der Gebirge von Baiern und der oberen Pfalz. Reprint der Auflage 1792. GFB-Goefachliteratur, Tengstraße 10, 80798 München.
Grieben-Reiseführer: Bayerischer Wald. Grieben Verlag, Ostfildern 1988.
Grueber/Müller: Der Bayerische Wald. Reprint der 1846 erschienenen Ausgabe. Morsak Verlag, Grafenau 1993.
Haller, Reinhard: Totenbretter. Morsak Verlag, Grafenau 1990.

– Die Mühlhiasl-Sage und ihre Wirklichkeit. Zeitschrfit »Schöner Bayerischer Wald«. Juli/August 1992, S. 13–14.
Huber, Wolfgang: Der Rachelsee und seine Geister. Zeitschrift »Schöner Bayerischer Wald«. März/April 1993, S. 34–35.
Meier, Emerenz: Gesammelte Werke (zwei Bände). Morsak Verlag, Grafenau 1991.
Möhring, Wolfgang: Aus dem Sagenschatz Bayerns und Böhmens. Morsak Verlag, Grafenau 1992.
Peinkofer, Max: Der Brunnkorb. Passavia Verlag, Passau 1958.
Praxl, Paul: Der Dreiländerberg. Morsak Verlag, Grafenau 1979.
– Der Goldene Steig. Morsak Verlag, Grafenau 1983.
Rosenberger, Ludwig: Adalbert Stifter und die Lakkenhäuser. Verlag Claasen & Goverts, Hamburg 1948.
»Schöner Bayerischer Wald«: Zeitschrift. Erscheint alle zwei Monate im Morsak Verlag, Grafenau.
Seyfert, Ingeborg: Die Schachten des Bayerischen Waldes. Morsak Verlag, Grafenau 1989.
Siebzehnriebl, Franz Xaver: Grenzwaldheimat. Morsak Verlag, Grafenau 1991.
Sieghardt, August: Bayerischer Wald. Regio Verlag Glock und Lutz, Sigmaringerdorf 1982.
Thorwald, Friedl: Auf einsamen Bergpfaden. Der

Bayerwald-Hauptkamm für Kenner und Könner. Verlag Pustet, Regensburg 1991.
Vegesack, Siegfried von: Das fressende Haus. – Zu Gast im Turm.
– Briefe. Morsak Verlag, Grafenau.
Watzlik, Hans: Der wilde Eisengrein. Aus den Lusenwäldern. Morsak Verlag, Grafenau 1968.
Weber, Thomas: 1000 Jahre Salzsäumerei, Maut und Zoll zu Zwiesel. Morsak Verlag, Grafenau 1993.
Weilner, Cletus: Der Große Arbersee – Entstehung und Unterwasserwelt. Zeitschrift »Schöner Bayerischer Wald«. März/April 1992, S. 16–18.
Werner, Günther: Burgen, Schlösser und Ruinen im Bayerischen Wald. Verlag Pustet, Regensburg 1979.
Zeitler, Walther: Der König des Bayerwaldes. Das Arber-Falkenstein-Osser-Buch. Morsak Verlag, Grafenau 1979.
– Eisenbahnen im Bayerischen Wald. Morsak Verlag, Grafenau 1980.

Böhmerwald

Bernau, Friedrich: Der Böhmerwald. Faksimile-Nachdruck von 1897. Morsak Verlag, Grafenau 1992.
Blau, Josef: Böhmerwäldler Hausindustrie und Volkskunst. Band 1: Wald- und Holzarbeit, Band 2: Frauenhauswerk und Volkskunst. Reprint der Ausgabe von 1917. Morsak Verlag, Grafenau 1993.
Brunner/Binder: Reiseführer Böhmerwald. Neue Presse Verlags-GmbH, Passau 1990.
Doležal/Mohyla: Im Böhmerwald. Brockhaus Verlag, Leipzig 1986.

Frank, Maria: Als wir aus dem Böhmerwald vertrieben wurden. Morsak Verlag, Grafenau 1992.
Fruth, Gunther: Wandern im Böhmerwald. Morsak Verlag, Grafenau 1990.
Haller, Jörg: Museen-Schlösser-Burgen. Böhmerwald und Südwestböhmen, Morsak Verlag, Grafenau 1991.
Klostermann, Karl: Aus der Welt der Waldeinsamkeiten. Roman. Morsak Verlag, Grafenau 1993.
Kumpera, Jan: Südwestböhmen von A bis Z. Morsak Verlag, Grafenau 1992.
Martan/Rau: Böhmerwald. Gebietsführer für Wanderer. Edice Kletr, Pilsen 1991. In der Tschechischen Republik billiger als in Deutschland!
Mohyla, Otokar: Wanderführer Tschechoslowakei. Deutscher Wanderverlag, Ostfildern 1990.
Nitsch, Rolf: Westböhmen in Farbe. Adam Kraft Verlag, Würzburg 1991.
»Prager Wochenblatt«: Deutschsprachige Wochenzeitung. Bestellung: C-186 000 Praha 8, Křižikova 87.
Procházka, Zdenek: Historisch-touristischer Führer Böhmerwald. Kreis Domažlice-Taus, Band 1. Domažlice 1992.
Raisch, Dieter: Der Böhmerwald – heute. Bildband. Morsak Verlag, Grafenau 1992.
Ramadan, Ortwin: Václav Havel. Taschenbuch. Wilhelm Heyne Verlag, München 1991.
Schremmer, Ernst: Reiseleiter – Böhmische Länder. Adam Kraft Verlag, Würzburg 1991.
Strunz, Hartmut: Nationalpark Böhmerwald wurde Wirklichkeit. Zeitschrift »Schöner Bayerischer Wald«, September/Oktober 1991, S. 12–15. Morsak Verlag, Grafenau.
Watzlik, Hans: Böhmerwald-Sagen. Aufstieg-Verlag, München 1984.

Register